新时代高校美育课程的开发与创新

谭传芳　王明国　张　娓　著

中国纺织出版社有限公司

内 容 提 要

本书主要探索新时代高校美育课程的建设与开发,主要内容包括高校美育的内涵与内容、功能与作用、原则与方法,高校美育的现实困境及突破路径,新时代下高校美育课程的理念、价值与特征,新时代下高校美育的新形势与新任务,新时代高校美育课程的开发、运行与创新,新时代高校美育课程教学手段创新,新时代高校美育课程教学策略创新,新时代高校美育课程开发与创新的实践等。本书内容体系完整,理论与实际联系紧密,可供高校美育课程和教学研究人员参考以及广大高校师生使用。

图书在版编目(CIP)数据

新时代高校美育课程的开发与创新 / 谭传芳,王明国,张娓著. -- 北京:中国纺织出版社有限公司,2023.9
ISBN 978-7-5229-1135-9

Ⅰ.①新… Ⅱ.①谭… ②王… ③张… Ⅲ.①美育-课程建设-高等学校 Ⅳ.①G40-014

中国国家版本馆CIP数据核字(2023)第196531号

责任编辑:张 宏 责任校对:江思飞 责任印制:储志伟

中国纺织出版社有限公司出版发行
地址:北京市朝阳区百子湾东里A407号楼 邮政编码:100124
销售电话:010—67004422 传真:010—87155801
http://www.c-textilep.com
中国纺织出版社天猫旗舰店
官方微博 http://weibo.com/2119887771
北京虎彩文化传播有限公司印刷 各地新华书店经销
2023年9月第1版第1次印刷
开本:787×1092 1/16 印张:12
字数:210千字 定价:98.00元

凡购本书,如有缺页、倒页、脱页,由本社图书营销中心调换

前　言

"美育"这一概念产生于18世纪50年代，由德国诗人席勒在《审美教育书简》中首次提出。其后，王国维将这一概念引入中国，在中国近代文化发展史中，一些教育家将美育思想与传统的儒家思想相结合，推动了中国美育教育的发展。蔡元培曾言："美育者，应用美学之理论于教育，以陶冶感情为目的者也。"阐述了美学教育在完善人的情感、培养健全人格的重要意义。20世纪末，全国第九届人大第二次会议的《政府工作报告》首次提出了"大力推进素质教育，使学生在德、智、体、美等方面全面发展"的教育理念，美育被提高到与"德智体"教育同等重要的地位。21世纪以来，国家更加重视学生的素质教育，重视培养全面发展的复合型人才，美育教育成为高校教育中不可或缺的重要组成部分。党的十八届三中全会提出"改进美育教学，提高学生审美和人文素养"。习近平总书记多次强调加强美育教育的重要性，美育教育成为党的教育方针的重要组成部分，得到越来越多的社会关注。

高校美育是一种根据学校的教育目的对学生展开的审美教育活动，是一种提升学生审美素养与审美能力的教育，是高校落实立德树人根本任务的重要途径。高校美育能使学生正确地处理审美过程中的伦理问题，朝着积极健康的方向发展，其审美目的在于管理美的形象，让审美成为一种自觉的活动，利用这种自觉性指导自我行动，充分展现自我审美力，创造独立价值品格，做到以美感人，以美育人。高校在开展美育教学与研究的过程中，通过活动使学生感知美的事物，形成鉴赏美的能力，从而激发创造美的意识，使其展现出良好的素质面貌，能用审美的眼光看待生活，用审美的情趣从事各种工作。在培养的过程中，助力年轻一代树立正确的审美理想，坚持真善美的统一，培养美的品格。

高校美育课程作为提升学生审美能力、专业素质、人文涵养以及道德水平的重要路径，由美学课程和艺术课程构成。但在高校美育课程教学过程中，存在着目标单一、内容匮乏、方式简单、评价片面等问题，需要通过明确课程目标、丰富课程内容、创新教学方式、完善课程评价等路径来提高高校美育课程建设水平。本书主要讨论了高校美育的内涵与内容、功能与作用、原则与方法，高校美育的现实困境及突破路径，新时代下高校美育课程的理念、价值与特征，新时代下高校美育的新形势与新任务，新时代高校美育课程的开发、运行与创新，新时代高校美育课程教学手段创新，新时代高校美育课程教学策略创新，新时代高校美育课程开发与创新的实践等内容。

    在撰写的过程中，本书参阅了大量有关美育等方面的书籍和期刊，且为了保证论述的全面性与合理性，也引用了许多专家、学者的观点。在此，谨向以上相关作者表示最诚挚的谢意，并将相关参考文献列于书后，如有遗漏，敬请谅解。由于作者水平有限，加之时间仓促，书中如有疏漏实所难免，恳请同行专家、学者和读者不吝指正。

著 者
2023 年 6 月

目录

第一章 高校美育的基础相关论述 ·· 1
- 第一节 高校美育的内涵与内容 ·· 1
- 第二节 高校美育的功能与作用 ·· 10
- 第三节 高校美育的原则与方法 ·· 15

第二章 高校美育的现实困境及突破路径 ·· 29
- 第一节 高校美育教育的困境及成因分析 ·· 29
- 第二节 高校美育教育的解困对策 ··· 35

第三章 新时代下高校美育课程多维研究 ·· 47
- 第一节 新时代高校美育课程的理念 ·· 47
- 第二节 新时代高校美育课程的价值 ·· 51
- 第三节 新时代高校美育课程的特征 ·· 55

第四章 新时代下高校美育的新形势与新任务 ································· 63
- 第一节 新时代下高校美育本质的双重规定性 ································· 63
- 第二节 新时代下高校大美育观与艺术教育问题 ······························ 69
- 第三节 新时代下高校美育的任务 ··· 79
- 第四节 新时代下高校美育与德育、智育、体育的关系 ····················· 85

第五章 新时代高校美育课程的开发、运行与创新 ··························· 89
- 第一节 新时代高校美育课程开发的目标与内容 ······························ 89
- 第二节 新时代高校美育课程开发的方法与原则 ······························ 97

第三节　新时代高校美育课程开发的载体与运行机制 …………………107
　　第四节　新时代高校美育课程开发的创新发展 ……………………………130
第六章　新时代高校美育课程的教学手段创新……………………………………137
　　第一节　慕课在新时代高校美育课程教学中的创新应用 …………………137
　　第二节　翻转课堂在新时代高校美育课程教学中的创新应用 ……………145
　　第三节　混合式教学在新时代高校美育课程教学中的创新应用 …………153
第七章　新时代高校美育课程的教学策略创新……………………………………157
　　第一节　构建美育课程体系 …………………………………………………157
　　第二节　完善体制机制 ………………………………………………………165
　　第三节　提高教师的美育素养 ………………………………………………171
参考文献……………………………………………………………………………179

第一章

高校美育的基础相关论述

第一节 高校美育的内涵与内容

一、高校美育的概念

高校美育是指利用自然美、社会美、艺术美等美的形态对高校学生进行情感净化、性情陶冶，并提高学生感受美、鉴赏美、创造美的能力，培养其正确的审美观念、审美理想、审美情趣的教育。

高校审美教育是高校人文素质教育的基本方面。人文素质教育的基础是哲学素质，包括世界观、人生观、价值观和方法论的取向，而审美素质则是情感或感性层面的显现。审美素质是一种全方位的综合素质，它有自己不可替代的特殊内涵和要求。高校美育对人才的全面培养具有独特的作用。美育的功用在于"以美启真""以美储善""以美怡情"。也就是说，美育有利于智力结构和意志结构的建立，有利于科学和道德的发展，因而美育是人的全面发展的必由之路。美育能促使学生去发现真理、创造科学美；可以通过形象的感染和情感的激发，引导学生自觉地净化自己的心灵，遵守社会道德原则和行为规范；能使学生通过心神的情感体验，在沁人心脾的美的熏染中陶冶性情，发展审美能力。

高校美育是教育境界化发展的需要。现代美育，已不单单是以往说的"艺术教育"和"情感教育"了，而是具有多元综合结构的性质。它涵盖对自然美、人的自身内容的教育，德育、智育、体育中涉及美感方面的教育。美育主要是通过美的形象耳濡目染、潜移默化地感染、陶冶受教育者的感情，这种影响和作用，是说理教育和行为训练所不能达到的，因而美育可以融化德育成为心灵之花，融化智育成为灵秀之美，融化体育成为健壮之美。

高校美育是塑造完美人格的需要。首先，大学时期是青年高校学生世界观、人生观形成的关键时期，也是个体审美意识形成和发展的重要时期。其次，适时地对高校学生进行审美教育，对他们的影响是具有终生意义的。高校美育能使高校学生发自内心地自愿接受美的熏陶，获得科学知识，接受美德教育，抵制不良思想和精神污染，以保持自身的尊严，完善人格的塑造。这种高尚人格在关键时刻能表现为跨越生死，不计个人得失，甚至舍生取义的高尚行为。

二、高校美育的内容

随着我国高等教育的深化改革，学校为受教育者提供了更自由的学术空间和更开放的学习氛围，学生选择学习内容的时间和空间的自主性和自由度明显加强，加上现代信息化社会的迅速发展，在大众文化的冲击下，学生会自觉地从各种渠道摄取有关美育的信息，而作为以美成人审美教育的发展，亟须在审美教育目标的指引下，不断丰富发展教育内容，从而满足大学生日益发展的审美需求。

（一）美育内容的基本类型

在近些年加强高校素质教育的整体形势下，美育对可以提高大学生综合素质的重要作用逐渐得到人们的关注，美育的教育内容也得到了丰富和发展。越来越多的审美教育者开始探索符合理想人格要求、适应时代需要的新的美育内容，并注重美育在高等教育中的理论研究和实践创新，这些对促进美育的不断发展起到了重要作用。当前美育内容的基本类型主要有两个分类依据。

1.按照教育范围分类

美育按照教育范围分，包括家庭美育、社会美育和学校美育等三个方面。其中，家庭是人生的起点，也是美育的起点。家庭审美教育给予人的影响是基础性的和不可替代的。之所以如此，是因为家庭美育是建立在以血缘和亲情关系为纽带的家庭日常生活基础之上的，而家庭日常生活的内容极为丰富、广泛、具体，并处处注入感情的因素，对家庭成员尤其是孩子施加着全面入微的深刻影响。家庭美育的主要对象是孩子，父母是家庭美育的天然教师。我们应该把家庭日常生活看作一种教育，从这里找到家庭美育实施的途径。社会是一个广阔的空间，为审美教育提供了丰富的素材。社会美育的领域极为广泛，影剧院的演出，电视、广播中的节目，音乐厅、展览馆、博物馆、文化宫、俱乐部、体育场、游泳池、图书馆，以及生活环境的美化、风景游览区的开发、名胜古迹的整修，还有商店橱窗的布置、路边广告的设计，都可以作为社会美育的工具和场所，成为社会美育的组成部分。世间一切的创造物没有比人的心灵更美、更好的东西了。人的内在世界的美、精神世界的美，即人的心灵美是最具重要意义的、最富于光彩的美，是社会美的核心，是人类美的精髓。学校美育是对大学生进行人格养成教育的有效途径。基于学校本身"教书育人"的基本功能，在大学校园中通过实施美育以促进大学生理想人格的养成和思想素质的提升均有着相对便利的环境条件。

2. 按照性质分类

按照美育内容性质不同，可以划分为自然美育、艺术美育、人生美育三大类。自然美是最原始也是最贴近人类生活的美，它就蕴藏在大自然之中。自然不仅为人类的生存发展提供基本的物质基础和环境，也是丰富人的精神生活使人获得美感的基本源泉。自从人类开始用审美的眼光看待世界，大自然就成了人类的审美对象。只要我们身处于大自然当中，就能够陶冶于大自然的美，就可以受大自然的教育。而想要进一步欣赏自然美，真正实现自然美育，就必须要了解自然美，提高对自然美的欣赏能力，培养学生热爱自然之情。艺术是艺术家借助一定的手段和方式对现实生活的典型性概括与反映，是艺术家创造性的劳动成果。艺术美来源于现实美，又高于现实美。艺术美育是现实美的凝练和集中，它包括音乐艺术美、美术艺术美、影视艺术美、文学艺术美和环境艺术美等。人生美育也是审美教育的重要组成部分，人有心灵美、形体美，有属于人与人之间的语言美、服饰美，有属于群体活动的环境美、人情美。人生美是指社会事物、社会现象、社会生活的美，它是美的最直接的存在形式，是现实生活美的最主要、最集中、最核心的一部分。人生美育主要是由人的思想、意识、情感，以及在人和自然的相互关系中体现而组成的。

（二）高校美育的教育内容

本书所构建的审美教育内容是以大学生人格养成为根本出发点和落脚点，从人的审美心理结构的基本规律出发，着重加强审美认知教育、审美理想教育和审美实践教育等方面的内容设计和实施。

1. 审美认知教育

理解审美认知教育的基本含义先要弄清几个基本的概念。首先，认知是心理学家描述人的认识能力的概念，既包含了一种动态性的加工过程（认识），也包含了一种静态性的内容结构（知识）。学者们对认知的理解还存在一些差异，代表性的观点有以下两种。陈菊先认为，认知（知识）的发展，说到底是结构的发展，是结构的不断扩展和螺旋上升的建构。张春兴认为，认知即认识、学习，指个体经由意识活动对事物认识与理解的心理历程。从静态的角度看，认知即"知识"或"信念"。认知包括从低级的感知过程到复杂的言语及问题解决过程，它是个体知识经验积累的前提；个体在认知活动过程中获得的各种认知结构或图式，既成为其知识经验的一部分，也是人格及其他个体差异发展的基础。其次，审美一词来源于古希腊，原意为感性。18世纪经由德国哲学家鲍姆加登提出，用为美学之意。学术界对审美的内涵也存在一些分歧，主要观点列举两种。李泽厚认为审美是人性总结构中有关人性情感的某种子结构。周燕认为，审美是一种与现实的非功利关系，使人在感性直观中享受精神上的愉悦和快感。二者都可以归结到审美是一种情感活动，是一种认知活动。审美认知是指在已有的审美认知图式下对审美情境中与审美主体产生审美关系的客体的欣赏和认知，包括感知、判断、推测和评价在内的审美心理活动，而不仅仅局限或等同于其中的某一过程。

综上所述，审美认知教育实际上是对审美活动中的认知过程和接受过程的教育实施，是输入、编码、转化、储存、提取、运用美的信息的加工活动。从审美心理学的角度来看，审美认知教育促使受教育者形成审美心理认知结构。这一结构是审美个体在审美活动中形成的，对未来的审美活动起着支配作用。在审美教育活动中，主要包括对审美理论知识的把握了解，对审美信息的加工和处理，以及对审美活动心理机制的控制与把握。审美认知教育是个体进行审美活动中的重要环节，是获得和运用加工审美信息的内部心理活动，对形成正确的审美感受和审美意识具有重要作用。因而在具体的教育过程中，笔者认为在原有的审美教育活动的前提下，应注重三个方面内容的设计实施。

第一，要注重系列性、层次性的审美基础知识教育。当前，高校开设的审美教育课程及活动主要集中在艺术教育环节，且大多数的教育内容集中于专业类的审美技能的提升和发展，并没有摆脱以智育为衡量标准的基本思路。一般情况下，高校以审美为主要内容的课程主要分为以艺术专业为基准的必修课程以及以非艺术专业为基准的选修课程。而实际上，审美教育内容应与艺术教育、美学教育有所区别。审美教育不仅侧重美学基本理论的灌输与讲解，而且要将美学原理与日常的审美鉴赏有机结合，构成多种类型、多种层次的系列内容，进而普及审美教育的基本理论，促进学生审美素养的提升。首先，通过知识的讲授，使学生先理解何为美、何为审美，以及为什么要审美、怎样审美等一系列基本问题，为日常的审美鉴赏提供指导；其次，进行审美的生活性感知，通过接触了解具体的艺术欣赏、各种艺术门类，以及在日常生活中的审美批判，综合性了解绘画、雕塑、影视、戏剧、建筑、音乐、舞蹈、戏剧等不同艺术的审美特质；再次，将审美教育渗透到各门类科学的教育活动之中，充分提升自然美、社会美、科学美等审美对象的教育内容，再将教育内容统一到人格的审美之中。

第二，注重对悲剧与喜剧、丑与荒诞等审美形式的辨明。在进入后现代主义时期，传统的悲剧、喜剧中的"崇高"和"优美"审美倾向在大众文化的冲击下已经不再是大学生仅有的美学视野。受西方现代学派等思潮的影响，"丑"与"荒诞"等新的审美形式越来越受到当代大学生的关注。因此，在日常的审美认知教育中，对悲剧与喜剧、荒诞与丑等审美形式的辨明，也应当是教育内容的一个重要环节。这些样式的审美形态以各自不同的样式，从多维的角度刺激审美对象——大学生的感觉和情感，从而对他们产生作用，影响他们的人格发展。例如，悲剧能够借助引起人们的怜悯和恐惧之情使心灵得到净化和陶冶。这是由于悲剧主人公遭受痛苦并不是因为他的罪恶，而是因为他的某种过失或缺点，因而他的遭遇会引起我们的同情与怜悯，特别是他也和我们一样是凡夫俗子，我们会担心自己会因为同样的错误或者缺点而受到惩罚，由此就产生了强烈的恐惧和不安。悲剧有不幸，有死亡，但它的本质却是崇高性、壮丽性、英雄性。那种英勇不屈的品格，激烈悲壮的境遇使人们的崇敬之情油然而生，激发起努力向上的意识。在崇高与悲剧精神的感召下，人们胸襟开阔，摆脱低级、庸俗的趣味，不断改善生存质量。

喜剧相对悲剧而言给人以不同的审美体验，它往往带给人的是轻松感、愉悦感。喜剧先制造一种紧张，又使之在不付出主体代价的前提下解除，先惊后喜，由知觉想象到理解顿悟，感情的运动迅速、敏锐，其间没有心灵的痛苦。人们在喜剧氛围中，压力得到缓解，情绪得到放松，心理达到缓和，精神得以休息。对常处于紧张心境的人来说，这是一种极好的心理补偿。喜剧欣赏要求清醒理智的审美观照，机敏地发现其不协调的喜剧性，顿悟其喜剧意义，反思人类社会及人类自身的丑恶、缺陷和弱点，发现反常、不协调等可笑之处，从而锻炼、提高欣赏者的审美判断能力，实现对自我与现实的超越。喜剧教育更利于培养人们幽默的审美心理、达观的人生态度，幽默的乐观精神使人对某些令人尴尬的境遇、失误付之一笑，会在生活的波折面前泰然处之，可以清醒、坦然地超越当下的矛盾与不足。

丑本来包容于原始人的宗教活动，表现的内容是对神秘世界的恐惧，产生的基础是主体尚处于蒙昧状态，自我意识没有充分觉醒。丑看起来不顺眼，违反我们对秩序与和谐的爱好，因而会引发厌恶。荒诞是指在人的实践活动中，由于认识上的高度的局限性而导致人的行动的盲目，本质的扭曲和异化，丧失一切价值的非理性和异化的审美形态。现代派戏剧《等待戈多》就是这样一个兼容丑和荒诞的戏剧，剧中唯一的主人公戈多滑稽又可笑的徒劳等待，表现着人们悲惨无奈的生存处境，既令人啼笑皆非，又发人深省，使人在对主人公命运的"哀其不幸，怒其不争"中，不由自主地联想到自身的处境，进而寻求改变现实的出路。荒诞感的笑不是开心的笑、乐观的笑、有希望的笑，而是无可奈何的笑、不置可否的笑、苦不堪言的笑。

丑和荒诞往往具有更深刻的意味，荒诞艺术促使人们从麻木、平庸的生活中猛然醒悟，深刻意识到生存环境的荒诞，它以非人化的人物形象表现人尊严、价值的丧失，成就了"作为人而成为人"的价值要求。从对丑与荒诞的感受中生发出摆脱丑与荒诞的愿望，在抑丑扬美的审美理想指导下投身于审美创造实践之中，用自己的行动建造美好的世界。

第三，加强对民族传统文化的审美引导。按照荣格的集体无意识理论，不同民族、不同国家有着不同的文化心理，即不同的人格特质。中华民族有着五千年的历史，其优秀的传统文化博大精深、源远流长，极具社会美和人情美的代表性元素。人类历史上曾有过四大古文明，分别是两河流域文明、埃及文明、印度文明和中华文明，其他文明都曾中断过，甚至几近消失，唯有中华文明从未中断，这说明中华民族的传统文化极富合理性，有着深厚的底蕴和强大的生命力。中国优秀的传统文化是中华民族屹立于世界民族之林的基石，是中华民族劳动人民道德智慧的结晶，是中华民族的巨大财富和不竭精神动力，是无数中华儿女坚强的信念支柱。

人格养成的先在性与历史继承性要求审美教育应该具有优秀民族文化元素。可以说，只有具备了鲜明的民族意识的审美教育才是真正意义上的审美教育，继承了优秀传统文化因素的审美教育才更具有审美价值。近年来，国家逐步加深了对民族传统文化重要意义的认识，开始深入挖掘民族传统文化的巨大价值。一些怀有深刻爱国情怀的学者也自觉把弘扬传统民族文化为己任，于丹的《〈论语〉心得》《〈庄子〉心得》很好地实现了《论语》和《庄子》的大众化传播。近年流行的"国学热"说明人们在追寻与回归传统文化。有学者曾将中华民族传统总结为八大精神，分别是讲道德重教化的德为先精神；为民族重整体的国为本精神；行仁政重正民的民为重精神；尚志向重气节的人格精神；讲和谐重合群的和为贵精神；观其行重自律的修身精神；讲诚实守信用的诚信精神；尚礼让讲勤俭的节俭精神。可见，中华民族优秀传统文化是值得珍视的思想精神财富，肯定中国传统文化的教育价值，弘扬优秀文化传统，是大学生理想人格教育的重要内容。

2. 审美情感教育

审美情感从概念上讲是指审美主体对美的各种意识形式的情感表现和内在心理表现，审美情感教育包括审美关爱教育、审美理想教育和审美修养教育等。在审美活动中，审美情感产生于主体的审美实践中，而又引导、规范着主体的审美实践活动。在以美成人审美教育的活动中，应注重三个方面的教育内容。

第一，审美关爱教育。一般来说，人的基本需要大致分为物质需要和精神需要。审美情感是在审美活动中自觉获得的内在心理感受，审美关爱教育与一般的审美认知教育不同，它并不与实用功利的目的直接联系在一起，注重的是人格本身与审美情感的内在契合。在审美关爱教育当中，最为重要的是教会当代大学生学会关爱、学会真诚，建构人格中中国传统文化所特有的"仁"的特质。

长期以来，由于各种社会思潮的影响，以及高等教育改革中产生的一些矛盾尚未解决，在当代大学生人格发展的过程中，实用性和功利性的追求得到了部分学生的价值认可。而在我们现行的教育内容当中，关爱、真诚的教育往往被忽略了。当前，不少青年学生由于是独生子女，过多地以自我为中心，过多地关注自我得失，忽视他人的情感，在人际交往方面产生了不少困惑与问题。归结这一问题产生的原因，缺少审美情感的教育是一个重要的方面。由于家庭、学校缺乏对学生关爱、真诚的教育影响，学生在日常行为当中缺少对审美情感的关注，没有形成对关爱、真诚等重要审美情感的重视。从一些高校的审美教育来看，培养青年大学生的审美情感并不难，关键在于高校美育的发展和建设。当前不少高校倡导和组织志愿服务活动，如定期开展敬老助残活动、社区服务活动、爱心募捐活动等，这既是一种有效的德育手段，也是培养当代大学生审美情感的重要方式。当然，除此之外，学校还可以通过美育课堂的教育、校园文化环境的熏陶、校园文化活动的引导等帮助大学生形成健康的人格。因此，在大学生的人格养成教育中，以审美情感的熏陶和培育为目的，通过开展丰富多彩的关爱教育活动，使他们学会体恤和关爱他人，在家庭中关爱自己的亲人，在学校中与人真诚相处，尊重老师、帮助同学、关心集体，形成高尚的道德品质、良好的行为习惯和主动的团队合作意识。长此以往，学生能够自觉形成积极的情感体验，具备关爱的意识，懂得关爱身边的人和事，这对完善大学生的自我人格品质具有重要意义。

第二，审美理想教育。审美理想是审美意识中居于最高层次的审美范畴。在艺术活动中，审美理想得到了充分、集中的体现，它是在审美经验的基础上产生的，而且是这种经验的高度概括。审美理想产生于社会实践中，人的社会实践，从一定意义上说，就是不断地认识现实、产生理想，并实现理想，人的审美理想就产生于这个过程中。作为审美经验的凝结与升华，审美理想与一般的社会理想、观念又有所不同，而且是有经验性的形象特征，非逻辑概念所能涵盖或替代。但是，要充分表现审美理想，使审美理想"物质化"，

变成任何人都可以接受的东西，那就只有透视审美理想、反映现实艺术的"棱镜"才能做到。

审美理想在人的认知活动中发挥着极为重要的引导与推动作用，对美的坚信与追寻是许多重大科学发明的基本动力。例如，哥白尼提出的令世人震惊的"日心说"，在一定程度上就是源于对科学美的追求，尤其是受毕达哥拉斯派提出的圆（球体）是最美的图形、宇宙是球体等美学思想的影响。这种影响的有力解读者是伟大的科学家爱因斯坦，他曾明确指出在从事科学活动时，所有这些努力所依据的是相信应该存在一个完全和谐的结构。今天我们比以往更没有理由容许自己被迫放弃这个奇妙的信念。审美理想并不是表现出的逻辑形态，而是深藏于审美主体内心中的审美经验和艺术直觉。康德认为，审美理想是审美主体的先验条件，为审美活动提供标准和条件，是审美活动发生的重要前提条件，是审美活动的基础和前提。因此，审美理想也会对认识活动产生重要的影响，因为审美认知是以审美理想为恒定的认知标准和尺度。因此，树立正确积极向上的审美理想，对当代大学生人格养成有着极其重要的作用，它使认知活动指向理想人格，以理想人格提供的标准和条件为前提建构大学生的人格。

第三，审美修养教育。修养一般指个体的自我锻炼、自我培养，以及在此基础上形成的各种能力和品质。审美修养教育是在审美教育中有意识地促进受教育者审美心理结构的自我完善和发展，也就是实现审美他育到审美自育的转变。从这个意义上讲，审美修养教育是审美教育一个极为重要的目标。在我国，审美修养教育有着深厚的文化基础和现实意义，我国古代很多美学思想家从不同方面阐述了以审美教育的理念作导引而构建个人多方面修养的重要作用。

例如，孔子曾提出"修己以教人""修己以安人""修己以安百姓""文质彬彬，然后君子"等重要思想，把内在修养与外在举止的统一作为理想的人格的基本特征。又如，蔡元培先生的"以美育代宗教"思想，高尔基提出的"美学是未来的伦理学"等，都是对审美修养教育的强调。

在审美情感教育的过程中，要引导学生注重自己的自我形象修养、内在气质修养，帮助学生慢慢认同正确的审美修养标准，并自觉地以这一标准要求自己，逐渐具有人格的审美影响力。作为审美修养来说，这一教育与德育的区别在于，它不是依靠强制的手段和反复的灌输为学生树立某种标准，而是尊重学生的个性特征，注重强调氛围的熏陶和影响，引导学生对自我修养的主动性，以美的标准促使学生从内心深处主动提升个人的修养，并不断地通过气质魅力散发出自身的改变，从而得到大家的充分尊重。

终极意义的审美情感教育应该是帮助人们达到一种和谐的状态，是促使人不断积极追求，最后体现人找回本性的过程。古希腊的克吕西普认为，人体的美就是构成相互间关系以及对整体关系的各部分之间的对称，而心灵的美则是精神以其对整体关系和相互关系的各种因素的对称。

3. 审美实践教育

审美实践教育可以有效地促进感性发展，实现审美情感教育，从而促进完整人格的形成。感性既指向艺术，又指向现实，美育以感性为起点，实现价值生成。在当代社会，人越来越生活在数字与图像的包围中，审美感官的迟钝及感知对象的非真实性，成为影响人全面发展的重大问题。作为感性教育的审美教育，其首要任务就是培养人对外部世界的感知能力，即整个身体与对象世界的相融。这种教育目标虽然看似低级，但对人的全面发展却是奠基性的。感性发展包含两个层次，既包括感性要求的满足与解放，又包括感性的提升与塑造。审美实践教育也包括审美体验和审美创造等环节，一般由主体的审美体验和审美创造等环节组成。审美实践是通过人的自主性实践，逐渐体会人的自由自觉对美的创造，并集中、直接地体现出美的内涵。审美实践教育是功利与超功利的统一与结合，它既内合于美的无功利性，又指向人格养成这一功利性目标。

社会美是审美实践的重要环节。一般来说，人的生命首先是一种自然生命力，生命的存在与运动使人具有自然的需要和欲望。

然而，在人类漫长的进化过程中，人的感性生命在社会实践中不断受到理性的规范，并逐步积淀社会文化的内容，这使人的感性生命有了新的内涵。可以说，真正的人的感性能力应该是作为社会人的感性能力，即渗透着认知力、理解力、判断力等理性要素的感性能力。

美育是以审美形式解放人的感性因素，并使之得到适当释放和文化提升的过程，从而达到激发深层心理活动中的非理性因素的目的，使之保持旺盛的活力。在美育实践中要注意到感性发展的这两个层次，既要满足学生基本的感性需要，又要在此基础上提升学生的感性能力。感性需要的满足是提升学生感性能力的基础，感性能力的提升又会进一步使学生获得更高层次的感性满足，这两方面是互相渗透、互相促进的。

第二节　高校美育的功能与作用

一、美育的教育功能

（一）美育是感性与理性的统一教育

美育是感性和理性协调统一的教育。首先，美育具有完整性与和谐性。它通过直观形象的事物培养人的整体反应能力，使人的心灵达到和谐与自由，从而促进人格的完善。其次，美育具有感性与理性，形象思维与逻辑思维相融合性。它通过直观感性事物达到全面深刻领悟和把握其中蕴含的真谛，从而开启人的创造能力，给人的理性世界带来灵性和感染力，使科学精神与人文精神实现完美结合。

第一，以形象感化人，善在其中。美育是以美的事物为内容，通过审美形式感染、教化人。美的事物就是美的形象。任何美的事物都以鲜明可感的具体形象呈现在人们面前。如社会中的英雄模范人物形象；五光十色的物质产品美的形象；自然界中山水花鸟的形象；艺术作品中塑造的栩栩如生、千姿百态的艺术形象等。黑格尔曾说："美只能在形象中见出。"因此，审美教育就是形象美的教育，这种形象美的教育，并不是道德说教式的，使学生在对美的赞叹与感受中，潜移默化地吸收了美中所蕴含的善，在不知不觉中接受了道德情操教育，陶冶心灵。

第二，以情感打动人，理在情中。审美活动是一种情感活动，但它总是带着浓重的道德的、伦理的评价美丑的主观色彩，也就是说，审美是寄理于情的美感活动，这个特点在艺术欣赏的美育活动中更为明显。艺术教育正是以艺术作品的真情打动人，使学生在灼热的真情熏陶中，赞叹、动容，或喜或怒，或乐或悲。在自始至终的情感活动中，受到情感中蕴含的"理"的陶冶。

第三，以情趣娱乐人，教在乐中。美的事物具有愉悦性的特征，正如车尔尼雪夫斯基所说："美的事物在人心中所唤起的感觉，是类似我们当着亲爱的人面前时洋溢于我们心中的那种愉悦。"人有爱美的天性，美的事物对审美主体有强大的吸引力和诱惑力。哪里有美，它就像磁石吸铁般的诱发着人去追逐，去享受，所以人们接受审美教育是积极主动的、欣然愉快的、心甘情愿的，不带有任何强制性和灌输性。学生在感受美的愉悦中自觉地接受了美的教育。

（二）美育是全面教育的重要组成部分

美育是全面发展教育不可或缺的支柱之一，对提高人的思想道德素质、科学文化素质、身体心理素质等方面起着不可替代的作用，具有独特的功能。

第一，美育在提高人的思想道德素质方面具有陶冶人的情感、净化人的心灵的功能。审美教育活动是一种情感活动，尤其是艺术的审美活动，因为艺术本身有表达情感的美学特性，艺术活动就是情感活动。艺术是一个人用某种外在的标志有意识地把自己体验过的感情传达给别人，而别人受到感染，也体验到这些感情的人类活动。这在我国古典《乐记》中也有明确的记载："乐也者，情之不可变者也。……夫乐者乐也，人情之所不能免也。"艺术是表现情感的，是令人愉快的，是表达人的情感不可缺少的方式。正因为艺术美具有传达情感的美学特性，所以人们在艺术的审美活动中，是在艺术美的情感的强烈感染下，是在喜怒哀乐的美感状态中吸收美、感受美的。学生经常参加艺术的审美教育活动，会不断陶冶情感。

美育具有陶冶情感的功能，随之就产生了净化人心灵的审美作用。先动情，进而动心，这是深层次的美感教育。《乐记》中说："致乐以治心。"又说："乐也者，动于内者也。"用"乐"达到治心的目的，艺术能感动人的内心。《乐记》中的论述，阐明了艺术美的美育活动具有净化人心灵的功能。它首先以情动人，引起人的共鸣，会令人心神迷醉，进而潜移默化地渗透到内心，影响内心世界的变化，使人心灵得到升华与净化。19世纪匈牙利音乐教育家李斯特深刻地论述道："音乐却能同时既表达了感情的内容，又表达了感情的强度……它可以感觉得到的渗入我们的内心，像箭一样，像朝露一样，像大气一样渗入我们的内心，充实了我们的心灵。"音乐艺术的美感是这样，其他如语言艺术也同样是以情动人，进而动心。古罗马修辞学家朗吉弩斯论述文字的审美功能时说："通过文字本身的声音的错综复杂的关系，把作者的情感传到听众心里，引起听众和作者的共鸣……使我们心迷神醉地受到文章中所写的那种崇高、庄严、雄伟以及其他一切品质的潜移默化。"

第二，美育在提高人的科学文化素质方面具有激发创造灵感、开发智力的功能。审美教育的基本内容是艺术教育，心理学实验表明，艺术具有刺激人的神经兴奋、促进思维积极活动的审美作用。特别是形象思维，在接受艺术信息刺激后更加活跃，很快就转为表象的潜意识活动，也就是想象活动，使大脑皮层形成一个兴奋点。这个兴奋点随着想象活动的展开逐渐扩散开来，在这种意识控制下的潜意识活动中，大脑皮层的抑制机制开始启动，也就是第二信号系统开始活跃起来。也就是说，在美的信息刺激下引起的形象思维活动，促使逻辑思维也开动起来，从而激发创造灵感。

美育是培养学生想象力和理解力的有效途径，是增强智力的动力因素。对科学家而言，艺术是激发科学发明想象的动力因素。爱因斯坦是一位音乐的酷爱者，他发明相对论的想象力和音乐艺术的激发是分不开的；对艺术家而言，艺术更是获得灵感的动因素。舒伯特如果没有莱斯塔勃的那首诗歌的激发也就不会产生《小夜曲》的创作灵感，就不会诞生优美动听的旋律；对学生而言，艺术的审美教育能培养和丰富想象力、理解力和创新能力，促进思维活动，增强思维能力，使学生对所接受的知识理解得既快捷又深刻。

（三）美育是创新教育的重要体现

加强自主创新，建设创新型国家，是我国综合分析世界发展的大势和我国所处的历史阶段提出的重大发展战略。自主创新靠人才，人才培养靠教育，集聚和培养创新人才是高校创新能力的重要体现，也是高校对社会的最大贡献。创新精神作为当代大学生的基本素质，会在各种教育活动，包括审美活动中显现和造就，尽管不同活动中的创新精神在形式与内容上有所不同，本质却是相通的。正因为如此，注重学生在审美活动中的创新精神培养将起着重要作用。

从特殊功能上看，美育是培养想象力以及与之相关的审美趣味能力的重要环节。这种能力不仅指一种狭义的审美能力，更是指人的综合素养，同时关乎人的智力和专业化水平，并以想象、创新、创造的特征表达出来。正如牛顿从苹果落地找出了万有引力定律，瓦特从开水顶开壶盖发明了蒸汽机那样，不少科学家常把他们的科学业绩归功于某一次充满灵悟及猜测的诗性想象。正是这种诗性想象激活了科学家的创造力，使他们能够不囿于既有的理论范式，自觉地上升到对其的思辨和甄别，超越原先的理论束缚，实现全新的突破。由此我们可以看到，科学的每一次重大发展都是人的智性与悟性的双重演进，绝不是单一的智力程度的进化。因此，美育因其特有的功能，使受教育者贯注了一种美感的创造升华，它通过调动人的审美心理，如感知、理解、联想、想象等，刺激和开掘人们的创造冲动，进而激发起一种创造的想象，表现出创造的行动。因此，以美育强化学生的想象力，必然会对创新精神的培养产生重要影响。

从美育与智力开发教育的关系上看，现行的教育体制中的智力开发教育注重求真，而且大多以现成的科学结论作为主要内容，它主要培养的是学生的理解力和一般意义上的动手能力。在这种情况下，真与美相比，美显得更为重要，而且对教师而言，如何教育的能力和效果本身也在美育的范畴。其重要原因，就在于美育更富于创造性，它对培养学生的创造力可以发挥独到的作用。19世纪荷兰著名的化学家范特霍夫曾经就想象与科学研究的关系，调研过许多科学家，发现最杰出的科学家都具有丰富的想象力。同时，我们也要看到，美育与智力开发教育相比，具有潜在性、间接性、不可测量性，因此，它经常为教育者所忽视，要么将它看成虚无缥缈的东西，要么把它看成简单的娱乐，任由其自生自灭。我们必须清醒地看到，美育的形式通常丰富多彩，不刻板、不枯燥，所以，往往成为青年学生喜闻乐见的教育方式。因此，高度重视美育，有意识、有步骤地建立和完善美育教育的各项体系，对提高学生的求异思维和创造能力可以产生潜移默化的影响。

二、美育的社会功能

审美的教育有巨大的社会功能，表现为可以激发爱国激情，使人开启智慧、追求真理，还有助于人心理健康、道德高尚、身心健美等的发展与培养。

（一）美育激发爱国激情

古人讲，以铜为镜可以正衣冠，以古为镜可以知兴衰。美育的教学，从不同角度体现了文化之灿烂，山河之壮丽，人格之善恶。由此激发的爱国激情是自然而然的，这是美育重要的社会功能。例如，欣赏古诗古词古文，屈原、陆游、李白、杜甫、辛弃疾一系列鲜活的历史人物历历在目。品味他们的佳作名句，感受到的是他们火热的爱国豪情；欣赏祖国的名山大川、历史文物，体验到的是历史的悠久文化，"江山如此多娇，引无数英雄竞折腰"。宋代的名画——《千里江山图》和近代傅抱石、关山月的国画《江山如此多娇》，都表现出祖国山河是壮丽、可爱的。即使是欣赏一幅郑板桥的竹画，也可以感受到人格的高尚。"衙斋卧听萧萧竹，疑是民间疾苦声。些小吾曹州县吏，一枝一叶总关情。"以美爱国，以文育心，以象观理，可以增强民族的自豪感，激发大学生的爱国心，培养一种对祖国对人民的深厚的情感。

（二）美育使人开启智慧，追求真理

美育不仅使人爱国，还使人开发智慧，追求真理。因为美的事物、美的形象反映的是客观世界的真情、真事。客观世界是怎样的，我们就应该按照它本来的面目去反映它，这就是马克思主义辩证唯物论，这也是自然科学、社会科学要发挥的真谛。大学生培养这种世界观，审美教育是一种最好的形式。追求正义真理，甚至为真理而献身，这是任何时代都倡导的时代精神。在美育教学训练中，形象思维不是从以抽象思维为出发点这个特征出发的，对人的智力潜能的开发也是显而易见的。脑科学的研究成果表明，人的大脑左半球具有抽象思维的功能，右半球具有形象思维的功能，人的智能潜力在于开发大脑的右半球——形象思维。有人问爱因斯坦的伟大发现时，他说过，问题的思维往往是形象、跳跃式的思维，再用逻辑的语言表达。牛津大学数学家罗杰教授是量子学的创始人，他的代表作《新思维之王》提出，人的大脑最微观的是量子，以人做比喻的话，把人缩小到量子，

如同一个人在同一个房间里，可以分化为多个同一人，同时做数项工作，如看书、画画、组装、扫地等，这说明大脑潜能是巨大的，许多的科学家正在寻找开发大脑潜力的钥匙，许多观点认为人的潜能在于右半球。审美教育就是形象化的教育，就是直觉思维、顿悟思维、灵感思维及多向思维等，就是直接开发大脑的右半球。我国数学家苏步青教授也认为，搞点形象思维，对打开思路、活跃思想是很有好处的。求真与求美也是密不可分的，是同一创造过程的两个方面。在美育中得到一种新的思维方式或新的思路，用于开拓、创新，是我们社会主义建设的必然要求。

（三）美育使人心灵净化，道德高尚

美育有着使真与美结盟的功用。美同样也与善结缘。俄国的别林斯基（1811—1848年）曾说过，美和道德是亲姐妹。听一听匈牙利音乐家李斯特（1811—1886年）的高论，他说："诗歌和艺术天才的使命在于美的光芒笼罩真理，诱导思想高扬，用美激发被感动的心灵向善，上升到道德生活的高峰，把自我牺牲变成了享受，英雄行为成了需要，自己什么也不要求，却能在自身中找到给予别人的东西。"这说明美育对社会具有心灵净化的功能，从美出发，可以引导向善。我国有一些艺术界的老前辈，如郭兰英、新凤霞，她们都是在学艺中先学会了做人，然后才是德艺双馨。美育可以引导人走向道德高峰。这个功能是明显的，对整个社会的功能也是非常强大的。孔子说安上治民，真善于礼。近年来，我们的教育部门加大了宣传力度，用美育占领社会阵地，以大学校园里艺术节活动等形式多方面开展美育教育，使大学生远离迷信、盲从，提高道德社会化的程度，这就是净化的作用。

（四）美育使人调控情感，心理健康

中央音乐学院开设了国内第一家音乐治疗室，有家杂志以"音乐是旗，爱是风"为题报道了这一事件，许多患者在轻松的音乐声中恢复了健康。人们常说："笑一笑十年少，愁一愁白了头"。大学生在紧张的专业学习中，有很多烦恼、不如意，如就业压力、婚恋压力、求学压力等。美育可以调整心理、振奋精神、缓解压力、增强心理防御机制，不仅是音乐，其他美育活动也都有此功能。如古人看山水画，称"卧游"，书法的练习也可以静心屏息。在纵情的山水中，则心旷神怡，不快、烦恼皆忘。徐志摩的《再别康桥》里，"那榆荫下的一潭，不是清泉，是天上虹，揉碎在浮藻间，沉淀着彩虹似的梦，寻梦？撑一支长篙，向青草更青处漫溯；满载一船星辉，在星辉斑斓里放歌。"这么美的诗境，每个人听了都会振奋、畅往。美可移情，调整心理，是社会生活中不可或缺的内容，也是保证大学生心理健康的重要条件。

（五）美育使人修身养性，身体健美

我国医学心理学家丁瓒教授认为，人的许多疾病，如高血压、胃溃疡、神经系统的疾病都与人际关系失调有关。在社会生活中，紧张、悲愁、抑郁，不仅导致心理失常，也同样影响生理上的健康，造成不同的病态。中医认为，怒伤肝、喜伤心、虑伤脾、忧伤肺、恐伤肾。春秋时代的伍子胥一夜之间须眉发都变白了，是国人皆知的故事。社会美育活动开展得好，人间才会温暖如春，多组织一些健康的艺术活动，社会风气就会好起来。在大学里多开展一些学生社团活动、艺术节活动，大学生活也就浪漫了许多。把美育教学与运动健身相结合，也是高校美育老师今后的工作重点。

第三节 高校美育的原则与方法

一、高校美育的原则

原则是人们"观察问题、处理问题的准绳，对问题的看法和处理，往往会受到立场、观点、方法的影响。原则是从自然界和人类历史中抽象出来的，只有正确反映事物的客观规律的原则才是正确的。"

教育原则发源于教学实践。教学实践是教育原则赖以产生的根基和土壤，也是教育原则不断更新、发展、丰富的唯一源泉。自有教学活动以来，人们在教学实践中，经过不断的摸索探讨，逐步发现了一些使教学取得成功的带有规律性的因素，认识到一些导致教学失败的教训。于是，一些先进的思想家、教育家将它们加以总结、提炼、概括成为理论原则，作为指导教学实践的基本法则。

人是一个感性、理性及非理性的统一体，因此，完整的教育应该使人的这三个方面都得到发展和完善。目前，在高校中，一些大学生在阅读和欣赏文学艺术作品时，不能领悟作者的精神情感，也不能获得心灵的悸动和审美的愉悦；面对一幅世界名画，他们表情麻木；面对美妙的大自然，他们无动于衷。可以说，大学生缺乏审美能力的现象在一定范围内比较普遍地存在着，他们不知道什么是美，也不知道怎样欣赏美，更谈不上表现美和创造美。而以美成人的美育一个非常重要的培养目标就是培养学生良好的审美能力、审美情趣和审美修养，从而培养人格和谐发展的大学生。它不是一般的知识教育、艺术教育或技术教育，而是一种全面的审美素质教育，就是要以培养大学生完善的人格为目标的教育。美育不仅要培养大学生欣赏美和创造美的能力，而且要促进大学生树立美的理想，发展美的品格，培养美的情操，形成完美人格。

随着教育改革的不断深入，人们对学校美育的认识也在不断提高，但从我国高校教育目前的现状来看，还是不容乐观。高校美育远不及德育、智育、体育等完善，在教育开展的实际中存在比较严重的教育方向不明确、教育原则缺失的问题，具体体现在四个方面：其一，一定程度上存在着"唯分数"为考试而学的现象，因而导致的厌学现象十分严重，扼杀了培养科学素质所需要的宽松环境和和谐气氛。其二，现实中的高等教育大多是一种片面强调理性而忽略感性和非理性的理性主义教育，这种理性教育以传授大学生理性知识、发展学生理性能力为主要目的，借助科学的手段实施教育。只重视理性而忽略学生感性发展的教育，使学生的感受力受到严重的损害，进而对各种事物失去兴趣和好奇心，精神生活极其贫乏，甚至会导致学生情感的冷漠。其三，目前在学校教育中，较多地存在着美育与学生思想行为"两张皮"的现象，教师和学生都把美育当作一门课程，而并未在自己的生活实践和社会生活中体验学校传授的美育观念，更没有使之成为自己的价值观念。究其原因就是在美育的过程中缺少了审美过程，理念变成单调、抽象的定理。其四，美育过程中的模式化教育也限制了学生个性的充分发展，强迫所有学生接受同样的知识和同样的教学模式，不充分考虑学生个性的多样性。片面地追求对学生群体进行共同目标的教育，忽略了学生的个体差异，用同一本教材教不同资质、不同文化教养、不同家庭背景的学生；用同一套试题测试不同基础、不同程度、不同能力、不同兴趣的学生；用同一把尺子衡量所有学生在学习过程中产生的差异；用同一个标准判断不同发展轨迹的学生。不重视学生的不同需求，不允许学生有不同于教学大纲和教材的见解，以"教"的形式的"公平性"掩盖了"学"的实际的不公平性，结果"因材施教"成了陈旧教育观念的同义语。更严重的后果是剥夺了学生自由发展的权利，束缚了学生个性的发展，窒息了学生不同的天赋才能。在这种美育教育下，学生逐渐失去了灵性与锐气，变得没有了个性、没有了特点，更不会创造。长此以往，最终将影响整个民族的精神境界。上述这些问题都从不同角度体现了高校美育原则的缺失，它们也在不同程度上影响了大学生人格的发展与完善。

根据以美成人的美育基本定位，结合当前高校美育原则缺失的现实问题，在高校开展以美成人的美育要注重四个基本原则。

（一）乐中施教的原则

美育是使人"乐"的教育。孔子说："知之者不如好之者，好之者不如乐之者。"当人们"乐在其中"的时候，他陶陶然，融融然，在不知不觉中欣然受教。古罗马诗人、文艺理论家贺拉斯在《诗艺》中也提出"寓教于乐"的美育原则,指出诗带给人乐趣和益处,也给人以劝谕和启迪。的确,美给人以感官愉悦的满足,能激荡人的情感,人们倾心赏美,因而乐意受教。人的审美愉悦性的来源不只是简单地决定于审美对象,它还是人对自己智慧与力量的肯定。因此,在美育活动中,受教育者常常处在一种喜悦的心理状态与精神状态,产生强烈的情感体验,获得极大的审美享受。这种愉悦性是感染人、启发人、吸引人参与审美、参与美育的重要因素。

美育的乐中施教原则,是指在对大学生进行美育的过程中根据教育的目的、结合大学生的审美特征,有的放矢地对学生进行审美教育,把大学生单纯的生理愉悦转变成渗透着理性的高尚情操的原则。这种寓教于乐、以乐促教的教育方式是审美教育得天独厚的优势。在美育过程中,要坚持以美成人的美育乐中施教的原则,要将愉悦教育和形象教育贯穿教育的全过程。

但是,在现实中,一些高校美育工作与现实不同步,教育的有效性程度不同,内容和方法陈旧,往往表现为由上而下地、千篇一律地讲道理,忽视了学生的情感世界、年龄特征和个性差异,学生是被动地参与,缺乏主动地全身心投入,其结果容易造成学生的冷漠和抵触。而将愉悦性贯穿到大学生人格养成之中,可以弥补美育工作中硬性说教的枯燥和抽象乏味的弊端。因此,在大学生人格养成教育的过程中要注意激发学生的兴趣和能动性,变消极被动为积极主动,借助美育的手段,让学生在生动形象、意义深刻的活动过程中受到教育,往往能取得事半功倍的效果。

要实现将愉悦性融入大学生的人格养成教育中。首先,要求从教材到教育活动过程,从教师的教导到活动环境都具有愉悦、有趣的特征,这就要求教材的编写既要有一定的思想深度,又生动地切合大学生实际,不空谈大道理。另外,美育教学力求形式多样,可以采用辩论、演讲、讨论等方式,还可以利用现代化教学手段,抓住大学生的热点问题。教师在其中始终要注意启发和引导,个别教育要发扬民主,尊重个性。其次,在以美成人的美育工作中,可以设计一些适合大学生的活动。例如,让学生欣赏充满道德、国情的影视作品;在文艺会演中,鼓励学生自编自导一些反映学生生活的故事;举办一些主题积极向上的原创歌曲大赛、绘画大赛等等,让学生在对美的欣赏和创造中,在自我沉浸与陶醉中,伴随着相应的情感发展的体验,实现美的意识自觉,使人格丰满和升华。

总之,在整个教学活动中,由美育效应带来的愉悦性,使学生成为教学世界中的发现者、创造者,使学习过程转化为一种丰富的精神享受,引导学生形成一种高尚的健康人格。

形象教育是美育要遵循的另一个特质。美育家蒋孔阳教授说:"美是形象,面对形象,不能单靠理性来认识,而要通过感性的形式,通过情感和想象,来体味感知。"米开朗琪罗的大卫像，充分体现出一种顽强、坚定和正义的精神气质，以至于后人把它作为保家卫国的精神象征。米洛斯的维纳斯雕像，更是以卓越的雕刻技巧，完美的艺术形象，高度的诗意和巨大的魅力，使其具有一种崇高的内在精神美感。千百年来，美育正是以其形象性带给人们精神上的愉悦，教会人们怎样感受山川大地的美，怎样从丰富的美的形态中把握、表现、创造出新的美，进而陶冶人的情操。美育的以情动人，是通过审美形象为手段来实现的。形象性不仅意味着感性形象，而且意味着对形象的情感意蕴的体验与感悟，情感的唤起、持续、深化与表现都离不开感性形象的产生与运动，将形象性贯穿在美育的过程中，可以以美引善，使人在潜移默化中完善人格。

可见，在大学生的人格养成方面，美育作为形象直观的教育，表现为赋予了学生创造思维的空间。它通过诗情画意引起的想象，内情和外景交融的意境，让学生思接千载，视通万里，引发学生浓厚的学习兴趣，由此触发他们的创造灵感，使之把握创造的契机，丰富和活跃自己的想象力，最终实现开发智力、发展人格的目的。因此，在审美教育的过程中，我们可以组织学生欣赏大自然，通过远足、旅行、露营等活动，使学生在对自然景物和名胜古迹的观赏中认识和理解自然景物，提高审美兴趣；还可以通过引导学生欣赏古往今来著名艺术大师的经典作品，领会和体味美的深厚和美的意蕴。大自然中的每一幅景象，中外文学艺术经典名作中的每一首诗歌、每一曲音乐、每一幅绘画、每一部影视佳作，无不凝聚着艺术家们苦苦创新、孜孜求异的心血，更凝聚着艺术家们对人性中的真、善、美的领悟和思考，是人类宝贵的精神财富。把这些经典的美与美育内容紧紧契合，对促进大学生人格的和谐发展无疑有着不可替代的作用。

艺术与科学的共同基础是人类的想象力和创造力，而美育则是想象力与现实、精神与物质之间的桥梁。也正是在这个意义上，我们说以美成人的美育就是让学生在教育过程中，乐之如饴地享受美的教育，涤荡心灵的尘埃，启发创新思维，实现人性中的美好和谐。

（二）潜移默化的原则

人格的养成不是一蹴而就的，它是伴随人一生的个体养成教育；美育的效果也不是立竿见影的，它需要经历一个长期的培育过程。学校无小事，事事都育人，美育应是高校育人中的重要内容，是学校全方位、全过程的教育。因此，开展美育，不能急于求成，揠苗助长，必须坚持潜移默化的原则。美育贯彻的潜移默化原则是指美育在高校应无时不在、无处不在，要使学生的思想、品性或习惯在教育教学及日常生活中不知不觉地受到影响、感染，于无形中发生变化的原则。美育实施坚持潜移默化的原则包括两方面的含义：一是要实现美育在教育全过程的渗透和贯穿；二是要实现美育在校园文化中的渗透与贯穿。

首先，坚持潜移默化的原则就是要实现美育在教育全过程的渗透和贯穿。在教育的全过程中，从学校布局到教育环境布置，从教育到教学，从管理到后勤，从课堂内外的教育活动到教育活动中的一举一动，无不存在着审美。蕴含审美设计的教育是为了实现教育目的、目标，以及教育活动，促进学生包括人格发展在内的全面发展，开发每一个学生的多方面潜能。它不仅追求学生在教育活动中知识技能的获得、体力智力的发展、审美情趣的提高，还要求形成受教育者健康的人格修养的过程。在教育过程中，美的享受使学生精神振奋，充满自由创造的喜悦，只有这样的活动才能使学生喜闻乐见、积极参与。美育通过以情感人，使青年学生在轻松愉快的氛围中，悄然无声地受到美的熏陶，在接受知识滋润的同时提升人格，使大学生在潜移默化中塑造了人格，获得全面、和谐的发展。

学校美育不仅是艺术、知识和技能的教育，更是整个教育全过程的一种教育理念，体现并渗透于一切教育全过程的教育艺术和教育方法，它融入了施教者的人生体验、情感创造，是对教育技巧的超越和升华。学校教育中的具体教学内容，每项活动的过程本身都应是精彩的、美的，要使学生在学习各种知识的时候，以欣赏的态度投身其中，使教学活动成为一种特殊的审美活动，使所有从事此项活动的人都能从中得到美的享受，在潜移默化中丰富人格的发展。

同时，美育应该渗透在德智体美劳等各方面教育中。在德育教育过程中，要强化文体活动、艺术鉴赏、时事教育、实习实践、文明规范等形式、内容和过程，使德育充满愉快的情趣并具有吸引力。在智育方面，美育与之是相辅相成的，丰富的科学文化知识和良好的智力，有助于提高学生感受美、理解鉴赏美和表达创造美，获得艺术上的修养与能力。丰富的想象和形象思维能力可以使学生形成健康的审美情趣和美感，使学习生活充满愉快，体验到劳动与创造的幸福。从体育方面来看，学校应倡导健康与健美的结合，科学与艺术的结合，运动与形体训练的结合，将体育作为提升审美水平的过程。体育活动注重过程的精彩，要求有互助合作的品德，有健美的姿态和富有节奏感的协调、优雅的动作，有克服困难、刻苦耐劳、灵活机智、不甘落后的精神，这是对个人意志、精神、情操、人格、心理品质的磨砺。在劳动技能中也要渗透美育，通过劳动技能的培养，学生学以致用，掌握劳动技能知识，并在此基础上培养学生的劳动观念和劳动习惯。创造是美的享受，使学生在创造中领略到劳动创造过程中的审美愉悦，创造出美的作品和美的生活，激发追求美的欲望、美的理想和陶冶出美的心灵。

总之，美育在大学教育和人才培养过程中既要相对独立，发展学科特色，更要注重教育全方面、全过程的潜移默化，使之成为大学教育中的重要内容，成为渗透学校教育、管理、服务等各方面的综合教育。

其次，坚持潜移默化的原则就是要实现美育在校园文化中的渗透与贯穿。校园文化是一种特殊的社会文化，是"由校园文化教育、校园文化生活、校园文化环境、校园文化队伍、校园文化制度、校园文化政策以及校园文化组织和设施等构成的复合体，即通过学生的直接参与，在建立健全完善的文化组织的基础上，运用现有的文化设施和文化政策，开展丰富多彩的校园文化活动，从而营造一定的文化环境，倡导一定的文化观念。确立科学的思维方法，形成特有的校园精神和校园风气"。

校园文化是实施美育的一条重要途径，其丰富的内涵和色彩鲜明的特点在高等教育中发挥着多种功能，对帮助大学生塑造完美人格有着不可替代的作用。

第一，要通过建设优美的校园环境丰富学生的审美体验，使学生时刻受到美的熏陶。校园环境是校园文化的载体。宽敞明亮的教室，绿树成荫的人行道，安静整洁的图书馆，设备先进的实验室，还有文化底蕴深厚的人文景观，设施齐全开放的体育场馆，这些都会让人赏心悦目。优美的校园环境对学生的学习和活动都有着积极的意义。校园是教育教学的主要场所，是学生长时间生活的家园。在一个杂乱无章、格调低下的校园中生活，学生们不免心烦意乱、焦虑低迷；而在一个良好的校园环境中生活，学生们每时每刻都会受到美的感染，得到美的享受，陶冶美的情操。

第二，要用校园文化的审美性促使大学生追求高尚的人格。校园文化的审美性对促使大学生追求高尚人格起着"春风化雨，润物无声"的熏陶作用。要积极营造与倡导崇尚科学、求实创新、团结友爱、健康向上的校园文化，使学生在这样的氛围中进行直觉体验和领悟，融美于心灵。积极弘扬先进模范人物和集体的事迹，充分发挥其激励人、教育人的作用。通过良好的校园风范和校园环境，满足教学科研生活的需要，陶冶大学生的思想情操，净化大学生的心灵。

（三）因材施教的原则

美，说到底是人的一种主观感受，审美是主体性的审美。不同的审美个体在不同的生理和心理机构的基础上，形成了不同的审美需要、审美能力和审美价值取向，每个人对美的理解和认识都各不相同。因此，在开展美育的过程中，我们要尊重这一基本规律，坚持因材施教的原则。美育中的因材施教原则是指在美育的过程中，根据大学生能力、性格、志趣等具体情况施行不同的美育，从而使大学生的人格能够自由、和谐地发展的原则。

尊重大学生审美个性倾向对促进个体完整人格的构建具有重要意义。从教育学的角度看，因材施教的原则表现出对大学生主体地位的充分尊重及个体身心智能差异的科学态度，以及给学生的后续发展预留了一定的空间。从教育教学的角度来看，从学生实际出发，针对学生的不同特点，区别对待，有的放矢地教育，使学生按照不同途径、不同条件

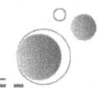

和方式，取得最佳的教育教学效果。因材施教原则是学生身心发展规律在教育教学中的反映，是符合大学生人格发展规律的基本原则。

在以美成人的美育中，我们可以从三个方面贯彻因材施教的原则。

首先，准确定位，从实际出发进行美育。在进行美育前，首先要了解学生，了解他们比较擅长哪些方面，哪些方面还存在差距，对学生的审美认知水平进行准确定位，真正做到把好每个学生的"脉"，帮助他们了解自己的审美情况，认识他们自身的优势，从而调动大学生学习的积极性，帮助他们树立取得成功的信心。

其次，针对学生的个性特点设计最佳方案，使其个性得到充分的发展。在美育过程中，要求教育者充分了解学生的一般知识水平、接受能力以及每个学生的爱好、兴趣、身体状况等方面，以便从实际出发，分别设计不同个性特点的学生成长的最佳方案，取己所长，避己所短，有针对性地美育。

最后，正确对待个别差异，激发学生的学习兴趣。在以美成人的美育中，要充分尊重大学生的需要、兴趣和各方面的才能，使学生在美育过程中，找到自己最喜爱、最擅长的领域，并在这一领域中深耕。在这一过程中，要求教育者必须对所教学生有详尽的了解，最大限度地掌握学生的兴趣所在，不失时机地引导鼓励学生，以增强他们的自信心，激发学生提高自我美育的主动性。"只有能够激发学生去进行自我教育的教育，才是真正的教育"。在美育中，只有认真贯彻因材施教的原则，才能有效地培养学生审美的兴趣，提高学生的审美能力，促进学生个性的协调发展，从而建构和谐人格。

（四）循序渐进的原则

美育中的循序渐进原则是指在大学生人格养成的美育过程中，要根据大学生认识发展的顺序，由浅入深、由易到难、由低到高逐步进行的原则。

按照认识的规律，人们对事物的认识总是由感性到理性、由表及里、由此及彼的，学生学习的过程也是如此。以美成人的美育的循序渐进原则就是要求按照由近及远、由简到繁的认识规律组织教学。大学生在完成了中学阶段的学习后，升入大学，是从人生的一个阶段进入了另一个阶段。这一阶段的学生一般缺乏实践经验，他们的心理、思想与行为处在从发展中逐渐走向成熟的阶段，他们的审美观有正确的也有错误的，有高尚的也有低级的，有健康的也有畸形的，不良的审美观往往使人无视美、歪曲美，甚至以丑为美，严重影响身心正常发展。因此，在审美教育中，首先要进行大学生自然美、艺术美、社会美等欣赏能力的培养，当大学生形成一定的高尚健康的审美情趣时，再发展其审美想象和艺术创造能力，最终使其构建起高尚完整的人格。这个过程是一个循序渐进的培养过程。

首先，要帮助大学生养成正确的审美态度。简单地说，审美态度就是人们在审美活动中所持的审美观。正确的审美态度是以美的眼光认识世界，以美的视角分析世界，在美的欣赏中实现对名利与物欲的超越，在愉悦的心态下达到精神世界的自由与陶醉。正确的审美态度可以让大学生养成乐观向上的世界观、人生观和价值观，善于发现生活中的美，以美的经验化解问题与矛盾，不瞻前顾后，患得患失。正确看待前行中遇到的困难和磨难，不轻易被摧垮和打倒，善于化解各种竞争的压力为无尽的动力，快乐地学习、轻松地工作、幸福地生活。

其次，要帮助大学生提高审美欣赏和判断能力。审美欣赏和判断能力是人们在审美活动中发现、感受、判断和欣赏美的能力。它帮助大学生正确区分美与丑、善与恶，是他们摒弃邪丑恶、高扬真善美，按照美的理想创造世界的先决条件。审美能力的培养要从两个方面入手：一要紧紧抓住知识传授的环节，占领课堂教学的阵地，通过美学基本知识的传授，使大学生掌握基本的美学常识和美学理论，了解美的本质和特征，内容和形式，具有初步的美学修养，并在此基础上，形成正确的审美标准判断，在审美活动中起到理论上的引导作用。二要大力开展审美实践活动，使学生在课外、校外丰富多彩的艺术实践中，在具体可感的审美体验中，在美丽的大自然和社会的广阔天地中真正学习美、了解美、感受美、欣赏美，在美的感染中升华情感、提高审美能力，不断完善人格结构。

再次，要培养学生的审美创造能力。完美人格构建的重要目标之一就是要发挥人的创造性。审美创造能力是指人们在审美实践过程中，按照美的规律，遵循美的原则，自主创造美的事物的能力。美的创造力来源于身心的解放，丰富的想象力和超常的动手实践能力。大学生具有热情好动、求变求新的特点，高校美育要鼓励大学生的创造热情，同时引导他们自觉地用美的尺度评价、指导自己的生活，按照美的规律美化主观世界和客观世界。学校美育要引导和鼓励学生对美的创造热情，为他们搭建创造美的平台，使他们有充分的机会展示自己，有足够的勇气和能力描画自己和世界的未来。美育是激发主体的创造欲望，培养大学生的创造能力，实现其完善人格的有效途径。

最后，要帮助大学生自觉地以美修身。大学生是天之骄子，年轻、好学、有知识、有才干，但有知识不等于就有了高尚的人格，有才干也不等于就能干出一番大事业。高尚的品格来自美的塑造，高校美育要帮助大学生自觉地按照美的标准和规律修身养性，塑造美好的自我形象。大学生审美素质的养成，不仅要靠自身努力，还在于他们赖以成长的特定环境，以及成长过程的走向。因此，加强美育，提高大学生素质，是一个持久的全方位的系统工程。它应该包括：规范设置艺术鉴赏课；广泛开展课外活动，开拓美育第二课堂；加强校园文化建设；美化校园环境。通过健康向上的艺术实践，激活大学生自身潜能，完善其人格，抖擞其精神，使大学生在审美修养的不断提高中，实现生理、心理健康和谐的发展。

此外，循序渐进原则还体现在不断反复的美育过程中。细雨润物，贵在不断熏陶，好的艺术品百看不厌，优美的歌声反复传唱，优秀的文学作品流传百世，而每次欣赏都会有新的感受。因而在以美成人的美育的过程中，学生的认识在不断深化，想象在不断发展，体会在不断加深，所以美育的过程还需要不断反复、加深，在循环往复中最终实现人格的完善。

二、高校美育教学方法

方法是"关于解决思想、说话、行动等问题的门路程序等"。在中国古代，方法被称为方术、方略或办法。英语中"方法"一词为"method"，来源于希腊文的"metodos"，本意是沿着一定的路径前进。

（一）知识传授

美育中的知识传授法是指将美育的基本知识或常识直接通过课堂教学等方式向受教育者输送传递的方法，是高校美育中最基本、最常用的教育方法。

知识传授法的方式多种多样，主要有知识讲授法、学习宣传法等。首先，知识讲授法。知识讲授法是教育者通过口头语言向受教育者传授美学理论的教育方法，这是一种使用最多、应用最广泛的理论教育法。运用知识讲授法必须注意几点：讲授内容要正确，讲解的知识、概念应具有科学性；讲解既要全面、系统，同时又要找到理论与实践的结合点；讲解要采取启发式，循序渐进地进行引导，防止注入式、填鸭式。其次，学习宣传法。学习宣传法是运用各种传媒方式和舆论方式向学生传授美学理论知识的方法，这种方法主要通过邀请专家给学生开设一些美学知识讲座、读书辅导来宣传美的思想，引导学生思考。理论宣传法系统性强，覆盖面大，影响范围广泛，它不仅仅影响受教育者，而且能营造良好的舆论环境，引导学生自觉学习。

知识传授法具有三个基本特征：一是直接性，即在审美教育的过程中，教育者与受教育者都明确意识到在开展或接受教育。这一特征要求传授法必须在受教育者发自内心接受教育的前提下才能有效实现。二是系统性。知识传授一般是一个相对长期的教育过程，面向比较稳定的受教育者群体，开展教育的时间地点也比较固定，这就为教育者进行充分的教育准备，完整系统地，有目的、有计划、分步骤、分阶段地开展审美教育提供了现实可能。三是易普及性。知识传授简单易行，一般意义上，只要有一两名专业的美育理论教育者和足够大的教育场所，就可以面向上百名甚至数百名受教育者同时开展。

通过在课堂上普及美育，教师不仅传授美学基本理论知识，还要引导学生认识美的起

新时代高校美育课程的开发与创新

源、本质、规律,认清审美对象的价值,掌握欣赏美和创造美的原则和基本方法。在日常学习、工作、生活中,让学生亲身体验客观世界和人自身的美,鉴别真善美和假恶丑,予以正确评价。如在讲授"社会美"这一问题时,可引导学生对照自己,找出差距,确定目标,不断要求完善自我,重新找到自己的合适定位。学生对美的认识和体会总是感性的东西多一些,理性的东西少一些,因此,难免美丑不分、高下难辨。通过美的知识和理论的学习与传授,从理性上帮助学生认识美的本质、规律、范畴、形态,了解各种艺术的基本常识,从而提高学生欣赏美的能力,促进学生人格的和谐发展。

(二)实践体验

《论语·述而》言:"三人行,必有我师焉。""行"字本意为走、步行,引申意为实践,与理论相对。美育中的实践体验法是指通过组织大学生参与各种审美实践活动,在实践中体验真实的美,从而提高审美能力、促进人格发展的方法。这是一个通过改造客观世界改造主观世界的过程。一般说来,实践体验法主要包括参加校园活动、劳动实践、参观访问等方式。

实践体验,强调的是受教育者通过亲身体验,在实践过程中社会化并形成对美的理论原则的更深刻和更准确的认识,提高学生审美、创造美的水平与能力,使个体身心和谐发展。体验基于亲身实践,它必由自己的感官、认识领悟、情感和生命体验达成"意义世界"和"价值世界",最终形成对美的态度。我国学者认为,"在体验世界中,一切客体都是生命化的,都充满着生命的意蕴和情调",体验"可以超越经验达到理性;超越物质,达到精神;超越暂时,达到恒久"。

"马克思主义认识论和实践观认为,社会实践是人的正确思想形成发展的源泉,是人的思想发展的动力,是人的思想认识的目的,也是检验人的思想观念是否正确的唯一标准。"这是美育实践体验法的主要理论依据。

以美成人的美育中的实践体验是学生亲历对象引起相应的心理变化的活动。亲历是实践体验的本质特征,其中既包括实际的亲身经历,也包括心理上虚拟的经历,即亲"心"经历。实践体验是一种综合性的反应,是知情意行的统一活动。通过实践,人的一切外在现实主体化、内在化,成为人内心生活的有机成分。实践体验法在以美成人的美育中起着不可替代的作用。通过组织大学生感受现实审美生活,一方面可以使其在感性认识的基础上验证已经学习掌握的美育的知识和理论,有利于强化审美理论教育的成果;另一方面可以在实践体验中获得新的感受,使个体的审美需要得到满足和提高,促进学生身心的协调发展。在美育过程中实施实践体验法时要遵循两个原则:一是要建立实践体验的长效机制。实践、认识,再实践、再认识是一个无限循环往复的过程。大学生的审美观具有一定的波动性，期望仅依靠一次的实践活动就能达到提高审美能力的效果是不现实的。应当建立审美实践的长效机制，根据新时期大学生美育的新形势、新问题，灵活运用和积极创造各种适当的实践形式，逐步提高大学生的审美观和审美创造能力，促进学生人格的全面发展。二是要指导实践体验的过程。未能进行科学组织的实践体验往往容易停于表面，流于形式。要想取得深入的教育效果，就必须加强指导实践过程。首先，要从大学审美价值观现状的客观需要出发，制订体验计划。其次，要在体验过程中指导学生有目的地观察记录。再次，要给学生提供相关理论支持和比较参考对象，指导学生深入理解，使学生产生思想和情感的共鸣，从而获得美的享受和受到深刻教育。

（三）环境熏陶

"染"字，源于《墨子·所染》中"见染丝而叹曰：'染于苍则苍，染于黄则黄。所人者变，其色亦变。"染字，"形声。从水，杂声。一说从木、从水、从九。会意。古染料多来源于植物，故从木；染料须加工成液体，故从水；染须反复进行，故从九。本义是使布帛等物着色。美育中的环境熏陶法是指通过活生生美的事物、无形的各种文化，弘扬的主流意识形态，使受教育者在无意识、不自觉的情况下，受到影响、熏陶、感染而接受美育的方法。

青年大学生思想活跃、情感丰富，又有一定的文化科学知识基础，多数学生身上具有诗人的品格和浪漫主义的气质，其情感易被激发。生活环境本身就是学生学习的重要组成部分，与他们联系密切。将审美价值观教育化解到他们熟悉的生活中，运用环境熏陶感染的方法对他们开展教育往往会起到事半功倍的效果。社会、家庭和学校构成了学生生活的整个环境，对大学生来说，校园是他们学习和生活的主要场所，具有校园特色的人文氛围、校园精神和生活环境是美育的重要途径，同时，也对大学生人格养成具有重要的作用。因此，以美成人的美育中的环境熏陶法的主要载体就是校园文化。

大学生的健康成长离不开健康的校园环境，大学生的素质教育离不开良好的校园文化氛围。首先，建设良好的校园环境，让学生一接触便感到赏心悦目、舒适得体，还会引导人提升审美情趣、审美格调，是一种强大的教育力量。具有一定文化、观念的和谐的建筑构造，绿树婆娑、花木扶疏的校园绿化，干净、整洁的教学生活环境让学生在校园的每一处都能感受到文化、文明和美。柏拉图曾说认为，应该找一些有本领的艺术家，描绘出自然的优美方面，青年们像住在风和日暖的地带一样，四周一切都对健康有益，天天耳濡目染于优美的作品中，像从一种清幽境界呼吸一阵春风，接受优秀作品的熏陶，使青年们从小不知不觉地就培养起对美的爱好，并且培养起融美于心灵的习惯。其次，校园文化活动的开展为学生发现美提供了很好的途径，增强学生的心理体验。发现美是审美的前提，要促使学生在学校里的各种社团组织以及组织开展的各种活动，如读书会、演讲会、朗诵会、文学社、科学兴趣小组等，从读书、影评、音乐会等活动中发现、体验艺术美。艺术美以其巨大的美的形象感染力，震撼学生的心灵，滋养和熏陶学生的情操，逐步增强学生对真善美的心理体验。最后，在学校中，科学的教育管理制度、民主的教育方式、良好的校风学风、平等和谐的人际关系、丰富多彩的文体活动，凡此种种的良好的校园文化氛围，犹如纯净的空气，适时的春雨，让学生潜移默化，自觉成才，对学生的健康成长产生积极作用，使他们的行为、语言乃至心灵受到熏陶，构筑起高尚完善的人格，使个性品质得以全面发展。

运用环境熏染法，需要把握两个原则：一是形式上要喜闻乐见，要具有一定的吸引力和感染力，才能获得学生情感上的共鸣，达到熏陶教育的目的。二是注重发挥学生的主体性作用，引导和鼓励学生多参与各类文化活动，多创造高水平的文艺作品，让学生在参与和创造中受到感染。

（四）自我教育

美育中的自我教育法是指受教育者按照审美目标和要求，通过自我学习、自我修养等方式发自内心地接受美、欣赏美、创造美的方法。

心理学家认为，18岁左右的青年正处于青春期，这是从少年向成人的过渡期。这时的青年在心理上已经形成独立意识，有较强的思辨能力和观察能力，他们常常以批判的眼光看待事物，其实更相信自己的判断。因此，大学阶段正是人的思维方式的塑造时期，也是价值观、人生观、世界观的形成的关键时期，对人格发展有着极为重要的影响。

以美成人的美育中的自我教育法具有自觉性和主动性的特点，是受教育者为了提高自己的审美能力而进行的审美过程。它的主要依据是辩证法中关于外因通过内因起作用的原理。只有包含自我美育的美育才是真正的教育，因为教育者的教育活动只是一种外因，永远不能取代教育者的认识、内化活动和实践外化活动。

自我教育在以美成人的美育过程中具有十分重要的作用，是提高大学生审美水平、完善大学生人格的有效途径。自我教育的作用有两个：一是有利于教育者和受教育者融为一体。以美成人的美育是他育与自育的有机结合。教师的他育是学生自我教育的基础和前提，而自我教育是教师教育效果的关键和保障。自我教育充分发挥受教育者的主观能动作用，使教育者自觉、主动、积极地自我学习、自我修养，提高了受教育者的审美水平，塑造了大学生健全的人格。二是有利于增强教育者的自我教育能力。"教是为了不教"，受教育者只有具有自我教育能力，才能自立、自为。因此，以美成人的美育的自我教育的过程，实质上是一种提高学生审美修养的过程。在自我教育过程中，学生自我学习、自我发现，逐步增强了当代大学生的审美能力，完善了审美心理结构，提高了人格的协调性。

美育过程中实施自我教育法时要注意三个问题：第一，强调自我教育与强调他教是高度一致的。在对美育中自我教育的强调，是基于美育的个体性和美育目标实现的自我建构性，但绝非意味可以降低对美育实施者的要求，相反，恰恰是提高了对教师的责任和要求。实施自我美育要求美育实施者必须具备更高的教育责任感和教育艺术。第二，自我教育实施个体的教育，强调个体在美育中的责任和积极性。强调自我教育，恰恰是同时强调了集体教育，强调了学生在互动交流中实现的个体的审美培育。第三，自我教育不是固步自封、闭门造车，而是强调个体要勇于在生活实践中受教育，要把理论学习、艺术体验和社会实践紧密结合起来，在实践活动中不断提高自己的审美能力，养成良好的人格品质。

（五）情感共鸣

《论语》开篇即道："学而时习之，不亦说乎？"体现了孔子对情感教育重要性的深刻认识。美育的情感共鸣法是指在美育过程中，教师将自己丰富的情感融进美育之中，拨动学生的心弦，使师生在情感上产生共鸣，在认识上达成共识，进而提高教育教学效果的方法。它是融传授知识、提高觉悟、培养能力、完善人格为一体的全方位的方法。美育注重教育对象的情感调动和情感激发，一个人人格的发展，就是一个客观对象逐渐内化为个体情感的过程。由此可见，它就不能单靠说教，更主要的是在情感的熏陶下，在自身的情感体验中得以实现。

在实施以美成人的美育的情感共鸣法的时候，必须坚持和把握好情理交融的原则。这实质上是要求在审美过程中表达出的感情必须是经过普遍认可的能够激发人积极进取、培养人美好情操的情感，不应该是"庸俗之情"。在进行情感共鸣法的过程中要贯彻健康有益、格调高尚的基本要求，启发大学生理性思考，引导学生注重精神和情操的陶冶，牢固树立正确的世界观、人生观和价值观。

大学生审美活动的情感性，决定了在实施以美成人的美育时，要注意情感因素的设置，其表现形式体现在教学氛围、教学过程、教学语言、教学手段四个方面。在教学氛围培养方面：通过创设愉悦的育人情境提高美育的效果，使学生在愉快温馨的教学气氛中，潜移默化地提高审美能力，净化心灵。在教学过程创设方面：要能充分体现学生的主动性、独立性、体验性。要在教学中，有意识地设计让学生主动靠近美、接受美的环节。在教学语言的烘托方面：授课过程之中，要用生动形象的语言打动学生，收到"音美以感耳"的效果，这就要求教师的语言富有情感，使学生在充满感情的语言世界中接受知识、培养能力、陶冶情操。17世纪捷克大教育家夸美纽斯曾形象地指出："一个能够动听地、明晰地教学的教师，他的声音便会像油一样浸入学生的心里，把知识一道带进去。"在教学手段的运用方面：为了提高学生的学习兴趣，教学手段可多样化，诸如各种竞赛、多人表演、辩论、实地参观等多种活动，都能产生很好的效果。此类活动有利于激发和培养学生浓厚的兴趣，提高审美的主动性，培养学生积极主动的人生态度。

优美的环境、自由的讨论、启发性与愉悦性相结合的教学艺术，使整个教学过程既热烈紧张又轻松自由，激发了学生的兴趣和热情，引导学生积极思考与探究，使学生自己领悟美育的意蕴。这种将丰富的情感融于具体的教学过程之中，引发情感共鸣效果的教学方法，正是以美成人的美育的显著特征。

（六）朋辈交流法

美育中的朋辈交流法，是指具有相同背景，或是由于某种原因使具有共同语言的人通过平等的对话交流的方式在一起分享信息、观念或行为技能，以实现提高审美能力，促进人格完善的教育方法。

美育是需要受教育者积极参与的一种特殊教育，受教育者主观能动性的发挥程度直接影响美育的效果。而有研究表明，根据大学生生理、心理的特点，学生对朋辈交流的教育质量给予了较高的评价。这主要是由于朋辈交流营造的平等、尊重的氛围，使学生摆脱了老师讲授而形成的学生只能被动接受，并使自我意识受到某种程度的压抑和控制的局面。因此，在某种程度上，朋辈的交流是最平等的交流，也是最彻底的交流。由于交流者的平等身份，学生可以无所顾忌、畅所欲言，甚至大胆质疑，激烈争论，在毫无保留的互动交流中解惑去疑，修正偏颇，坚定信念。同时，朋辈的交流由于交流的双方具有大致相同的身份、背景，也更能产生情感的共鸣，达到互相的认同，结下深厚的友谊。朋辈交流法还使学生在交流中通过互通有无，丰富自己原有的认知体系，特别是在争论中很容易产生思想火花的碰撞，发现新的理论视角和观点，促使学生更深入地思考和研究，启发和培养大学生的创新能力。朋辈交流的这些特点使大学生的审美认知与欣赏能力得到长足发展，使审美的想象力在激烈争论与快速思索中展翅翱翔。同时，由于朋辈交流常常以多个学生的集体参与为特点，会以组合和结队的方式进行，还培养了大学生们的团队合作意识，促进了大学生人格的协调发展。

需要强调的是，开展以美成人的美育，具体方法有很多，不应局限于以上提到的这些方法。在教育过程中，每一种方法都不可能"包治百病"，每一种方法各有自己使用的条件与范围，各有自己的优势与局限。因此，教育者要注重各种方法的综合运用，使其优势互补，互相促进，形成合力效应，取得更好的教育效果。正如恩格斯所说："许多人协作，许多力量融合为一个总的力量，用马克思的话来说，就产生'新力量'，这种力量和它的单个力量的总和有本质的差别。"

第二章

高校美育的现实困境及突破路径

第一节 高校美育教育的困境及成因分析

一、高校美育教育的困境表现

从高校美育教育的发展进程看,国家对推进高校美育教育工作的态度是积极的、迫切的,但从实践效果上看,高校美育教育的普及和成就不尽人意。影响高校美育教育发展的因素不是单一的,客观、全面、联系、发展地分析高校美育教育目前面临的困境,从关键领域和重点区域找到高校美育教育发展的突破口和实施路径,努力发展高校美育教育的育人体系,才能使高校美育教育的发展成为建设高水平大学和高等教育现代化进程中的重要力量。

(一)高校对美育教育重视程度不够

美育教育起步较晚,发展较慢,目前仍在探索过程中,较之于其他教育来说,美育教育一直不受重视。当前为了社会更好更快的发展,技术性、实用性、工具性等学科专业才是备受关注的热门专业。高校为了满足社会对技术型人才的需求,在对学生的教育中存在"重理轻文""重技术轻人文""重智育轻美育"等现象。

一方面,我国高校的种类有理工类、师范类、医学类、财经类、综合类等,不同类型的高校都有自己的优势专业和重点专业,美育专业在高校中的开设并不常见,尤其是理工类、医学类、财经类的专业院校。这些高校都以培养专业性的人才为主,更强调有立竿见影的即时性学习效果,而美育教育是潜移默化、深远持久的,学习效果是渐进式提高的,

所以很多高校往往都忽视美育教育，美育教育在高校的地位较低。另一方面，即便高校设有与美育教育相关的课程，高校学生也不会积极主动参与到课程的学习中。在严峻的就业形势下，学生也认为实用性的学习才能对毕业之后的发展更有帮助，所以他们会将更多的精力和时间花费在与自己专业相关和对今后就业有帮助的专业学习上，英语等级考试、计算机等级考试等技能性考试更是高校学生为了应对社会的各项要求而学习的。除此之外，随着社会对人才有了更高的需求和更高的门槛，考研、考博更成了高校学生的主流选择，长达一年甚至两年的备考时间只是为了提升学历以应对社会要求。总之，不论是高校还是学生，在教育和学习过程中，都重智育轻美育，使美育教育逐渐边缘化，如果美育教育在高校中的地位不能得到提升，高校和学生很难感受到美育对人的发展产生的积极影响以及为学习和生活提供的审美方法，也将导致美育教育在高校中的发展将更加缓慢。

（二）高校美育师资力量落后

加强高质量的师资团队的建设能更好地保障高校美育教育的实施效果，但由于美育发展的历史原因，其发展出现过停滞阶段，这就导致了我国对高校美育教师的培养出现了一定程度的断层。目前，一些高校还没有开设美育专业，这也意味着学生无法接触，国家也无法培育高校学生作为美育教师的后备军，致使高校美育的师资力量尤为薄弱。

首先，从数量上看，因为美育课程开设的时间并不长，高校具有专业美育知识和学科背景的专职教师数量不多。高校专职美育教师十分紧缺，一旦有个别美育教师不再担任美育课程的教学，这门课程就有可能存在停课的后果。从质量上看，很多高校都是让艺术专业的教师、文科专业的教师甚至是对美育专业有兴趣爱好的其他专业的教师充任美育专业的教师，显而易见，教师的专业性不强且个人的美学功底相差甚异，有的美育教育者艺术素养较高但文化素养、审美素养存在不足；有的美育教育者美学功相底深厚，但教学能力和自身素质比较薄弱，这样的教学能力必然会产生参差不齐的教学效果。

其次，美育课程在高校一般是作为选修课，以考查课的形式设置，面对这种非考试形式的课程，部分老师也会存在一定的懈怠情绪，再加上美育课程设置的数量并不多，美育教师在职称评定、课题选择、福利待遇等方面处于劣势，美育教师不能在自己的岗位上看到光明的前景，难免会产生失落、离职、跳槽等消极想法，美育教师的流失更加剧了美育教师队伍的不稳定性。

最后，在众多的学科专业中，因为高校对美育的投入较少，也没有对美育教师进行专门的系统培训，所以既减少了人们选择美育专业的机会，也降低了选择美育专业的愿望。面对这些的劣势因素，美育教师的数量得不到增长，美育教学的质量也得不到提升，这就加剧了美育教育的亟须发展与专业师资缺乏之间的矛盾。

（三）高校美育课程体系滞后

课堂教学是高校教育的主要途径，课程体系的建设影响着高校美育的教学效果。目前我国高校的美育课程还存在着课程内容落后、课程种类较少、课程形式单一等问题，高校美育课程体系的设置不科学、不合理。在这样的课程现状下，高校美育教育既不能引起学生的学习兴趣，也很难满足当前学生的发展需求。

从高校美育课程的设置上来看，高校一般会根据当前学校的发展现状和教师的专业水平安排课程，因而很少设置专门的美育课程，而是将美育课程设置为选修课，缺乏一定的强制性。由于选修课在学生所修的学分中所占比例较小，再加上选修课程对选课人数有一定的限制，为了避免开课而没有学生选择的情况，高校开设的美育课程不但数量较少且课程种类也比较单一，这样不合理的课程设置很难让学生选到自己感兴趣的美学课程，那么通过美育课程推动高校美育教育进步的可能性微乎其微。从高校美育课程的内容来看，高校使用的美育教材内容比较陈旧，以传统的理论教材为主，重视理论脱离实践，使学生对美育只有概念上的认识，不能在实际的学习和生活中发现美、感受美、创造美。而美育在其发展过程也被注入了新的时代内涵，传统的教材内容虽然没有错，但课程内容应该根据时代发展的审美需要进行符合实际的创新，高校只有及时调整和更新美育教育的内容，才能达到美育教育良好的效果。从高校美育课程的形式上来看，依然延续了传统的讲课模式，老师一味地灌输，学生盲目地听从，老师和学生之间缺少一定的沟通和交流，老师既不能很好地引导学生感受美，学生也不能合理表达出自己理解的美。此外，教师在教学过程使用的教学工具也较少，除了课件外就很少用其他的辅助工具教学，这也导致教师在教学过程中很难引起学生情感上的共鸣。高校美育教育的课程在实际的教学过程中只是对学生起到了简单的入门效果，要想使美育教育真正提升学生的审美能力、审美素养和审美创造力，则需要建构更加完整科学的美育课程体系。

（四）高校学生审美能力不足

高校美育教育发展的最终落脚点就是促进学生自身的全面发展，所以高校美育教育能否完成教育目标，很大程度也是要取决于学生自身的发展状况和接受能力高低，即学生的审美能力也会影响美育教育的效果。

审美能力主要包括发现美、鉴别美、创造美的能力。首先在发现美的环节中，当问到高校学生"什么是真正的美"这个问题时，他们并不能做出完整的回答，也不能举出身边的具体事物证明美的存在。部分学生只是"为了审美而审美"，对美的认识只停留在认识的感性阶段，认为只要能给自己感觉器官带来愉悦的感受就可以称为"美"，还有一部分学生虽然会把美分为内在美和外在美,但缺少对美的系统性认识。可见,大部分学生对美真正的内涵和本质理解不足,这就充分说明高校学生对美的认识能力的缺失。然后,在鉴别美这个环节中,受当今社会文化产业的影响,选秀节目层出不穷,短视频风潮占据主流,这些节目深受学生的喜爱并成了大部分学生每日的消遣活动。面对通过一个节目就能成为明星、通过一个流量短视频就能提高知名度的高回报,高校中就出现了相继模仿和盲目跟风现象。面对这些现象,学生只是一味地接受这些视频传递出的各种价值观和各种审美表现形式,却从来不分辨这些价值观是否有利于身心健康,这些审美表现形式是否适合自身的特点,这就直接导致学生丧失了审美鉴别能力。最后,在创造美的这个环节中,因为学生的视野受到各种条件的限制,所能看到的作品大都如出一辙,都是根据当前社会人们最关注的热点问题,再以人们喜闻乐见的方式表现出来,其内容、形式、结构几乎相同,甚至还有抄袭的现象。这也导致了学生的审美疲劳和审美单一,学生看不到多元化的美,就很难进行美的创造。再加上当前生活和学习等压力,高校学生对各种信息的浏览也非常表面化,每个信息都只是简单地看看图片、文字,自己不感兴趣的就直接划走,走马观花式的浏览方式使学生不能沉下心来读一本书、看一部经典影片、体会一件艺术作品,不求甚解、浅尝辄止的态度更不能提高学生的审美创造力。

二、高校美育教育困境的成因分析

(一)经济型社会对高校美育意识的影响

社会的发展方向和发展需求对高校教育的发展目标具有一定的指引,美育教育的发展状况与我国经济的发展方向紧密相连,高校不重视美育教育很大程度上是因为经济型社会的功利性思想对高校美育意识的影响。

纵观国际国内的社会发展背景,当今世界正处在百年未有之大变局中,我国目前立足新发展阶段,贯彻新发展理念,构建新发展格局的现状,是由我国经济社会发展的理论逻辑、历史逻辑和现实逻辑决定的,以经济建设为主导是我国当前社会的发展现状。在经济型社会的影响下,文化也被当作经济运行的手段和形式,文化发展受制于市场规律,实现利益最大化才是当前人们要实现的终极目标,整个社会更看重实用性和功利性,对美育教育的关注程度不高。因此,高校的办学思想和教学标准也更倾向于功利主义,很大程度上忽视了美育这种人文文化教育对人的思想、精神、品格等内在影响,并且在应试教育下仍将智育作为评价学生的重要标准,美学素养和综合素养只是占据比重很小的参考标准。除此之外,这样的功利主义也使高校本身产生了更多的利益追逐,比如学校将更多的资金用在宣传和扩建上，目的只为吸引更多的生源；学校忙于申请硕士点、博士点，往往忽视本身的专业质量等，这样急功近利的办学思想让学校趋向于商业化，让教育趋向于商品化。正如著名的教育家鲁洁曾指出："在一个商品化的社会中，知识也被商品化了，成了人们用以交换他所要占有物品的商品，人们不再为了认识而去学习，而是为了分数、学历、文凭、证书……这一切'知识的代码'而学习，人们有了这些'代码'就可以走遍天下都不怕，就可以占有他所需要的一切，知识学习的本意荡然无存，学习意义的异化也达到极致。"美育教育本是超脱利益之外的教育，他与经济型社会的指向截然不同，所以高校美育教育的意识淡薄，且美育教育位置处于"边缘"地带。

（二）高校美育理论体系不健全

高校美育是一门涉及多种学科的系统教育，其中包括美学、艺术学、社会学、教育学等，所以只有正确定义高校美育教育，区分美育与其他学科之间的关系，才能构建完整的高校美育理论体系。有学者指出："从一定程度上说，缺失了高校美育理念的建构，高校美育存在的诸多问题就很难得到根本性解决。"由于高校美育教育理论基础薄弱，所以高校美育教育理论体系的不健全首先就表现在对美育教育范畴内涵缺乏全面、准确的理解，这就导致了高校对美育教育的认识和教学目标上都存在着一定的误区。

第一个误区是将美育教育等同于艺术教育。美育教育包含的范围较广，艺术教育其实只是美育教育的组成部分，艺术教育可以将生态美、社会美用特有的形式和技巧表现出来，更侧重于培养学生的艺术技能，美育教育则更注重学生精神层面的培养和熏陶，所以艺术教育可以是实施美育教育重要的手段和方法，但如果将艺术教育等同于美育教育，那对美育教育和艺术教育来说都是一种片面和缺失。第二个误区则认为美育教育就是素质教育。美育教育和素质教育在促进学生全面发展和培养高素质人才这个目标上具有一致性，但从两者的内涵看，素质教育是德智体美劳等多方面、宽领域的综合培养，强调学生个体发展中各个系统之间的平衡与协调；美育注重培养学生的审美意识，并将对美的认知与感悟转化为内在的审美素质，继而净化心灵，陶冶情操。可见，美育教育不等于素质教育，而只能算是素质教育的一部分。第三个误区是将美育教育作为人文领域的培养。美育教育对人文精神、人文素质的塑造和提高的确具有很明显的积极作用，但美育教育并不仅仅只局限于人文领域，更包含了自然、科学等教育领域。科学和人文在社会系统中本就是相互融通、辩证统一的，所以美育教育更不能将二者割裂、孤立开来看待。思想是行为的先导，高校美育教育要深化美育教育理论体系，正确认识美育教育的基本范畴，更好地指导美育教育在高校的实践活动。

（三）资源不平衡对美育实践的制约

高校美育教育发展的基本条件是要有一定的美育资源，美育教育资源主要包括美育人力资源、美育物力资源、美育信息资源等。美育资源的分布、供给和利用是制约高校美育教育的研究和发展的重要原因。

首先，国家和高校都缺少对美育教师的系统培养，导致高校美育教育存在人力资源短缺的问题。美育教育的师资力量不足、教师队伍建设不完善是高校美育教育人力资源短缺的主要表现。从美育教育的发展历史进程上看，美育曾在我国社会主义发展初级阶段陷入长达十多年的低谷期，直到20世纪末才将美育写入教育大纲中，美育在历史上的停滞对美育教育的发展造成了巨大的冲击，美育教师队伍自然出现了很长时间的空白。从高校层面看，高校美育管理机构设置混乱，美育经费投入较少，不能给美育教师提供良好的教研条件和成长进步的空间，这些因素都阻碍了美育教师的高质量发展。其次，高校美育物力资源主要表现在提供更多的基础设施、活动场所、图书资料等保障高校美育教学的顺利开展。我国高校目前都已具备一些基础性的活动场所，比如体育馆、音乐厅等，但是大部分高校一些艺术教育设施只针对艺术专业的学生使用，这说明关于美育教育和艺术教育的设施设备还不够充足，还做不到对学生的全面普及。高校美育教育还需要投入一定的经费进行深入的研究和发展，但因经费有限，再加上经济型社会的引导和高校对美育教育认识的不全面，所以更多的经费都被投入当前社会最热门和最有优势的专业中去了，高校美育教育的发展缺少了最基础的物质资源。最后，高校美育信息资源的传播与利用有利于老师更好地进行美育教学，有利于学生认识和学习到范围更广的美育知识。但目前在高校美育教育的课程安排中，高校的美育课程多是选修课、考察课，每学期的学时量也低于其他学科，美育课程的开设种类也比较少，老师和学生接触到的美育资源十分有限。关于美育教育的学术会议、专题讲座、比赛活动等更是少之又少，高校整体的美育资源也处在一个比较闭塞的环境中。这就导致美育教育在高校不能全面、深入和创新地发展。总而言之，在高校美育教育中，人力资源短缺、物力资源匮乏、信息资源不足等问题都极大地限制了高校美育教育的运行和发展，致使高校美育教育的最终目标也难以实现。

（四）大众文化对学生的审美影响

大众文化借助大众传媒为手段，是一种按照商品规律去运作，使大家在日常生活中获得愉悦情感的文化形态。流行音乐、电视剧、电影、连载小说、服装造型等都是大众文化的表现形式，这些通俗易懂的表现形式也造就了大众文化具有商业性、娱乐性、流行性、世俗性和依赖性等特征。中国的大众文化离不开市场经济的支撑，以利益为驱动，以消费为目的是大众文化的突出表现。当前,泛滥的文化作品层出不穷,却缺少文化底蕴和内涵,只是为了满足人们精神层面的短暂需求。长此以往,大众文化的积弊就会显现出来:审美导向低俗趣味、审美内容肤浅、审美情感复杂多变,更有甚的是传统文化、经典艺术作品等都被诋毁、歪曲、注入不良内容以迎合文化消费者们的一些生理、心理和感官等需求。大众文化带给高校教育的影响表现在不同方面,在美育教育中,大众文化的消极影响最直接的表现是影响着高校学生审美能力和审美价值的培养与发展。高校学生身处在当今信息化高度发达的社会环境中,会通过多种渠道接触到大众文化,而学生还没有形成自身价值观念,自律意识比较薄弱,审美的筛选和判断能力有限,大众文化的消极影响在高校学生身上的表现会更加明显,学生中会出现盲目跟风、盲目消费和竞相模仿的行为,深刻影响了学生的思想道德、文化素质、审美能力,继而使学生失去了最基本的审美认识能力、审美判断能力,继而影响了学生的审美观念。

大众文化的发展影响着国民人格的塑造和社会的发展面貌,同时也引发了多重社会效应和多种不同的评价反馈,所以高校必须正视大众文化给高校美育教育带来的挑战。高校学生正处在价值观念形成的关键时期,在美育教育的实践过程中,重视大众文化对学生的审美影响,引导学生树立正确的文化方向,才能使学生走出审美困境,高校美育教育才能真正对学生的发展起到促进作用。

第二节　高校美育教育的解困对策

一、深化高校美育教育理念

理念是行动的先行者,美育理念是美育教育的基础,深化高校美育教育理念有利于提高师生对美育教育的重视程度,增强美育教育的认同感,保证美育教学活动的顺利开展,最终促进美育工作在高校教育中的落实。因此,全面正确认识美育教育理念是高校美育教育普及和发展的基础环节。

(一)明确高校美育工作政策的意蕴

高校美育工作政策不仅规定了高校美育教育的发展方向,也明确了高校美育教育的内容,并对目前高校美育教育存在的问题提供了指导性建议。深刻地把握和理解当前高校美育工作政策中的理论意蕴有利于高校和美育工作者及时了解当前美育工作的变化,对高校开展美育教育有积极的影响。

第一,明确要求。立德树人是美育工作的根本任务,提高学生的审美素质和人文素质是根本目标,坚持正确方向、坚持面向全体、坚持改革创新是基本原则。在美育教育的教学过程中要面向高校全体学生,要贯穿学校教育的全过程,注重培养学生的道德品质涵养,塑造学生美好的心灵,且将中华美育精神融入美育教育中。在美育教育的引导下,助力学生树立正确的审美理念,最终实现培养德智体美劳全面发展的社会主义建设者和接班人。第二,明确任务。高校美育教育要将艺术教育的改革作为实现高校美育教育的重要途径,从艺术教育、专业艺术教育和艺术师范教育三个方面着手,根据学生的实际需要,为学生提供良好的公共艺术课程和形式多样的艺术实践活动。第三,明确措施。高校美育教育要从加强美育教师队伍、深化美育教学改革、推进文化传承创新、增强服务社会能力水平这四个方面改善高校美育教育的发展状况。这些措施能有效解决高校美育教育遇到的各种问题,高校应该积极落实有关政策才能促进高校美育教育的发展。第四,明确组织保障。首先,高校要承担主体责任,设立专门的美育管理机构,并明确机构内部的责任划分,高校领导承担主要责任,其他部门员工协同负责。其次,教育部要加强地方统筹协调,因地制宜地落实高校的美育经费,使高校美育教育的发展有一定的资金保障。最后,完善评价监测督导,及时评估和反馈高校美育教育的发展效果,更好地落实高校美育教育的各项工作。高校要全面解读美育工作的政策,贯彻落实美育工作的各项要求,实现美育引领办学,使高校学生能在美育教育的学习中汲取更大的力量应对未来社会的发展。

(二)重塑高校美育教育理念的认识

时代的进步和发展意味着我们对人才有了更高的要求,在高校教育中融入美育教育对培养学生的全面发展和综合素质具有积极的推动作用。当今高校美育教育应该是从理论到实践再到人精神层面的全方位渗透,所以树立正确的美育教育理念才能在高校形成学习美育的良好氛围。

第一,要认识到高校美育教育是"以美育人"的教育,是从道德、智力、身体、劳动等多个方面培育人的全面发展。美育教育在培养学生审美能力的基础上,能对学生的心灵和行为产生积极的正面影响,实现对学生道德素养的培育,促进学生德育的发展;人的智力是智商和情商共同作用的结果,美育教育以情感激发学生理智感和成就感,可以很好地提高学生智力层次;体育有了美育教育的支撑便能使学生更好地接受各种运动项目,实现健与美的和谐统一;在劳动教育中加入美育教育更有助于学生理解劳动的价值意义,劳动不再是一种辛苦的作为,而是创造美好生活的重要过程。因此,我们要改变对美育教的片面认识，要把美育教育放到"人"的层面上思考，高校美育教育是充满人性光芒的教育，是要实现学生完整意义上的"人"的教育。第二，要认识到高校美育教育是贯穿人的发展全过程的教育。这个全过程既指高校学生受教育的各个阶段，也指美育教育渗透在各个领域中，时时处处、课堂课下、各个学科都渗透着美育教育，更是指美育教育是一种终身教育，从最开始的理论学习，到后来的实践参与过程，直到最后对学生行为举止和心灵节操的影响。因此，高校要看到美育教育对学生的发展产生的持久的、深远的影响，提高美育教育在高校的地位。第三，要认识到美育教育是培养和激发创新创造能力的教育。在美育教育的过程中通过引导学生对某一具体事物产生美好的想象，有助于发散学生的思维能力，培养学生独立思考的能力，使其更好地发挥创造美的能力，以此提高学生的创新能力。创新是引领发展的第一动力，为了促进社会的快速发展，高校更应该意识到美育教育对创新能力的培养作用，为社会输送更多具有创新意识的高素质人才。总之，高校要对美育教育的理念有全新的认识，才能更好地指导美育教育的教学工作，实现高校美育教育的突破性进展。

（三）改革高校美育教育的管理体系

美育是一门综合性的系统学科，所以高校美育教育在实践过程中需要充分调动各方面的资源。统筹协调机制，加强高校组织领导，构建高校美育教育工作的评价机制才能更好地检验美育教育在高校发展中的成效。

高校美育教育不受重视的很大原因是至今还没有形成从上至下完整的领导管理体系，所以高校要遵照国家的政策要求，建立专门美育组织机构和美育运行机制，相关领导和工作人员要各司其职，承担责任，及时传达国家的美育工作要求，将国家的美育精神落到实处，并根据政策要求，依据文件中宏观性的指导意见制订出适合学校美育教育发展的具体实践路径和工作方案，保证美育教育能在高校顺利进行。除了管理机制外，还要将美育教育纳入学校的评价体系中，做到每个学期考核评估美育教育的发展现状，这样有利于及时发现问题、改进问题，推动美育教育的学术性发展。因为美育教育涵盖的范围较广，所以美育教育的评价体系在遵循高校教育内在发展规律的基础上，要保证评价模式的客观性、多层次和全面化。评价内容不应只是单一地侧重某一方面，而应考虑到学生的审美素质、情感体验、价值观塑造、人格培养和综合素质等多个方面。评价方法也应该是多方面的，结合个人评价、小组评价、教师评价和学院专家评价，形成综合客观的评价体系。评价途径也要多种多样，课内课外，教育学、心理学、管理学等综合学科，最终使评价结果更加科学和全面。各个高校都应建立起完备的美育管理体系，让高校美育教育的发展在有组织、有制度中健康发展，真正落实高校美育工作的各项要求和目标。

二、重视美育师资队伍建设

教师在高校美育教育中承担着承上启下的重要责任，既要传授理论知识，也要正确引导学生的美育教育方向，所以更需加强高校美育师资队伍的培养，发挥教师的积极的作用，改善高校当前美育教育中单一化、片面化的问题。

（一）建设美育师资培训体系

当前我国美育教师队伍匮乏，教师美育专业素养也有待提高，要改变这一现状就必须建设新的美育师资培训体系，使教师在完整的培训体系中得到专业的训练，只有这样才能更好地开展美育教育的教学工作。

首先，高校应该整合一支专职的美育教师队伍，面向全国各个地区进行公开公正的美育教师招聘考试，扩大美育教师的选拔范围，采用笔试、试讲、结构化面试等方式选拔出较为专业的教师人才，再带领这些优秀的教师开展美育教学工作，这样才能在整体上提高美育教师的质量。然后，系统地培训这些老师，从美育理论知识到具体的教学实践，充足专业的理论知识是指导教学实践的基础，教学实践更是对理论知识的检验，通过理论和实践学习也让教师认识到美育教育对学生发展的重要作用，提高师生对美育教育的重视程度。除此之外，也要为美育教师提供更多的美育资源和教学交流的机会，高校可以聘请社会上德艺双馨的艺术家为学校师生开讲座、专题会和演讲报告会等，有利于拓宽美育教师的视野，丰富教师的专业知识；高校也要尽可能多地与地区间的其他高校建立联系，为教师提供相互学习相互交流的机会；高校也可以定期在学校内部举办美育教师课堂展示比赛活动或者美育教师基本功大赛活动，使教师及时总结经验，发现问题，还能促使教师之间相互借鉴，取长补短；高校还要给美育教师评职称的机会，使教师看到美育教育工作的光明前景，以此激发教师工作的积极性，保证教师对美育教育工作的热情。最后，在教师培训中要根据学校的具体情况制定明确的培养目标、培养计划、培养内容和培养方案等，保证美育教师在教学过程中的统一性和正确性，避免高校美育教育与其他教育的混淆。高校美育教育师资力量的培养也是当前高校美育工作的重中之重，良好的培训体系能有效提高美育师资队伍的整体素质和专业水平。

（二）加强教师专业审美素养

美育师资培训体系虽然能打造专业的美育师资队伍，但它只是一种外在的手段，美育师资队伍的专业程度够不够高关键要看教师自身是否具备专业的审美素质，所以加强教师的专业审美素质也是高水平美育教师必不可少的条件。

教师担负着审美施教的重任，所以合格的美育教师从内在到外在都要具备专业的审美素养。首先，教师自身就需要具备高尚的道德品质和对生活积极向上的态度。教师个人的人格魅力和言行举止就能使学生耳濡目染，其身教就具备一定的教化功能，所以教师在日常的教学过程中要注意自己整齐的仪表和端庄的仪态，树立良好的形象，在生活中也要有高雅的生活情趣，在点滴中向学生传达美的感受。其次，美育教师要有更强的审美敏锐度，要将美育教育与时代发展的审美理念相结合。教师要用发展的眼光看待美育教育，丰富美育教育的内容，扩大美育教育的领域，用符合社会发展的宗旨和目标对学生实施美育教育，将教学内容与时代发展接轨更能引起学生的学习兴趣，也使美育教育有了更好的切入点。最后，最重要的是教师要具有一定的美学和教育学素养。教师拥有一定的美学素养才能正确发挥审美导向的作用，更好地带领学生发现美、感受美；拥有良好的教育学素养可以使教师选择正确的教学方法，并根据学生的学习能力和心理特点，采用灵活多样的教育方式，借助适当的教学媒介，使美育教育发挥出最佳的教学效果。高校美育教育的教学质量离不开美育教师自身的审美素质的提高，高校教师既要做到"传道、授业、解惑"，也要做到教书育人、立美育人。

（三）提高教师美育教学能力

教师的美育教学能力就是教师在教学过程中的实践表现：对美育教材的理解和审美思想的提炼；对学生审美能力的了解；对课堂美育氛围的烘托能力；对教学方法的灵活掌握等。教学能力是教师在教学实践过程中的重要能力，只有提高教师的教学能力，才能在教学实践中更好地实现美的传递。

美育教师在教学的第一步就是要掌握美育教材中的教学内容，通过前期的备课，为学生提炼出美育的主要内容和主旨精神，并深入挖掘教材中的美学知识，在教学过程传达正确的理论知识，通过一定的课堂实践，提升学生的审美感知力和审美敏锐度，使学生在不同的学科或生活中都能感受的美存在，看到不同事物中蕴含的审美价值。教师在课堂教学环节中，除了基本知识的授课之外，还要充分了解学生的学情。美育教育的对象是学生，简单了解高校学生基本的审美素养和兴趣爱好就可以帮助教师准备更充分的教学素材，方便教师在课堂上可以更好地与学生讨论，拉近彼此之间的距离。根据学生的审美特点，通过学生感兴趣的热点事件或时尚话题引导学生正确鉴别美的各种现象，帮助学生用正确的态度看待社会现象，用辩证发展的眼光看待大众文化，使美育教育发挥出更大的作用。每个教师都应该在教学中形成自己的教学风格，拒绝传统单一的教学模式才能使学生印象深刻；用包容的态度面对性格差异的学生，减少批评指责，拒绝一刀切，并引导学生在课堂上充分发挥自己的主观意识，调动学生的感觉器官、思维意识、情感宣泄等，让学生们在美育教育中各抒己见，充分表达自己的想法和见解，在无形的教学过程中增强了学生的独立思考能力和创新精神,帮助学生用美育理论指导生活实践。除此之外,教师可以根据不同的美育内容采用合适的教学方式,在教学过程中灵活运用教学方法也能起到事半功倍的效果。讲授法、辩论法、小组讨论法、情景授课法等都可以在不同程度上营造积极、愉悦的课堂氛围。采用多媒体、艺术作品等教学媒介可以帮助学生形成对美的立体感知,扩大学生接收信息的范围。课下带领学生进行实地参观和调查研究等活动,让学生在实践中感受美、理解美、创造美,将课堂教学与课外审美相结合的模式更能使美育教育融入我们的日常生活中,使美育教育对学生的发展产生潜移默化的深远影响。高校中关于美育教育的课程本来就不多,加强教师美育教育能力的培养才能更好地发挥每一节课的作用,提高美育实施的效果。

三、加强高校美育课程建设

高校美育教育课程的设置决定着高校美育教育的内容和发展方向,根据美育教育的特点和作用,优化、升级美育教育的课程可以提高美育教育的普遍适用性,增强美育教育的科学操作性,实现美育教育的目标要求。在习近平总书记"以美育人、以文化人"的要求下,按照相关规定,高校美育教育的课程设置必须为必修课和选修课相结合的双重模式,在此要求下,合理安排美育课程的内容才能保证美育教育的实施。

(一)注重美育课程体系的设置

要想使美育教育达到良好的效果,高校在美育课程内容的选择上就要遵循由表及里、由浅入深的逻辑安排,从美育理论知识的学习,到审美鉴赏能力的提升,再到审美创造力的实现,设置合理的美育教育课程内容才能从情感到行为对学生产生深刻的影响。

第一,理论课程的设置。美育理论课程的设置能保证学生对美育教育的基本认识,将《美育理论》《美学理论》《大学美育》等这样的课程设为高校学生的必修课程,通过传授和讲解美学、美育、艺术等基础知识,使学生初步了解美育知识,在学生在具备一定审美观念的基础上,培养学生基本的道德素养和审美情趣,促使其在思想观念上重视美育教育的学习,认同美育教育对人品格修养的积极影响。同时也可以将美育与艺术、科技、文学等学科交叉的课程设为选修课,既能从社会美、自然美、艺术美、科技美等领域不断丰富美育教育的内容,也能为学生提供更多的选择,激发学生对美育教育的学习兴趣。第二,鉴赏课程的设置。课程内容的设置中除了基础的理论学科知识,也应加入鉴赏类型的课程内容,增强情感共鸣,丰富学生的审美体验感,提高学生的审美鉴赏能力。通过鉴赏具体形象事物,学生在感觉、认知、想象和理解等方面有了更直观的观察和欣赏审美对象的内容与本质,并产生欢乐、愉悦、同情、悲伤等情绪,在这样丰富的审美体验中,才能更好地帮助学生理解美育理论知识，提升审美鉴赏能力。不过，美育课程中的鉴赏内容既要经典又要能渗透在日常的生活和学习中，让学生从典型艺术和主流审美中提高自己的审美鉴赏能力。第三，创造课程的设置。"审美创造是人有意识地创造美好事物的心理活动、实践行为和创新成果。"因此，美育教育应该让学生在审美体验的基础上更进一步地推动审美创造力的实现。高校在美育课程内容中可以设置一些美育实践活动，使学生在自我锻炼的过程中体会美、理解美、创造美，比如可以给定一个主题让学生通过艺术摄影、短视频制作、书画展示、诗歌创作等独特新颖的方式展示出自己理解的美，这不仅提高了学生对美的理解，也鼓励他们进行多种形式的美的创造，极大提高了学生的创造力，丰富了校园美育文化。而在实践内容的设置中也要注意一定的原则，美育实践内容的主题要高雅，内涵要丰富，但在美育资源匮乏、工具设备受限制的条件下，要充分考虑学生的实际情况，降低表现形式的技巧要求，最重要的是让学生能用独一无二的作品表达出自己的审美感受，这就是审美创造能力最好的表现。

（二）注重美育课程内容的综合性

随着时代的发展和人们思想境界的提高，美育教育研究的主要内容已不仅仅是美育理论和美的本质这样的问题，也更加关注到了美育与人之间的关系。而人的本质是复杂多变的，高校如果想实现美育教育以人为本、以美育人的宗旨，就要注重美育课程内容的综合性，从学科角度、时间和空间角度全方面、多层次地完善美育课程内容，综合提升美育课程内容的质量，使高校数量不多的美育课发挥出最大的效果。

第一，课程内容的学科综合。美育教育的学科渗透性的特点表明美育与其他学科可以相互渗透，所以要正确把握美育和其他学科之间存在的联系，将美育教育的内容与其他学科领域的知识相融合，完成美育课程内容的学科综合。美育教育在自然美、艺术美、社会美、科技美等不同形态下有不同的表现形式，这些不同的形态美其实也对应着不同的学科领域。在美育教学时，应该详细解释美育中所体现的某个形态美，再将其他与之相对应的学科作为辅助补充，让学生看到美育与其他学科的相互联系。不过，要想实现美育课程内容的学科综合，就需要教师具有良好的美育渗透意识，也需要遵循适度原则，把握美育教育的重点，协调好美育教育与其他学科之间的轻重关系，才能正确实现美育课程内容的学科综合。

第二，课程内容的时间综合。通过回顾高校美育教育的发展历程，高校美育教育课程的时间综合性表现在连贯性、经典性和时代性上。美育课程内容的连贯性是指高校要将美育教育融入学生大学生涯的全过程。从大一到大四，根据学生不同时期的发展状况合理安排每个学期的美育课程，这样连贯且有针对性的课程设置可以使美育教育对学生的发展起到深远持久的影响。美育课程内容的经典性则是指美育课程内容的设置要选择经典的、具有一定代表性的内容。美育教育中的经典作品都是经过了时间的洗礼和时代的考验,是被学者、文人、教育家认可的,其正确性可以得到充足的保证。高校在有限的美育课程的安排中传授最有价值的东西、最精华的作品才能实现美育教育的影响力。美育课程内容的时代性则与大学生的群体特征有着密切联系。高校学生喜欢挑战新事物,也有接受新思想的能力,美育教育的内容要与时俱进,跟上时代的要求和学生的发展状况。因此,在美育课程内容的选择上要具有时代性,选择当下流行的艺术作品,选取贴近学生生活的素材,从学生感兴趣的角度出发,引导学生理性看待当前的潮流时髦事物,帮助学生树立正确的人生价值观,弘扬新时期美育精神。

第三,课程内容的空间综合。从空间性的角度来看,美育课程内容的选择要面向全体学生,满足不同学生的教育需求。面向全体学生,一方面是指美育课程的开设没有层次和专业的限制,旨在为所有学生提供接受美育教育的平等机会,确保人人学习美育;另一方面是指增加美育课程的种类,满足学生个性化的差异和自身的兴趣爱好。要合理利用地区美育资源优势,因为每个高校所处的地理位置不同,每个地区所具备的美育资源优势也不同,高校既要充分挖掘并合理利用本地区的美育资源,也要学会在不同地区、不同高校之间进行良好的交流学习,实现美育资源共享和优势互补,丰富自己的美育课程内容。只有最大化地利用地区美育资源,才能实现美育教育的效益。

(三)注重美育课程形式的多样

美育是一种情感上的教育,这就意味着美育教育的过程需要师生在思想和情感上的互动和交流,但是高校美育课程内容陈旧,教学场所以课堂为主,教学主体单一,这样传统的教学模式会让学生产生乏味、枯燥的情绪,不能达到美育教育的理想效果,所以高校要创新课程形式,推动美育课程形式的多样化发展。

1. 注重理论与实践相结合

理论与实践的结合是指课堂内外的知行合一,一方面是将课堂教学中的理论与实践相结合。高校的美育教材常把理论与实践的内容分开,再加上学生容易边学边忘,这样的内容分配不利于学生的学习。因此,教师在解释美学理论知识时就要有意识地结合审美实践活动,借助一定的审美对象帮助学生理解和记忆这些理论知识。在实践活动时,同样要让学生意识到实践活动就是对理论知识的检验,只有在正确的美学理论的指导下才能做出正确的实践活动;另一方面是课堂教学外的理论与实践的结合。审美实践活动不应该只停留在课堂中,也应延伸到课堂之外。高校可以组织美育社团、邀请美育专家开展系列主题讲座活动、组织高雅艺术进课堂活动，使学生有机会直接感受到艺术活动并积极进行艺术交流，还可以在课下组织学生参观画展、观看话剧或者音乐剧、赏析美学电影等，通过感觉器官的冲击，增强学生审美情感的抒发。理论与实践的结合并不是一件容易的事情，但只有积极尝试才能推动美育课程内容的更新与进步。

2. 翻转课堂模式的介入

课堂效率的提高离不开学生主观能动性的增强，让学生主动参与课堂才能达到更好的美育效果。翻转课堂就是将学习的主动权交给学生，课前他们可以通过视频、网络、线上交流等形式完成学习；课堂上则是与老师充分交流自己不理解的问题和感兴趣的问题，充足的课堂时间也保证了老师与每一位学生的互动，每个人的问题都能在课堂上得到解决。课后，学生可以根据自己的学习情况自由制订学习内容，教师则担任辅助角色帮助学生完成学习计划，目的是让学生通过真实的实践完成有效学习。不过，实现翻转课堂模式需要老师做好充足的准备。老师在课前需要准备短小精悍且针对性较强的教学视频；在课堂上要用专业的美学知识解决学生自学时产生的各种问题；在课后可以根据学生自身的特点给出指导。这样的教学模式突出了学生的主体地位，增强了学生主动学习的能力，有利于美育问题得到真正解决。

3. 形式多样的线上模式

随着网络信息技术的发展，美育课程内容展现的形式也可以通过现代化科学技术的手段采用线上教学的模式。首先，可以是开展美育教育网络直播课、公开课等课程，并将这些线上课程的视频保存下来，方便学生随时观看。其次，也可以利用像"学习通"这样的学习软件，老师可以在上面布置一定的学习内容和课后作业，课下也可以很好地监督学生们打卡学习。最后，规模比较大且具有一定权威性质的形式则是使用中国大学"慕课网"。"慕课网"是国家精品课程在线学习平台，并与全国800多所高校合作，搜索"美育"关键词，就可以看到不同高校的美育课程，学生们可以摆脱各种地域限制或资源限制，学习到更新更全面的美育知识，在一定程度上解决了高校美育地区资源分布不平衡的问题，用科学的方式助力线上课程的实施，有利于各项美育资源的整合，实现美育资源共享，为高校师生提供更广阔的美育学习平台。

四、重视学生审美能力培养

学生自身的审美能力影响着高校美育教育的实施效果，在当前学生面临审美能力不足、审美单一、审美价值观偏差的困境中，高校要重视学生审美能力的培养，通过环境建设、文化建设、实践活动引导学生正确的审美方向，增强学生自身的鉴赏趣味，拓宽学生对美的感知能力，帮助学生走出审美困境，树立正确的价值观念。

（一）建设优美校园环境

人的生存与发展状况深受环境的影响，校园环境对学生产生的影响更是不言而喻。良好的校园环境为学生提供了基础的审美条件，在无形中影响着学生的审美导向。

校园环境建设包括物质环境和精神环境建设。首先，物质环境建设主要表现在校园的建筑物、教学场所、教学设施、学生活动场所等的建设上。在校园建筑物的设计上，既要突出学校的主题风格，也可以结合一些美学思想，使建筑物结构对称、外形流畅、色彩鲜明，在无意识中影响学生的审美方向。在校园环境中，可以增加一些园林设计，人工湖、假山等的建设可以使学校原本只有建筑物的校园环境变得更加柔和，学生置身在优美的环境中也能拥有更良好的心境去观察身边的美。随着科技的进步和学生视野的开阔，不论是教育者还是受教育者，对教学环境的要求都在提高，高校要引进方便快捷的教学设施，实现多媒体教室的普及和数字化环境的建设，为学生提供良好的教学环境。除了校园环境和教学环境的建设，学校可以为学生提供更多的课外活动室，并提供一定的器材，丰富学生的课外活动，使学生有机会参与更多的文化实践。物质环境建设为学生的学习、休闲、娱乐等活动提供了基础的审美条件，有利于学生更方便地开展审美实践活动。其次，精神环境建设则是通过一定的价值观层面潜移默化地影响学生，精神环境的建设主要表现在和谐的人际关系、积极向上的校风精神和具有人文关怀的管理制度上。和谐的人际关系需要学生自身的努力，在与老师的相处中，学生要积极主动地与老师沟通，拉近彼此之间的关系；在与同学的相处中，要以友好和善的态度与人交流，和谐的人际关系能使学生以健康的心态面对周围的环境。基于学校的文化底蕴，学校的校风建设要能突出学校历史传承中厚重的精神文化，也要根据学校的发展方向融入符合学校发展的新时代主流精神和创新意识，这样的校风精神既能彰显学校的个性，也更加符合社会的发展方向，通过日常的校园文化建设大力宣传校风精神，将校风精神弥漫在校园中，才能真正影响到学生的精神意识。学校的管理制度在一定强制力下也不能忽视对学生的人文关怀，高校的管理制度最终还是要落脚到以人为本的层面，在管理过程中发挥情感熏陶的作用能更好地增强学生对学校的认同感。校园环境的建设表现在方方面面，只有让学生生活在更加积极美好的环境中，才能使学生拒绝低沉、消极的人生态度，实现学生心理和生理的健康发展。

（二）营造校园审美文化

审美文化是高校潜在的一种教育资源，校园审美文化以高校学生为主体，以校园审美文化活动为主要内容，以最终促进高校学生的全面发展为目的。在当今多元文化的时代背景下，校园审美文化的发展既是高校审美文化建设自身的发展要求，也是充分发挥美育教育全面育人的重要途径。

营造校园审美文化可以从三个方面入手：第一，构建课堂审美文化。课堂教学是学生接受美育教育的主要场所，将审美文化带入到课堂教学中可以更好地传达美育理论知识，也可以用更多的文化色彩营造审美氛围。比如在课堂教学中，可以借助中华优秀传统文化引导学生进行审美教育，中华优秀传统文化中蕴含着丰富的哲学思想和灿烂的文化，这些哲学思想在今天也能为我们的生活和学习提供正确的方法论的指导，这些灿烂的文化更是我国美育精神的凝聚。在课堂中融入传统文化，有助于学生澄清审美过程中出现的错误选择，让审美回归正确的轨道。第二，构建和谐网络文化。网络已成为高校学生获取知识的主要途径，网络文学、网络影视、网络交往等是网络文化的主要表现形式。网络文化在传播过程中可能会出现意识形态问题、网络诈骗问题，高校学生的社会经历较少，意志力比较薄弱，很可能受到网络文化的消极影响，因此，高校要注重网络文化的安全问题。学校可以通过开班会、开讲座、分发调查问卷、公众号宣传的形式引导学生自觉抵制不良的网络文化，用正确的眼光看待各种文化的传播。高校要引导学生正确使用网络，有意识地培养学生鉴别真伪的能力，避免他们走入审美的歧途。第三，注重校园艺术的发展。优秀的艺术作品能洗涤人的心灵，丰富人的精神世界。高校在学校的发展过程中要注重艺术对学生成长的积极作用，积极鼓励学校发展艺术教育，将高雅的艺术文化与学生的发展相结合，让学生能从更多的艺术作品中感受美的形态和作品中传达出的生命的价值。高校通过艺术文化的表现形式能充分展示出审美文化的魅力，为学生的审美发展提供了良好的条件。营造校园文化的方式还有很多，需要我们在实践中不断地积极探索，让审美文化能在高校美育教育中发挥出更好的育人作用。

（三）丰富校园实践活动

课外实践活动的内涵是："通过艺术美、自然美、社会美的欣赏和体验教育学生以审美的态度对待人生。"高校美育教育的实施离不开一定的校园实践活动，通过丰富多样的校园实践活动，增强学生不同层面的情感体验，使学生在实践活动中提高审美能力、增强审美意识。

在艺术实践活动中，高校可以在校内举办多种类型的艺术活动，比如关于某个主题的艺术展演、定期汇报演出、优秀文化成果展等；邀请社会上有地位的艺术名家来学校举办音乐、美术、戏剧等展演和讲座；在高校周年庆的纪念日或国家传统文化纪念日时，组织举办相关主题的晚会演出；带领学生走出校园，参观博物馆、美术馆等美育场馆，欣赏体验历史文物和文化遗产等。这些校园文化实践活动都对提高学生的审美能力产生了积极影响，可以增强学生对美育教育的认同感。在自然活动中，根据高校自身所处的地理环境，学校或者学院可以组织学生在合适的时间和季节去参观比较具有代表性的景点，带领学生走进森林、走进大山、走进大自然，观察大自然的一山一水、一草一木和一虫一鸟等，感受生命的不息和大自然的壮美，让学生学会人与自然的和谐共生之道。在社会活动中，学校可以带领学生体验不同民族、不同地区的风俗文化，丰富学生的审美体验，也可以组织学生参加志愿活动，体会不同人群的生活状态，使学生的精神世界更加富足。这些美育实践活动都能增强学生的主题参与感，让学生走出狭隘的世界，通过各种情感体验实现审美过程，最终塑造完美人格。

第三章

新时代下高校美育课程多维研究

第一节 新时代高校美育课程的理念

"美育"是我国近代教育家提出的教育理念。蔡元培在《对于教育方针之意见》一文中将美育、德育、智育、体育等作为"五育",并将其列入国家人才培养与教育方针中。王国维和朱光潜等人则围绕德育、智育、美育,提出德育、智育、美育三者并行的大教育框架,认为"良善"的"德育"、"真知"的"智育",需同"审美与情感"的"美育"相结合。针对立德树人的思想政治观念和美育的审美价值等培养目标,高校开展美育,需将美育课程的理论知识讲解和课后的审美互动实践教学,贯穿于综合素质人才培养的全过程,在把握美育审美倾向、意识与价值方向的基础上,对学生进行思想政治理论、美育知识和实践的全方位教育,开创新时代美育的新局面。

一、高校美育与立德树人教育的内在联系

高校美育作为高等教育的重要内容之一,与立德树人的思政课程教育,具有互为补充、并向而行的关系,二者在学科教育目标、教学内容和教学方式等方面极为相似。高校的广义美育课程教学目标包括"三全育人""立德树人"的人才培养目标,重在培养大学生端正的思政价值观、审美与艺术修养。而在美育教学内容、教学方式上,美育课程涉及戏剧、戏曲、舞蹈、诗词、书法、美术和音乐等学科,高校的不同院(系)会根据自身在美育学科方面的优势,选择相关的美育方向和教学内容,开设贴近学生认知的美育理论、实践交互课程,也会将美育融入思想政治的"立德树人"教学中,加强美育与思政知识的

互相渗透。近年来，高校立德树人思政课程、美育课程的教学组织方式，开始借助慕课、微课、翻转课堂等网络线上教学平台，培养和教育学生的思想政治信仰、道德与审美修养，以提升学生的审美能力与综合素养。

二、新时代高校美育课程的教育价值及育人价值

在新时代，高校开展美育理念、教学工作，通常与多元学科的专业知识结合，教学内容、教学方式及教学途径多种多样，但无论是单独开展的美育课程教学，还是将美育与其他课程相结合的教学，最终目的都是促进学生思想价值观、智力能力、审美情趣的全面发展。英国哲学家席勒认为，美育的最大作用是复归人性，充分发挥人的本原意识和思维，使人较好地融入社会，完善自我道德，乃至推动社会发展与变革。高校美育课程理论与实践教育主要具有三大价值。

（一）使思想政治理论、美育内容互相融合

美育作为多学科融合的、理论与实践结合的教学活动，往往在现有思想政治理论知识的基础上，根据不同美育学科的知识特征，引入诸如中国传统书法、爱国画家的画作、现当代诗词、红色革命歌曲等内容，结合具体的思想政治理论和社会主义核心价值观，加强学生思想价值引导、课堂演示与体验的全面教育。这种思政理论、美育知识内容相融合的教学方法，在很大程度上转变了单一化的"说教"教学形式，弥补了思想政治教育内容的不足，充分发挥了美育的"立德树人"作用。

（二）强化学生高尚思想道德、智力能力的引导与培养

近年来，高校开设了大学美育、美育教程、美育原理等课程，这些课程的教材知识的体系设置，通常立足于中外美学理念和地域艺术文化等知识，向学生介绍美育思想、美学艺术发展与演进的历史。教师将教材中的美育理念、知识与学科专业理论知识，以及爱国、敬业、诚信等思想价值观念结合起来，将"立德树人"的根本任务落实到教学中，指引学生智力与品德的发展，如将《毛泽东诗词赏析》与《大学英语》《毛泽东思想和中国特色社会主义理论体系概论》相结合教学，使学生在感受伟人思想境界的同时，完成正确价值观念、高尚道德情操、智力与创造能力的全方位培养。

（三）促进学生培育健全人格和审美修养

美育作为对青年一代进行身心健康教育的重要内容，在全国教育大会、高校思想政治工作会议中不断被提及。思想政治课程与美育知识内容互相融合，以及全面加强和改进高

校美育体系，开展以美育人、以文化人的实践教育，可通过一系列的故事、音乐和绘画艺术作品，向学生传达各学科的美育理论、美学精神，让学生在领会思想精神、感悟艺术作品之美的过程中，培育健全人格和审美修养，使美育与思想政治教育统一协调发展。

三、立德树人背景下高校美育理念构建和课程教育面临的问题

（一）美育课程的课时不足，教育理念认知存在误区

美育课程并非美术、音乐、舞蹈、诗词和书法等专业课程，而是根据新时代德育、美育人才培养的要求，提炼和总结不同艺术专业课程的理论内容，形成具有思想和审美引导性的教育课程，并纳入公共必修课、选修课的教学体系中。当下部分高校的美育课程存在两方面的问题：一是美育课程仍然以艺术专业的课程内容为主要内容，教师向学生讲授中外美术、音乐和舞蹈的发展脉络，以及不同创作者、艺术作品的特征。这表明教师的美育理念存在认知误区，倾向于传达不同的美学理念、艺术审美价值，忽视了思想政治理念和道德价值观念对学生的启发和教育作用。二是综合性美育课程的课时不足，即便高校号召教师将思政理论课、学科专业课程与美育教学内容紧密结合，但不少教师仍倾向于学科知识教育，很少构建思政与美育融合的课程知识体系，也极少安排有关美育课程的教学课时，使得美育难以作为思政道德课程的补充，发挥应有的美学育人、立德树人作用。

（二）美育课程缺乏线上教学平台、理论与实践融合教育

在实现立德树人综合素质人才培养目标的背景下，地方高校已根据不同院（系）的学科优势、思想政治教育现状，投入充足的财政资金，聘请专业美育人员搭建美育演示与实践网络平台，但是，美育理论知识内容和课内外实践活动，依然存在缺乏慕课、微课等网络线上教学平台，呈现出重理论轻实践的状况。其一，在具有美育内容的思想政治课程和学科课堂中，教师侧重于美育知识和理论教学，缺乏美育感知、体验及互动的实践教学，学生只能通过教材中的知识知晓美育理论和美育代表人物，无法感受到相关的美学理念、艺术修养和道德情操。其二，部分院校仍然缺少慕课、微课等网络在线教育平台，缺乏以学生为主的教学情境创设、教学演示视频制作，也很少引导或指导学生参与与传统书法、现当代诗词、爱国绘画和红色革命歌曲等有关的实践活动，不能够很好地促进美育价值的传播、传承与践行。

（三）美育的课后审美实践教育和综合性美育评价不完善

高校美育的课后德育教育和美学教育也属于美育课程教育的重要组成部分，对大学生的道德理念、思政价值观念培育具有指导作用。然而，现阶段，无论是思想政治理论课程

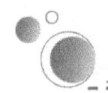

教育，还是美育专业教学，都缺乏课后情境交互式、体验式的实践活动，学生很少有机会感悟、鉴赏与创造美育理念和作品。此外，美育课程教育评价仍然以公共选修课的教学问卷和考试成绩为主，缺乏对美育教学流程、师生实践与互动、学生审美理念、思想价值观念与道德素质培养的综合性评价，难以保证美育的教学效果。

四、立德树人视域下高校美育理念的构建策略

（一）完善美育理念、美育教学网络软硬件建设

当前，我国已踏上社会主义现代化征程，高校的美育已不再局限于培养学生的艺术审美观念，而是涵盖学生的思想价值观、道德素养、智力、想象力和创造力等多方面能力的教育。因此，高校开展立德树人思政教育和美育教学活动，要纠正以往只注重传达美学理念和艺术作品内容的思想，将美育工作作为学生思想价值观、道德情操、审美情趣的全面引导与教育工作，体现出美育对学生智力、品德、想象力和创造力塑造的作用。同时，高校还应完善以慕课、微课和翻转课堂等为主的网络在线教育平台，依托网络化演示讲解和交互实践平台，加强"问题导向式"情境创设、思政观念引导、美学探究的综合性教育，深化学生对德育、美育的认知与理解。

（二）构建美育"五位一体"的课程体系

在立德树人综合素质人才培养目标的指导下，高校需构建"思政课程＋美育课程＋专业艺术课程＋通识核心课程＋审美实践课程""五位一体"的课程体系，立足于中国特色社会主义理论、社会主义核心价值观等思政理念，在思想政治课程教学中，以学生的兴趣为先导，以学生的价值认知为主线，引入不同学科的美育理论知识和实践内容，改革与创新原有的思政课程内容和教学课时。而在美育课程、专业艺术课程、通识核心课程的教育活动中，要增加思想道德、价值观念的教育内容，将思政融入美育教学。有充足财政资金和专业师资的高校，还可以设置课内外的审美实践课程，由教师引导学生，进行思想政治和美育内容的跨学科融合实践，达到以德塑人、以美育人的教育目标。

（三）创新思政与美育融合的教学内容、教学方式

高校在思想政治与美育融合的教学过程中，应将诗词、书法、舞蹈、美术和音乐等不同学科的理论知识和实践内容引入思想政治课程、美育课程中，并根据学生的美育学习情况和思想认知，创新美育、立德树人教育的流程，开展多样化的课堂视频演示、课后思想政治交互实践、美育体验学习实践活动。一是在立足社会主义核心价值观等思想政治观念

的基础上,从不同专业教材、课外教学资源中搜集与整合有关美学育人、立德树人的教育内容,将其融入具体的课程教学中。比如在《美学原理》的美育教学过程中引入美学发展史、艺术鉴赏与实践的理论知识,以及《毛泽东诗词赏析》词作、《黄河大合唱》交响乐、《过雪山草地》组歌等的艺术实践内容,引导学生感受与探析思政理念、美育观念;二是以由院(系)教育部门、教师为主体,组织校内的思想政治宣传栏布置、美育展览、文化讲座,以及课外的红色旧址或景区参观、美育演讲实践活动,教师指导学生进行思想政治学习,使学生形成正确的思政价值观和美育理念,进而实现高校"以美立德""立德树人"的教育目标。

(四)注重美育立德树人、理论与实践教育的综合评价

美育课程作为综合性的教育课程,在完成美育思想政治、艺术鉴赏与创造的教学活动后,要将不同学科课程教学的基本要求,与美育立德树人、以美育人的人才培养目标相结合,完成综合性的美育评价。一是进行美育音乐、舞蹈、美术、音乐等理论,以及学生美育课程实践体验的教学评价;二是强化学生的思想价值观、道德素养的客观评价,培养学生的美育思想价值观、审美范式和文化修养。

第二节 新时代高校美育课程的价值

课程美育的价值逻辑是由主体、对象、资源、场域等要素集聚整合的对其质的规定性,是一种生成性、动态性的逻辑,它表达了课程美育要做什么?如何做?为什么要做?能在理论与实践上实现什么意义的思维和行为的规定。课程美育受到一定价值逻辑的支配与制约,而这些价值逻辑亦是课程美育得以开展的动力源泉及其要遵循的标准与立场。

一、价值基点:以实现人的自由与身心和谐发展为根本追求

课程是教育目标和内容的重要载体,不存在"无教育的教学",也不存在"无教育性"的课程,因而课程具有德育、智育、体育等各育的功能与价值,但课程教育性的保持是存在于一定的张力与条件之下的。对教育性的理论思考发展至今已然超越了赫尔巴特最初对教育性的诠释,教育性已不局限于智育与德育的整合,而是拓展为促进和实现人"身心和

谐发展"的依归，也唯有实现"完整人"的课程才具有教育性。席勒在《美育书简》第二十封信中的批注中指出："有促进健康的教育，有促进认识的教育，有促进道德的教育，还有促进鉴赏力和美的教育。这最后一种教育的目的在于，培养我们感性和精神力量的整体达到尽可能和谐。"丹麦批评家勃兰兑斯指出，我们观察一切事物有三种方式，即实际的、理论的和审美的。因而通过课程实现人的全面和谐发展，不仅要关注知识、道德、健康的引导，还应从审美层面关照学生的发展，即以课程达美育。

席勒还指出，"只要人是不完整的……那么就没有自由。"然而，美和审美的教育能够促进人类感性冲动和理性冲动的统一，通过审美教育可以使近代人性被分裂的人成为自由而身心和谐发展的人，人的精神在审美状态下才是自由的，是摆脱了一切强制的最大程度的自由。德国美学家鲍姆嘉滕也曾指出，美学是同人的心灵中以美的方式进行思维的自主禀赋一起产生的，使心灵不仅可以凭借外在感官获取一切美的思维的原材料，还可以凭借内在感官和最为内在的意识去测定其他精神能力的变化和作用，同时又始终使它们处于自己的引导之下，让人不仅通过思维，而且以全部感觉在对象世界中肯定自己，将"身体意识"与"身体美学"有机结合，使人进入一种主体与客体、感性与理性相互交融的审美境界，在审美之中实现一切精神与意识皆由我所掌控的"自由"。黑格尔也指出："审美带有令人解放的性质，它让对象保持它的自由和无限。"由此而言，课程美育的开展和达成理应以追求人自由而身心和谐的发展为其价值基点，从"美"与"美育"的层面，以审美和美育的独特价值确保和完善课程自身的"教育性"。

在席勒看来，通过美育培养自由而全面和谐发展的人格只是一种乌托邦式的理想，但在今天，国家教育政策的支持、系统课程的建设、广大教师的实践等均为这个美育理想的实现提供了无限可能。我们所倡导的课程美育正是在新时期我国社会矛盾的转化过程中，通过将所有课程与美育融会贯通，达成课程美育，将美育回归美好心灵、完美人格的塑造和升华，即以美育人，以美滋德，以美愉心，培养和提升学生"美"的素养，培养具有完美人格的人。将美育作为人性"高尚化"的途径，培养学生的完美人格，通过内在力量摆脱私欲膨胀、精神萎靡的泥淖，防止新时代"美好生活"与"非美好生活"的二律背反，真正形塑美好人格，奔赴美好的生活，实现人的自由而全面的发展。

二、价值定位：以落实新时代立德树人根本任务为内在要求

在价值定位上，遵循立德树人既明确了课程美育的育人立场，又彰显了课程美育的正确价值导向。新中国成立以来，立德树人一直是我国人才培养目标的核心构成，其核心内涵和培养目标一直是党和政府教育方针一以贯之的。将课程美育建设与立德树人相结合，

一方面，对落实立德树人根本任务作出时代应答，确证了课程美育是立足于国家发展、民族复兴的新时代任务，把握了新时代的教育脉搏，营造了中国美育的时代性形态，契合了新时代的中国发展语境，凸显了新时代学校美育在国家和民族的进步与发展中寻求自身理论和实践的发展空间。另一方面，"所有的教育都具有意识形态属性"，任何时代，国家都要在"教授正确的知识、规范和价值中发挥强大的作用"。这也就意味着课程美育的开展不是价值无涉或价值中立的，课程作为一种官方知识和法定文化，必须毫不动摇地坚定社会主义办学方向和国家立场，课程美育的开展需在立德树人的实践和实现过程中彰显和检验其价值导向与价值趋势。

在内在要求上，"美"与"德"不是孤立的，而是内在有机联系着的。课程美育中的"美"与立德树人的"德"是一体的，"审美的人"总蕴含着"德"的因素，正如孔子借大自然，巧妙地用"智者乐水，仁者乐山"揭示美与德的关系。自此之后，贤德君子无不喜爱流连山水之间，并希望借助山水的灵气与美熏陶和表达自己的德性与品格。同时，符合"德"的标准必然蕴含着"美"的特质。从历史深处走来，那些被盛誉为"与天地比德，与日月同光"的高尚之人，无人不赞叹他们洒落的如光风霁月的至性深情、道德信仰与诗意风采，无不惊叹他们那"德"与"美"双重变奏的奇妙人格组合。如若谈论人之"美"，必然是将"美"寓于"德"之中，缺乏"德"的"美"是浅俗的美。因而，课程美育要达成的"立美育人"，即要通过"美"涵养人的"德"，以"美"化"德"，而"立德是树人的前提，树人是立德的归宿，立德最终是为了树人"。由此，课程美育最终要走向和实现立德树人。

三、价值支撑：以挖掘课程中美育资源的内生意义为实践取向

课程美育的资源是较为广泛的，广义上包括了学校文化、教育经验、学习氛围等间接的、内隐的潜在课程资源，而就其显性课程而言，则是指为实现教育目标而正式列入学校教学计划的各门学科及其活动中蕴含着的美育资源。不同程度、不同范围地内含于各学科及其活动中的课程美育资源是以最为本质的"知识"的形式呈现。可供挖掘和运用的美育资源，是展现人的精神层面，能够让人从中产生"美感"，提升人的审美水平、审美态度、审美追求、审美素养的课程资源。课程美育得以实施与开展是以课程中美育资源的内生意义为价值支撑，课程中蕴含的美育资源亦是课程美育的基础与前提。

课程中美育资源的内生性及其价值是由课程的知识性质和教育性决定和规约的：一方面，在课程的知识性质上，知识是具有价值的，是"人类在实践过程中形成的精神成果，是主体对客体的反映，天然蕴涵着不断发展变化的价值信仰体系、科学认知体系和审美艺

术体系"。英国社会学家麦克·F.D.扬把知识看作"合乎逻辑或有效的、共享的意义系统"。正是知识自身的价值、认知、审美的体系共同构建了"意义系统",也正是其"合乎逻辑""有效""共享"的特质,符合教育教学的质的规定性,让知识具有内在教育意义,可以作为课程教学的资源与载体。在课程美育中,知识的价值性特指其知识中蕴含的审美属性和美育功能,这种属性和功能是知识本身具有的,只不过由于学科性质、目标、分类、组合方式的不同,其审美属性与美育功能的存在形态、表达方式便有所不同。另一方面,从课程的教育性方面而言,"凡是学校所有的课程,都没有与美育无关的",课程的学科教育性决定了课程及其资源具备美育功能与价值的内生性和必然性。由此,课程美育的建设不是以"植入"的方式或将所有的学科以"美育化"的方式开展,而是要积极肯定课程中美育资源的内生意义,充分挖掘、运用课程中的美育资源,根据学科特点和育人目标,因势利导,充分发挥其内在的美育价值和功能。

四、价值创生:以拓展当代美育前沿为发展方向

美育的发展是一个漫长的历史过程,美育的发展是伴随着人类的文明共同进步的。从人类文明的历史审视美育的发展,历经了从无意识美育活动、自觉的美育活动、美育学科和现代意义的美育四个不同的阶段和层次。在原始人类文明的初期,人与自然相分离,人作为自然的主体而存在,人对自然的和谐追求便成了最初的审美及美育活动。此时的艺术品与日用工具是没有分别的,艺术活动与生产劳动也是一体的,审美及美育是朦胧的、无意识的,没有真正意义上的美育观念,也不涉及理论的发展。到了西方的古希腊时期,以《荷马史诗》、"酒神颂歌""鸽子酒杯和狮头酒杯"为代表的史诗、戏剧和雕塑的出现,以及相应时期我国先秦时期的《诗经》、"比德"服饰、青铜器、音乐美学等审美活动的出现,便逐渐形成了一种自觉性的审美及美育活动,也形成了真正意义上的美育观念。到了工业大生产时期,科学的发展导致人在工业生产中的异化,人们希求找寻一种方式与人的异化相抵制,让人在生存状态中获得"自由","美育"被呼唤而出。因此,席勒于1793年第一次在人类历史上提出"美育"的概念,并将"美育"视为"通往自由"的途径,同时,由于学科分支的细化,也为美育从美学中独立出来提供了可能。到了现当代,人的素质成为社会发展的决定性因素,而人的审美素养则是人整体素质和发展的关键性要素,要求人要追求美好的生活,以审美的思维和态度对待社会的发展。此时的美育进入繁荣发展时期,成为学校教育不可或缺的组成部分,美育理论成为教育教学研究的重点与热点。综观美育活动的发展历程,美育的内涵及其关涉的层面从最初物品使用逐步过渡到人的生活方

式，再逐步走向人的思想与灵魂的"自由"，最后上升到整个人的发展，即美育的发展已然超越了作为工具的器物层面，全面内渗于人的发展，成为内蕴，构成人的内生要素。美育发展的每一次进阶，均将美育推向一个崭新的高度，进行新的创生，在其内涵与外延上拓展了美育理论的建设和发展。课程美育的实施，是促进新时代学生关于"美"的素养提升的新理念、新要求和新方向，不仅丰富了美育的载体与方式，更是拓宽了美育的内涵与外延，拓展了美育工作的途径，为学校美育建设创生了更为广阔的视域，以更为个体认同且接受的形式引导美育，从根本上体现了新形势、新目标、新要求，体现了当代美育的前沿发展方向。

第三节 新时代高校美育课程的特征

一、坚持指向性与非功利性的辩证统一

美育指向性十分明确，就是要"寓美于心灵"（柏拉图），即美育要指向完美人格的塑造。正如席勒所言："有身体健康的教育，有智力认识的教育，有伦理道德的教育，有审美趣味和美的教育。这最后一种教育的目的在于，培养我们的感性能力和精神能力的整体达到尽可能有的和谐。""美在紧张的人身上恢复和谐，在松弛的人身上恢复能力，并以这样的方式，按照美的本性，把受到限制的状态再引回到绝对的状态，并使人成为一个在他自身上就是完整无缺的整体"，这正是美育的目的和指向性所在。美育指向人格养成，这是美育的本质功能、主体价值，是评价、设计、实施美育的根本出发点和落脚点，但美育的人格养成指向是一种终极指向，是非功利性的，不能带有极强的功利性，急迫于眼前之功效。

美育的非功利性是美育的本质规定性所在。正如蔡元培先生所言："纯粹之美育，所以陶养吾人之感情，使有高尚纯洁之习损，而使人我之见、利己损人之思念，以渐消沮者也。盖以美为普遍性，绝无人我差别之见能参入其中。……美以普遍性之故，不复有人我之关系，遂亦不能有利害之关系。"也就是说，美育的非功利性是美育与智育、德育的根本区别。智育的目标预期是帮助人们认识世界并改造世界。德育的目标预期则是约束个体以满足集团、社会之总体需求。前者是物质性的，后者是精神性的，他们的共性是都有强

烈的功利性。智育的功利是人的眼前利益的索取，德育的功利是社会利益的达成。与智育、德育相比，美育既不要求向外部世界索取利益，也不要求向内心世界强加规范，而只是培养人的一种无功利的鉴赏力，引导人们在全神贯注地"静观"中，进入一种"物我同一、天人合一"的澄明境界，在形式的审视中，获得一种无言的欣喜和愉悦，以达成精神的自由与理性感性的和谐发展。

坚持美育指向性与非功利性的辩证统一，要把握两个方面：第一，要从促进学生"人格养成"的角度设计和实施美育，把"促进学生人格养成"作为唯一核心的美育目的，一切美育活动都应该有利于完善学生的人格。这方面恰是当前高校美育实践较为缺失的。从国家目前的相关美育政策来看，有逐步重视美育的倾向，但对人格养成作用突出得还不够。第二，要把艺术欣赏、艺术技能提高等艺术教育形式作为一种重要的美育手段，但绝不能把欣赏或训练作为最终目的。通过美育，要让大学生们认识到，我们赖以生存的这个世界并非仅是一个功利世界，而是某种意义上的超功利世界，更是一个充满诗意的世界。人活着，不是为了简单地实现某一个目标，而是为了"人"本身，达到"作为人而成为人"，要从个人与集体（包括阶级、民族、人类）的统一中充分实现自我价值，并从生活本身领略生活的意义及乐趣。学会"诗意"地生活，成为"学会审美的生存的一代新人"。

二、坚持独立性与渗透性的辩证统一

美育作为教育体系的一个重要组成部分，必然要具有一定的独立性，要有系统的、与时俱进的、比较成熟的理论体系，要有相对独立的课程体系，要建设好文学艺术课堂教学等主要美育渠道，这些是美育得以健康发展的根基。正如席勒所说："一切其他的训练都会给心灵任何一种特殊的本领，但也因此给心灵设立了一种特殊的界限；唯有审美的训练把心灵引向无限制境界。"美育是一种无功利的审美力的培育和启发。审美力培育固然需要美育学科自身的理论和教学支持，但指向人格养成的美育，还要依赖于实践，依赖于渗透在各科知识（甚至包括数学、逻辑等）传授中的审美视点的发掘、培植。也就是说，美育需要所有老师、所有学科的共同努力，而不是单一课程、单一学科的一枝独秀。我们一定要把美育贯彻、落实到教育的全过程。美育的功能是其他的教育不能取代的，它可以丰富人的多方面的知识，开发人的智慧，陶冶人的情操；可以塑造人的优美的心灵和高尚的人格，帮忙人们形成正确的人生观、价值观、世界观；可以全面提高人的素质与修养。美育不但在教育人、培养人上是不能缺少的，对整个社会、整个人类，自然、艺术各方面都是不能缺少的。因此，我们一定要把美育认真地贯彻落实到教育的全过程里。这种强调美育渗透性的思想，美国也是比较认可并付诸实践的。

因此，一方面，要坚持美育的独立性，遵循美育的规律性，体现美育的独特特点，强调美育的主渠道；另一方面，要牢固树立"大美育"的观念，让美育渗透到学校教育的全过程，在学校教学、科研、管理、后勤服务的各个环节都体现美育的理念，实现美育的过程，收获美育的成果。要加大教学改革的力度，对目前的学校教学规划、教学要求、课程体系以及教学评估制度等，都应当作较大调整，合理设计适应素质教育的总体目标、能够将美育有机包容于其中的新的教学思路。融入教育全过程后，美育与其他教育是什么关系呢？就是现象学中的在场与不在场事物之间的关系。其他教育，比如智育，作为在场的课堂教学要以未在场的美育提供的广阔视野为背景，有意识地加深学生对所学知识中蕴含的美（比如科学精神、人文精神）的领悟与理解。这可以在一定程度上避免片面智育造成的科学精神与人文精神的分裂，促进学生个人素质的全面发展。

三、坚持共性与个性的辩证统一

以美成人的美育，要坚持共性与个性的辩证统一。一方面，教育者依据一定社会的普遍标准确立教育目的，以及与之相适应的教育内容和方法，积极宣扬普适美，引导大学生关注、热爱、创造具有普适价值的美，促进大学生树立崇高的审美理想，培养积极的审美情趣，提高塑造美的行为、美的语言的能力；另一方面，良好美育效果的达成只有通过学生的积极接受才能真正实现。受教育者不是一张可以任意涂鸦的白板，而是一个个活生生的、能动的生命个体，他们各有所爱，各有所能。个体差异要求美育的内容、方法和目标既要体现普适性，更要尊重个性，注重个性美的弘扬、引导，不违背美育的愉悦、自由、个性化的本性，因材施教。因此，相对于智育、德育更重共性、更重标准而言，以美成人的美育要注重共性与个性的统一，侧重于对个性的尊重。

尊重个性，意味着在美育过程中，赋予教师和学生更大的自主性和独特性。一方面，作为美育关键要素之一的审美对象，本身就是多色调的、富有个性的。以自然美为例，钟灵毓秀，各类美的事物都是熔铸了人的人性化、个性化的保护和开发；以社会美为例，无论是商品美、环境美、人性美，也都是各具现代性资质，异彩纷呈的；以艺术美而言，更是千姿万态，美不胜收。另一方面，审美主体本身也是不断分化、不断个性化的。就以大学生来说，他们正处于最具激情、梦幻、潜质发展的黄金时期。大学生作为一个具有较强知识背景的群体，具备了很强的审美能力和审美情感，审美心理也逐渐趋于成熟。但由于掌握知识多寡、兴趣爱好的差异等原因，他们的审美心理具有很强的不稳定性和可塑性。

因此，坚持共性与个性的辩证统一有两个关键点：一是要在实施大学生美育时，针对学生的兴趣、个性等特点，提供多种美育途径，紧跟时代步伐，因势利导，注重差异，符合个性；二是要改变传统的对学生学习效果的应试考核性评价方式，建立个性化的学习评价体系。

四、坚持引导与体验的辩证统一

以美成人的美育，应是一个教育者和受教育者相互作用、互动发展的过程。大学生群体属于高知人群，具有一定的理论水平，掌握了一定的知识体系，能够初步运用马克思主义的基本原理认识、分析和解决问题。因此，高校开展审美教育时，要以帮助他们养成全面发展的人格为目的，努力引导他们用马克思主义唯物辩证法的美学观点认识美、欣赏美、创造美。审美教育注重体验，要有计划地、有步骤、经常性地开展健康向上的审美实践活动，引导大学生形成正确的审美情趣，养成健康的审美习惯。要把美学知识的传授与美育实践活动有机结合，把美育知识讲座与大学生的日常行为引导有机结合，把艺术技能的培养与情感体验有机结合，使大学生在学以致用中完成审美教育。教师在美育课程教学过程中的作用，就是当好大学生审美活动的导游，从感染、欣赏、探源诸方面引导学生认识作品的艺术魅力所在，也就是要引导学生认识美。苏霍姆林斯基也认为，学校美育首先要教会学生认识美，在认识美的基础上，进而培养学生的情操和修养。所谓认识美，就是让学生了解大自然，了解社会，了解周围世界，了解艺术中的美。而所谓美的情操、修养，是指在了解自然和艺术的基础上逐渐感受和领会美，并在全部精神生活中处处关注美、珍惜美、创造美。

与此同时，所有美育教学及美育活动，都要注重引导学生体验美、感受美。美的经验不是写出来的，更不是算出来的，它是通过个人的感官感觉到的，是通过个人的心灵感悟到的。对美的体验具有个体的差异性，永远不可能整齐划一，不可能有"标准答案"。正是在这个意义上，苏霍姆林斯基主张引导学生到大自然中体验美。他认为，人是大自然之子，应当利用同大自然的血肉联系向学生介绍精神财富。在他执教的帕夫雷什中学的审美教育中，起重要作用的是游览美的世界——参观和旅行、观察和分析自然现象。这种对美的体验的重视在高校美育中也是尤为重要的。

五、坚持时代性与高尚性的辩证统一

所谓美育的高尚性是针对当前大学生存在的一定程度的审美情趣低俗化而言的。当前，社会文化有比较明显的低俗化倾向。由于非理性主义思潮的影响，社会文化中感性泛滥、欲望张扬、享乐主义盛行、悲观主义和绝望情绪弥漫。同时，在消费主义的影响下，人们对物质财富的欲望不断膨胀，不断消解精神追求。一些商家为了满足大众的猎奇心理，暴力、性、犯罪等均被加以游戏化的渲染，排斥着某些崇高的道德和理想，在一味追求享乐的同时淡化了人们的道德意识。这种社会文化低俗化对大学生审美情趣造成一定冲击。不少大学生沉迷网络游戏，热衷"妹妹热"音乐，迷恋畸恋小说，喜好充斥暴力与色情的电影。这往往会给人造成假象，高雅的文学艺术只是名义上的美育载体，而大学生实际接触的却是"假文学""伪艺术"。这是我们进行美育需着重注意的。大学是拒绝低俗，培养高尚的地方；大学里的美育更要坚持高尚性，用真正美的形式或事物对大学生进行审美教育。特别是要用提倡民族性审美标准，善于挖掘和运用中华民族的音乐、雕塑、建筑、绘画、诗词、戏曲、书法等传统艺术，帮助学生感受中华民族的审美精神，使他们养成"爱我中华"的美好情操。

在坚持高尚性的同时，我们还要注意美育的时代性问题。所谓时代性，是针对当前的大众文化而言的。美育在坚持高尚性的同时，不能脱离社会的现实性，走极端，要在避免低俗化的前提下，充分吸收大众文化的优秀成分。大众文化是个来自西方语境的概念。它形形色色，无所不包，包括邮购、目录、汽车和其他耐用消费品设计、衣着和食品风尚、足球赛、音像制品、圣诞节等，而且具有颠覆甚至颠倒既有霸权秩序的能力。聂振斌从马克思主义美学的视角，把大众文化看作文化工业制造的文化，主要指由电视、广播、广告、流行刊物等大众传播媒介传播的文化。这种大众文化是审美的重要对象，也是大学生美育的重要载体。可以说，我们今天生活在一个前所未闻的被美化的真实世界里，装饰与时尚随处可见。它们从个人的外表延伸到城市和公共场所，从经济延伸到生态学。在我们的公共空间中，没有一块街砖，没有一柄门把手，高速公路上甚至看不到一颗掉下来的螺帽，没有哪个公共空间逃过了这场审美化的蔓延。"让生活更美好"是昨日的格言，今天它变成了"让空间更大，让生活、购物、交流与睡眠更美好"。就像蒋孔阳先生所言，大千世界，到处都是美的东西，这种到处存在的美是大学生美育的宝贵资源。挖掘和使用这种宝贵资源要把握两个原则：一是坚持高尚性，这是对美育中美的客体而言的；二是要引导学生的审美态度，使他们善于从大众文化中遴选和接受美的教育。良好审美态度的养成关键在于帮助学生有意识地与大众义化建立审美关系，如将孔阳所言，实用的态度是一种实用的关系，科学的态度是一种认识的关系，而美感的态度则就是一种审美关系。

六、坚持课内与课外相结合

以美成人的美育不能仅依靠课堂教学，更要重视体验性、实践性较强的课外美育活动的开展。近年来，国家对素质教育课内与课外相结合的课题给予了关注。《学校艺术教育工作规程》中就曾明确指出，学校的艺术教育要讲求"课内与课外相结合"的原则。之后，教育部又颁布了《全国普通高等学校公共艺术课程指导方案》，对高校艺术课堂教育教学提出了更高、更明确的要求。课堂教学是学校美育的主渠道，这个主渠道的作用不容忽视。高校美育能否顺利开展，从根本上取决于能否抓住课堂教学这个主渠道。但必须强调的是，高校美育课堂教学绝不仅限于艺术教育，更要对包含文学、历史等各类人文学科的美育功能挖掘，乃至所有学科教学都要发挥美育功能。因而，美育进入课堂教学并非一朝一夕的事，必须经过科学的规划和长期的调整，才能正式纳入学校的教学计划。与此同时，一方面要在经费上给予支持和保障，另一方面要选择和培养那些热爱学生，具有较高教学水平的教师开展美育教学工作，还要开展丰富多彩的课外美育活动，真正做到课内与课外相结合。大学生以自主学习为主，他们有更多的选择机会和自由时间，有更加丰富的业余生活。课堂外的各类社团活动和艺术实践活动在大学开展得红红火火，学生的兴趣爱好在这里有了更多地发挥和施展的空间。为此，要以积极向上、健康文明的美育活动占据课堂外的美育活动，因势利导地培养大学生的兴趣爱好，发现和培养他们的审美兴趣和才能，提高他们的审美欣赏和创造的能力。

七、坚持校内与校外相结合

学校是大学生学习生活的主要场所，也是大学生美育的主要阵地。但是，大学生美育仅仅局限在高校这个"象牙塔"里是远远不够的，必须带领学生走出校园，到社会这个大熔炉里"淬炼"。社会是丰富的，也是复杂的，社会美是多样的，也是鱼龙混杂的，要引导学生勇敢地走入社会，去发现美、辨别美、学习美、形成美。要把在学校所学、所想运用到实践中，在社会美中体会人生美，积累经验、增长才干，使社会成为大学生成长成才的另一个阵地。《学校艺术教育工作规程》中就曾明确指出：校外艺术教育活动是学校艺术教育的重要组成部分（第九条）。学校应当充分利用社会艺术教育资源，补充和完善艺术教育活动内容，促进艺术教育活动质量和水平的提高（第十一条）。正是在这个意义上，苏霍姆林斯基把社会（或说校外）作为学校美育的重要场所。校外美育可以从四个方面入手：一要引导学生到大自然中去寻美，让学生从小就了解大自然，了解社会，了解周围世界，了解艺术中的美。二要学生在劳动中感受创造之美。劳动本身是人的本质力量的对象化，也是最伟大的美。劳动中培养起来的感受美、鉴赏美的能力更加全面、细腻和敏锐，所以苏霍姆林斯基常带学生参加社会公益劳动，使学生从劳动中得到快乐，获得美的享受。三要积极引入校外美育资源进校园。要把校外高雅、吸引力强的审美文化资源积极引入校内，充分拓展大学生美育载体。四要信息时代，网络空间也是一个需要高度重视的"校外"美育场所。四通八达的网络不仅联通了校内与校外，还联通了中国与世界，其广泛性与快捷性，没有一种载体可与之相比。因此，网络不仅是大学生了解社会的重要窗口，更是学生自我审美教育的重要渠道，是美育超越校园而扩大到社会的重要媒介。高校美育向校外拓展，更要高度重视和强化"网络"这块重要的美育阵地。

第四章

新时代下高校美育的新形势与新任务

第一节 新时代下高校美育本质的双重规定性

一、美育的本体存在及其特殊质的规定性

美育的本质即美育的本体存在及其特殊质的规定性，国内外历来都有不同的看法，从而导致对美育作用与地位的不同认识。20世纪80年代以来，我国学术界对美育的理解开始泛化，对美育本质的认识出现多种说法，较有影响的有"从属论""娱乐论""情感论""完人论"等。

（一）从属论

所谓"从属论"，是指美育从属于德育、智育和体育，即认为德育、智育、体育中包含美育的成分，美育可以不必另提。"从属论"还有另外一种解释，即认为美育是德育的一种手段或途径，是为德育服务的，以德育的目的为目的。

"从属论"的观点认为德育、智育、体育中包含美育，这就从根本上否定了美育的独立地位和特殊功能。"从属论"的一个逻辑结果是美育"取消论"，过去是一种很有代表性的观点，现在坚持的人已经为数不多了。

（二）娱乐论

"娱乐论"者以蒋孔阳先生为代表。1984年，蒋孔阳先生发表了《谈谈审美教育》一文，他摆脱了当时我国美学界对苏联美学理论的依赖，开始借鉴现代西方美学理论，探讨美育的本质问题。在该文中，蒋先生始终把人的尊严和幸福置于最突出的位置，以思考美育的

本质和价值。他认为，审美教育应该首先是一种娱乐教育……生活主要包括工作与学习、休息与娱乐两个方面。一个全面发展的人，既要懂得工作与学习，也要懂得休息与娱乐。

　　蒋先生认为，美育的内涵非常丰富，美育既是爱美的教育，又是情感的教育、人品的教育，还是艺术的教育，但"应该首先是一种娱乐的教育"。这就是说，他把美育本质的第一层规定性置于娱乐层面之上，其他的规定性都是从属于此的。在这一角度提出的美育本质论是极为独到的，意义在于还原审美活动的本原性的、本然性的性质。审美是一种快感，是一种享受，不管对此有多少种限定，但其首先是作为直接的幸福感来呈现的。蒋先生的这一观点，对当时学术界存在的认识论倾向是一种反拨，使美育从玄奥的空洞讨论中走向了现实人生。

　　但是，把美育的本质定位在娱乐层面是值得商榷的，因为蒋先生的"娱乐论"与传统美育"教化论"有很大的衍生关系。正如蒋先生说的那样，通过"审美方式来打动人的感情，来对人进行教育，使人在心灵深处受到感化和感染"，很容易把美育作为伦理教化的一部分，美育的独立性和不可替代性的作用也容易被忽视。

（三）情感论

　　"情感教育论"是一个由来已久的观点。在康德的哲学体系中，人的心理被分为知、情、意三部分，美学是研究情感的科学，所以与此相关的美育自然也会被视为情感教育。20世纪初，王国维、蔡元培、朱光潜等美学家在创建中国现代美学理论时，多作如此理解。受上述美学大师的影响，新时期许多学者都认为美育应当是情感教育。例如，滕守尧认为，美育归根结底是一种情感教育，它所要得到的是一种使人格变高尚的内在情感。

　　有关美育是情感教育的论述，曾繁仁先生的观点是应当引起重视的。1985年，他在《试论美育的本质》一文中，较早地从学理的角度审视了这一命题。他指出："将美育的本质归结为情感教育的基本思想是可取的。"他认为："美育就是借助于美的形象的手段（包括自然美、社会美和艺术美）达到培养人的崇高情感的目的。"后来，曾先生在"情感论"的基础上，吸收中国传统美学思想的精髓，提出了"中和美育论"，此时对美育本质的理解达到了一个新的高度。

　　当然，把美育界定为情感教育，学术界同样也有不同的声音。潘必新指出："对这种观点（指美育是情感教育）细加推敲，就会疑窦丛生。特别是当前心理学界至今对情感一词尚没有一个共同的、统一的认识，那么要进行所谓的情感教育，试问从何着手呢？"杨杰也认为，在心理学界对"情感"一词的厘定还存在差异的情况下，笼统地将美育认定为"情感教育"显然是不妥的。

（四）完人论

所谓"完人论"即认为美育是一种培养完整人格的教育，是一种完人教育。德、智、体、美方面都得到发展的人，才能称得上完人；"四育"并行才能称为完人教育。

完人教育与"美的教育"的意思很接近。所谓"美的教育"实际上是把教育作为审美的对象，讲求"教育"之"美"，"美"就美在使人身心和谐发展。如李戎认为，美育从根本上讲，是一种对人的全面教育，是为实现崇高的理想，充分发挥人的潜能，实现人的全面发展的特殊教育方式。

很明显，上述界定不是把美育拘泥于情感教育、艺术教育、审美教育、美学教育等范畴，而是从系统论的角度，强调美育的全面育人功能。换言之，该观点主要从美育的目的是培养全面发展的人着眼的。可是，其他教育也旨在培养全面发展的人，所以此观点也未能准确反映美育的本质，而且模糊了作为独立成分的美育的性质，夸大了美育的作用，把德智体美"四育"的任务（促进人的全面发展）全加给美育，实际上却无助于美育的实施。

二、美育的"生命论"维度研究

近年来，受西方生命哲学、存在主义哲学的影响，我国美学界开始运用"感性""生命"等范畴解释美育问题。尤其是韦伯、海德格尔、马尔库塞等人对工业文明、工具理性的批判，被很多中国学者所接受。为警惕"单面人"的危险，马尔库塞提出通过艺术和审美建立"新感性"。他所说的"新感性"，就是把感性从理性的压抑中解放出来，使感性与理性达到和谐统一，从而以新的感觉方式知觉世界。而能够发挥这种功能，形成和建立新感性的，正是艺术和审美。

在我国学界，李泽厚先生较早提出了建立新感性问题。他指出要从工具本体发展到情感本体，并把情感本体与新感性、美感的本质等问题联系起来。在《美学四讲》中，他专门辟出一节论述"建立新感性"。李先生这一提法的意义是重大的，它为美育开拓了应然的空间。然而，李先生这里的"新感性"是从"内在自然的人化"观照的，内涵限定于通过人类世代文化承袭而不断丰富、巩固和发展的心理本体，特别是其中的情感本体。显然，李先生触及美育的本质，却未能将它打开，他所说的"新感性"在内涵上仍然是片面的。20世纪90年代后，不少学者开始借鉴西方生命哲学、存在主义哲学的观点，从感性的维度探讨美育的本质问题。1998年，樊美筠在《美育作为感性教育初探》一文中，以工具理性过度膨胀、造成感性能力的迟钝为出发点，探讨了美育的感性教育本质。她指出感性即人生之所以然者，它包括人的本能、欲望和情感，是人格的一个重要方面，没有这一方面，人格就会是片面的，甚至是病态的。对于美育作为感性教育的作用，她指出美育作为一种感性教育，是以人们对对象的直接感知为基础的，也是以人的感性不断敏感和丰富为目的的。人的感官如果长期不去感知，就将变得迟钝，就将逐渐退化，美育则为人的感官提供一片广阔的感知天地。

1999年，杜卫发表了《感性教育：美育的现代性命题》。他认为，美育作为在现代化进程中被提出来的命题，其现代性意义是感性教育。感性与理性自古以来就是美育思想中的核心范畴，但是，古代美育思想总体上偏重于感性的理性化，而现代美育思想则强调理性的感性化。这是不同历史阶段美育的不同意义和作用的体现。他指出感性是一个贯通了肉体和精神的个体性概念，它以情感为核心，所以美育被不少学者界定为"情感教育"。不过，从严格意义上讲，情感只是感性的一种形式，不可能包含感性这个概念的丰富内涵，因而还是把美育界定为感性教育更合适。他对感性的具体规定是：首先，感性意味着生存的具体性，即个体性。也就是说，要尊重个体，发展个性，充分强调和发挥个体的能动性，这是美育作为感性教育的最基本、最关键的宗旨。其次，感性意味着人的"肉体性"。这里"肉体性"不是纯生理学的范畴，而是指人性、人格中与生理有直接关联的方面，如感觉（感官）、知觉、想象、情感、直觉等。最后，感性意味着生命活力。感性以人的本能冲动和情感过程为特征，感性的发达意味着生命活力的充沛。

徐碧辉在《美育：一种生命和情感教育》一文中则从培养人的生命意识的角度，阐释了美育的本质，她指出美育本质上是一种生命教育和情感教育，即美育通过最直接最本真的生命活动——审美活动的激发、培养和引导，直达生命的本源，从根本上影响和引导生命存在，使生命中那些不受理性控制的因素能够符合理性的要求，朝着健康、美好、高尚的方向驱动。美育是塑造人的生命本身，使之更加完美合理的一种教育。她认为，美育的核心是培养人的生命意识。生命意识是人作为一种生命的自我意识，其内涵是尊重、珍惜和热爱生命。只有当一个人具有生命意识、能够珍惜和尊重所有生命存在时，他才能真正具有宽广的胸怀，才能不为世俗和眼前的功利所遮蔽，发现生命真正的美。这里所说的"生命意识"与"感性"是两个不可分离的概念，因为生命本身就是感性的。是故，她得出结论，美育从根本上讲就应当是感性的、心灵性的，而不是理性的、知识的、技巧的。

从上述分析可以看出，"感性论"与"生命论"并不矛盾。虽然它们论述的角度和语言表述不同，但阐发的道理却是一致的：美育是诉诸人的整个感性生命存在的。事实上，"感性"（包含"情感"）、"生命"等范畴在内涵和外延上有很大的关联性。如果放弃"二元对立"的思维模式，用整体性来把握美育的本质，我们也可以说，美育是一种感性的情感的生命教育。

当然，从语义学角度讲，"情感"是感性的一种形式，包含不了感性的全部，而"生命"又是一个比"情感"和"感性"更大的概念,用其界定美育的本质,显然较为笼统。"感性"则是一个大于"情感"、小于"生命"(比"生命"一词的内涵更具体)的范畴,同时,它又包含丰富的内容,既涵盖"情感"又融通"生命"。因此,把美育界定为"感性教育"在内涵上比"情感教育"更丰富,在形态上比"生命教育"更具体。这样一来,思路就比较清晰了:从感性的维度探讨美育的本质是可行的,也是较切合美育实际的。舍此,将缘木求鱼,舍本逐末。

在我国,"感性教育论"的提出有着复杂的学术背景。长期以来,占据主流地位的认识论美学、实践论美学,热衷于探讨美的本质的"客观性"问题,人生问题被所谓的"客观性""社会性""必然性"等淹没。而作为感性存在的人、作为一次性生命存在的人,却完全被不屑一顾地疏忽或者遗忘了。部分年轻学者不满足于这种对美的纯理论的思辨式探讨,他们将这种探讨批评为"形而上",并从生命哲学、存在主义哲学等角度出发,探讨美与人的生存的关系问题,旨在促使美学研究关注当前条件下人类日渐困惑的生存问题,表现出对人类命运的终极关怀。

正是在这样的学术背景下,美育本质的"感性论""生命论"便出现了众多的声音。"感性""生命"等范畴以更加丰富的历史与哲学内涵被美学界提出,同生命本体、人的生存意义及人类的前途命运紧密相关,并赋予美育更新颖更丰富的意义。

三、美育的"感性论"维度研究

从"感性"的维度研究美育的本质问题是一条比较可行的学术方向,这也符合席勒最初提出"美育"的本意。仔细研读席勒的《审美教育书简》(又称《美育书简》)可以发现,席勒提出美育的出发点是人性和美的统一性。他指出,从人的天性的概念推导美的一般概念,有了人的理想也就有了美的理想。这就意味着,美与人性的理想是一致的,即感性与理性、内容与形式、肉体与精神的完善和谐。如果说这个出发点还是思辨性的话,那么席勒提出美育的现实性的出发点则是人性的残缺,即理性过分压抑感性和肉体。

在席勒看来,现代文明的病症就在于理性过分压抑感性、情感和肉体,从而导致人心灵丰富性的消失。他指出,分析功能占了上风,必定会夺走幻想的力与火,对象的范围变得狭窄,必定会减少幻想的丰富性。因此,抽象的思想家常常有一颗冷漠的心,因为他们的任务是分析印象,而印象只有作为一个整体时才会触动灵魂;务实的人常常有一颗狭隘的心,因为他们的想象力被关闭在他职业的单调圈子里,因而不可能扩展到别人的意象方式之中。

席勒提出,不仅需要理性的一般法则,还需要感性的特殊法则,以保持或恢复个体性格的多样性，从而保证人格的完整。"培养个别的力，就必须牺牲这些力的完整性，这肯定是错误的……通过更高的艺术来恢复被艺术破坏了我们天性中的这种完整性，也是我们自己的事情。"这里，"更高的艺术"指的就是美育，着眼点正是人的感性。

　　由此可见，席勒论述的美育的这种意义完全是现代化进程的产物，也是针对现代化发生的文化危机而提出的一种生存理想和策略。正如马尔库塞评论的那样，席勒诊断出文明的病症就在于人类的两种冲动（感性的冲动与形式的冲动）之间的对立，以及对这种对立的残暴解决：以理性压抑的既存专制体制去压倒感性。因此，对立着的冲突的和解，就涉及取消这个专制——也就是说，恢复感性的权利。换言之，拯救文明包括废除文明强加于感性的那些压抑、控制，而这些正是《美育书简》所欲阐发的义理。

　　追溯席勒提出美育的本意，理解美育的本质就比较简单了：美育首先是感性教育，它通过审美能力的培养，发展人的感性。这是美育本质的第一层规定性。美育以发展感性为目的，它就不同于德育和智育。德育和智育以发展理性为目的，这样就把美育与德育、智育区别开，美育因而可以作为一种独立的教育成分，与德育、智育、体育相并列。另外，美育还有第二层规定性：即通过发展人的感性，促进感性与理性的协调发展，以此塑造完美的人性。这就是说，美育作为感性教育，"发展感性"既是目的也是手段。在第一个层面，"发展感性"是目的；在第二个层面，"发展感性"则是以塑造完美人性的手段出现的。这一点，席勒在第20封信中的一个尾注里表述得非常清晰："有健康的教育，有审视力的教育，有道德的教育，也有趣味和美的教育。后一种教育的意图是，在尽可能的和谐之中培养我们的感性力和精神力的整体。"

　　这里说的"趣味和美的教育"指的就是美育，其基本任务是通过审美能力的培养发展人的感性，但是美育的终极目的不在于"感性的发达"，而在于在尽可能的和谐之中培养我们的感性力和精神力的整体。这样，就把美育提到了一个新的高度：综合、中介、协调。也就是说，通过德育、智育培养的理性力量，通过美育培养的感性力量，最终还要通过美育最后起综合协调作用，即将感性与理性有机融合在一起，以此塑造完美的人性。

　　美育的这种综合、中介作用，正是由美育本质的第二层规定性所决定的。曾繁仁先生借鉴中国传统美育"致中和"的思想，提出了"中和美育论"，核心观点表达的就是这个意思。他以孔子《论语》中君子的培养为例作了说明。孔子说："兴于诗，立于礼，成于乐。"其中，"兴于诗"是指从诗歌中获得启发，"立于礼"是指从礼教中掌握处世和做人的规范，"成于乐"是指君子的培养要通过"乐教"才能最终完成。"成"即含有综合、中介、协调之意。德育、智育、体育都各有其独特的不可替代的作用，但和谐人格的最后塑造还得依赖美育对其他各育的综合、协调。换言之，无论一个人接受多少文化知识教育和道德规范教育，只有在接受了美育之后，文化知识教育、道德规范教育才能最后发挥作用，他才能最终成为一个"和谐的人""全面发展的人"。

需要指出的是，部分学者对席勒的这一尾注是误读的，因而导致了对美育的两种片面理解：一是仅把"美育"作为同"体育""智育""德育"并列的教育，强调美育是发展审美能力的教育，却忽视了美育对人格培养的综合、中介作用。例如，有的学者指出："美育即审美教育，它要求培养年青一代感受美、鉴赏美和艺术创作的能力。"二是把"美育"理解为"教育本身"，"美育"即美的教育，美的教育应当是使感性和精神力量的整体达到尽可能和谐的教育。按照这种理解，"美育"仅在德育、智育、体育之间和在每一育之中寻找协调，它实际上是一种抽象的"个性全面发展"的概念。这种认识显然消解了美育的独立地位和发展审美感受力的作用。

上述两种对美育本质认识的片面倾向，归根结底是因为没有认识到美育本质的双重规定性，而是孤立地、片面地去看待、理解美育。笔者的基本观点是，美育作为一种独立的教育成分，首先是感性教育，其基本任务是通过审美能力的培养发展人的感性力量，但是作为感性教育的美育，其最终目的不在于发展人的感性，而在于通过发展感性促进感性与理性的协调发展，以此塑造完美的人性，这也正是作为感性教育的美育的特殊性之所在。

第二节　新时代下高校大美育观与艺术教育问题

一、当代高校的大美育观

纵观人类数千年文明史，"美"是人的永恒追求，它如一缕微光，伴随人类文明的不断积累与进步。它以永恒的姿态，激发出人类无穷的想象力和创造力。对美的追求，已经成为人的一种存在方式；实行"美"的教育，是人类文明传承的重要方式。自古至今，中外教育家也充分认识到了"美"对教育的价值：《论语·泰伯》中记载了孔子"兴于诗，立于礼，成于乐"的教育思想；柏拉图在《理想国》中将培养"身心既美且善"的公民视为教育的归宿。

（一）美育的本质是人性的教育

"美育"即"审美教育"，于1793年由德国著名诗人、哲学家席勒在《美育书简》一书中首次提出，并于20世纪初经梁启超、王国维、蔡元培等美育奠基人引入我国。此后，美育在我国经历了百余年的曲折发展历程。

21世纪的今天，我国已经进入现代化发展的新阶段，随着经济崛起、社会进步、国际化程度日益增加，社会的方方面面正在发生深刻的变化。在现代化进程中，马尔库塞所说的"单向度的人"、德国古典哲学提出的"异化"的人对当前高校的育人工作仍是有力警醒，而要拓展人的思维、健全人格，就必须恢复"美学的向度"。这是因为，传统的智育很难解决思想观念和人的发展问题，单纯的德育手段在价值观多元化的现代社会也往往有现实局限性，而美育作为感性与理性的桥梁，"入人也深、化人也速"。审美的培养和情感的陶冶，可以使人以审美的态度对待社会和生活，以情感升华道德操守和行为，以艺术想象拓展心智和创新思维。因此，美育可以成为人格培养中知与意的中介，个人行为中自律与他律的中介，社会生活中科学与人文的中介，学校教育中德、智、体的中介。总之，美育是一种行为健全的人格的教育、全面发展的素质的教育、心理健康的情感的教育，本质是人性的教育。

纵览美育的发展史，众多大家先哲都深入探讨过美育的本质和价值，为我们在今天重新认识美育的现代意义提供了借鉴。蔡元培在《美育与人生》中论述道："美育之目的，在陶冶活泼、敏锐之性灵，养成高尚纯洁之人格。"他认为美育的作用是陶冶人的"伟大而高尚的行为"，并提出著名的"美育代宗教"说。王国维在《论教育之宗旨》中竭力倡导美育，主张以美育培养"完全之人物"。可见，人性的教育既是美育的本质，也是美育的最高价值。

我们还应看到，美育是一个历史的概念，它的意义随着历史的发展而不断变化，并被时代赋予新的意义。在全球化时代背景下，"人的自由全面发展"成为从精英化转向大众化的高等教育的至高追求，因此美育作为人性的教育，比以往任何时候都更为重要。当代的高校美育，要紧紧抓住人性教育这一本质，立足大学生身心成长规律，消解现代化对青年人的各种异化，发挥美育的育人功能，通过艺术美、自然美、社会美、生活美等多样化途径，在潜移默化中陶冶大学生的心灵、培育健康的审美能力和提升人文素养，从而塑造学生健全人格，促进学生全面发展。

（二）高校美育现代化建设

当前，国内外高校都十分重视美育，我国教育部门近年来也多次发文强调各层各级学校要重视并发展美育工作,美育工作已取得了较大进展。但相较于其他教育阶段,高等教育层次的美育实施和普及工作进展缓慢,在当前整个高校的评估体系中,也几乎不包含美育的成分。从总体上看,高校对美育现代化建设的重要性和必要性缺乏统一认识,对美育工作缺少统一规划,美育仍是高等教育中的薄弱环节。

1. 美育是德智体各育的"综合中介"

美育的价值和功能突出体现为对德智体等各育具有渗透协调作用,是德智体各育的"综合中介"。

(1) 美育是培养高尚道德情操必不可少的重要手段,有辅以道德的天然属性。在高等教育中,德育是规范性的教育,偏伦理论化,而审美具有情感驱动力,德育借助美育则能够达到"潜移默化、熏陶感染"的效果,美育在不知不觉中施以教化,给人以深入心灵的道德启示。另外,美育是培养想象力和创新思维的重要途径。一个人的智能中最活跃的因素是心智能力,包括抽象思维能力和想象思维能力,想象思维能力是一种创造性思维能力,它不仅是艺术的核心,更是从事科学研究的关键。

(2) 审美活动可以调节大脑机能,提高用脑效率,创新人才与创新思维的培养都离不开美育。

(3) 美育与体育作为身心两个方面的教育,相互之间的关系是相辅相成的。精神生活有利于身体各个器官的调节,而体育运动本身也包含着美的因素。美育以心灵的健康为目标,体育以身体的健康为目标;心灵的健康一定会促进身体的健康,身体的健康又是心灵健康的基础。

2. 美育具有不可替代的独特育人功能

美育作为"综合中介",与德育、智育、体育相辅相成、相互促进,但不能因此就把美育视为从属于德智体各育,把美育工具化和边缘化。

美育不同于工具理性(知识)、价值理性(道德),它强调人文精神,有其特有的培养审美世界观的作用、情感协调作用和文化养成作用,不仅能够提升人的审美素养,还能够潜移默化地影响人的情感、趣味、气质、胸襟,激励人的精神,温润人的心灵,其强烈感染力是一般的教育形式所不具备的。高校美育是沟通科学与人文的桥梁,是感性与理性、形象与思想、情与境、知与意的直接统一,对大学生人格的塑造更全面、更立体,方法更形象、更生动、更丰富,在高校分学科专业化的人才培养体系中,其育人作用是任何其他教育形式都不可代替的。可以说,没有接受过任何形式美育的学生,其人格发展和文化结构上将会存在着缺陷,既不能成为"高素质人才",也无法很好地应对现代社会的挑战。

3. 美育是传承创新中华优秀传统文化的重要载体

文化传承创新是高校在育人、科研和社会服务任务之外的第四大职能。高校既是培养学生文化认同、促使文化薪火相传的重要场所，也是繁荣文化、发展文化和创新文化的主要阵地。高校美育是传承创新优秀传统文化的重要载体，承担着优秀传统文化传承创新的重要任务。高校美育应当站在民族文化传承创新的高度，深入挖掘中华优秀传统文化，借鉴传统文化精髓，汲取中华文明优秀成果，创造新的文化艺术元素，通过人才培养，使中华文化走向世界。在高校美育实践中，则应立足我国现实，以文化本位、中西交融的立场，以审美和人文素养培养为核心，引领学生树立正确的审美观念、陶冶高尚的道德情操、培育深厚的民族情感、激发想象力和创新意识，使其拥有开阔的眼光和宽广的胸怀，强化青年学生的文化主体意识和文化创新意识，增强其传承弘扬中华优秀文化艺术的责任感和使命感。

（三）构建以美育人、以文化人的"大美育"环境

当我们分析与探讨了美育的本质及其对高等教育现代化发展的重要意义之后，美育在实践层面上的核心问题随之而来，即美育要培养什么样的人，以及如何培养这样的人。美育的目的，是培养具有健康的审美观、较强的审美能力和创美力，能以审美的态度对待自然、对待社会、对待自身的人才。换言之，美育的任务，就是要使受教育者具备健全的人格，成为"生活的艺术家"。

在高等教育领域，《关于全面加强和改进学校美育工作的意见》发布之后，学术界与教育界同人已经多次研讨，在认识上再次深化美育的时代意义。可以说，我们迎来了新形势下高校美育发展的又一次绝佳契机。为此，高校无论是在人才培养还是在学术研究中，都应当按照新的时代要求，广泛吸收当代教育学、美学、心理学等多学科的研究成果，建设新的美育理论和实践体系，突出时代性和现实性，打造以美育人、以文化人的高校"大美育"环境，促进现代化美育的实施，补齐高等教育美育的短板。

1. 在顶层设计上突出"大美育"的理念

加强高校美育，首先要在指导思想上树立"大美育"的理念。由于美存在于人们生活的各个领域，自然美、社会美、艺术美等一切审美对象都可能成为美育的教材，社会生活中处处都可以成为美育的场所。因此，在高校的育人过程中，美育必然要渗透在学校全部学习和生活过程之中。应当看到，虽然艺术教育是高校美育的重要手段，但美育的实施还有多种途径、多样形式。我们在对高校美育进行顶层设计时，不能把美育局限于公共艺术教育课程和通识教育之中，而要经过专门的规划和设计，将美育融入各门学科、各门课

程的教学活动中，形成课堂教学、课外实践、校园文化的育人合力，建立全面综合的审美教育。

"大美育"的重要特征是美育的社会化和社会的美育化：即除了学校把美育视为本职工作之外，文化、政治、经济、科技等系统都要责无旁贷地担当美育角色，发挥好美育的功能。《关于全面加强和改进学校美育工作的意见》中也明确规定，要建立学校、家庭、社会多位一体的美育协同育人机制，推进美育协同创新，整合各类美育资源，探索建立教育与宣传、文化等部门及文艺团体的长效合作机制，建立推进学校美育工作的部门间的协调机制。因此，美育的主体不应局限于学校，而应该通过"大美育"的设计，搭建开放的美育平台，与政府单位、社会机构、艺术团体等开展广泛合作，建立起艺术展览、馆藏参观、主题讲座、社会实践等美育的课外活动体系。通过推进学校与社会的互动互联，打造开放合作的"大美育"环境。

2. 深化美育教学改革，完善美育课程体系

推进教学与课程改革是高校美育建设的重点环节。美育不是一门具体的课程，而是相对独立的教育体系，当前高校美育实施的关键是在整合现有文化艺术类课程的前提下进一步找寻新的体系。首先，高校应将美育纳入教学计划并计入学分，使美育全面进入第一课堂。课程建设方面分为两个层次：第一层次是美育学和美育的基础理论课程；第二层次是文化艺术课程，涵盖文学、美术、音乐、影视、戏剧、舞蹈和园林建筑等丰富内容，以文化艺术的鉴赏和批评类、历史和思想类、知识和技能类这三大类课程为主体。高校美育课程建设要以艺术课程为主体，开设艺术鉴赏类、艺术史论类、艺术批评类、艺术实践类等方面丰富优质的术美育课程。课程设置方面要符合教育运行规律和高校学生身心发展规律，一方面，要重视美育基础知识的学习；另一方面，要处理好知识、技能与素养的关系。知识是美育的前提，技能是美育的基础，但高校美育的主要目的不是培养专业艺术家，也不是培养美学理论家，而是培养具有健全人格和审美素养的高素质人才。因此，在课堂教学中要注重培养大学生的艺术感受力、审美能力、思想感情，多采用启发式、引导式教学。其次，开展以美育为主题的跨学科教育教学，围绕美育目标，发挥各个学科的优势，有机整合相关学科的美育内容，增强课程的综合性，并根据社会文化发展新变化及时更新教学内容。最后，实践性是美育的重要特征，美育实践活动是高校美育课程的重要组成部分。高校应遵循美育的规律，加强美育实践活动环节，并纳入学生培养方案，实施课程化管理。在现有条件下，也可以开发利用当地的美育资源，建设美育实践基地，拓展教育空间。

3. 加强校园文化建设，营造美育的文化环境

校园文化环境是美育的重要载体，是"大美育"格局的组成部分。对高校而言，校园文化不仅是学校办学理念、办学特色的体现，也是高校管理者和广大师生人文素养和文化品位的集中展示。作为师生生活、学习、工作的主要场所，校园的文化环境对师生的审美教育发挥着潜移默化的作用，深刻影响着高校美育的发展和质量。

根据《关于全面加强和改进学校美育工作的意见》中提出的要求，各级各类学校要充分利用广播、电视、网络、教室、走廊、宣传栏等，营造格调高雅、富有美感、充满朝气的校园文化环境。要让社会主义核心价值观、中华优秀传统文化基因通过校园文化环境浸润学生心田，引导学生发现自然之美、生活之美、心灵之美。此外，高校应当充分重视学校的美术馆、博物馆等文化场馆和设施建设，对学生免费开放，并充分发挥其功用，引导学生重视利用文化和艺术场馆，增强高校美育贴近学生的体验感和以美育人的实效性。高校还要与地方政府加强合作，吸引政府将更多的文化建设项目布点在学校，推动校内外文化资源设施共建共享。

当前，我国高等教育正着力深化综合改革，社会对高素质人才的需求、国民对高品质教育的需求都十分迫切。适应经济社会发展需要和满足受教育群体的需求是教育改革的动力和依据。增加高品质、内涵化高等教育的供给是当前深化教育改革的首要任务，也是高等教育供给侧改革的题中之义。美育是基于受教育者全面发展需求的教育形式，是人性的教育，具有不可替代的育人功能。发达国家高等教育的发展经验也表明，美育是高品质教育、全人教育的象征。因此，高等教育的改革创新和结构升级需要改变当前美育的现状，重视新形势下美育的现代价值和意义，把美育作为高教改革的突破口和着力点，努力在全社会打造现代化的"大美育"体系，形成全社会关心支持美育发展和青年学生全面成长的氛围，推动高校美育的整体发展，为建设高水平大学、推进高等教育现代化进程发挥应有作用。

二、当代高校艺术教育的问题

在大学阶段，美育和艺术教育都是大学生素质教育的重要组成部分，关系到学校能否完成高素质人才的培养。艺术教育课程目前承担美育实施的重要任务，以培养大学生审美能力和艺术素养为目标。实际上，大学美育与艺术教育之间存在一定的差别，不能仅依靠艺术教育替代美育，还应加强美育与艺术教育关系的分析，以便更好地实施大学美育。

（一）大学美育与艺术教育的关系

在大学阶段，美育与艺术教育之间的关系十分密切，既存在一定的涵盖关系，又存在一定的差别。深入分析二者的关系,有助于更好地开展实践教育,进而更好地培养学生的审美能力和艺术素养。

1. 概念上的包含关系

从概念上看,美育的范围十分宽泛,艺术教育只是其中的一种形态。在大学阶段,诸多艺术课程都承担着大学美育的实施责任,如美学原理、音乐欣赏等。实际上,除了大学美育为专门的美育课程,美育都要借助其他课程实施。而艺术天然的审美对象,艺术教育也需要以学生文化素质教育为主要目标,所以其主要发挥美育的功能。不同于其他教育手段,艺术教育在学生身心教育方面均能发挥一定的作用。由于拥有丰富的情感,艺术活动的开展也能使学生的情感需求得到满足,所以在美育实施方面,艺术教育具有重要的作用。从广义角度看,美育将依照美的规律引导人们完成灵魂塑造。而美的实践活动不仅发生于艺术领域,也存在于社会生活和自然界中。艺术教育在实施的过程中,同样要遵循美育的教育逻辑,即从认识到创造的过程,需要引导人们主动接触美,再逐步形成鉴赏美的能力和相应的价值体系,最终实现艺术美的创造。按照国家对高校艺术教育的要求,还要将艺术教育当成是实施美育的重要途径和内容。在大学艺术教育课程的开设上,美术鉴赏、音乐鉴赏等多门艺术课程的教学要求首先都强调引导学生学会鉴赏美。因此,尽管大学课程中缺少美育课程,也不能认为艺术教育能够代替美育,不能只在教育中强调艺术教育而忽视美育。因为,美育除了包含艺术教育,还包含社会审美和自然审美等方面的内容,还要开展系统美学知识教育,以便使美育得到全面实施。

2. 实质上的区别差异

尽管美育在概念上涵盖了艺术教育,但二者在实质上仍然有一定的差别,这种差别能够在教育实施方面得到较好的体现。

(1)美育不仅能够在教学和学习活动中得到实施,也能在生活、工作中得到实施,所以美育是一种隐性教育。不同于美育,艺术教育更多的还要通过教育者实施,因而尽管内容上具有一定的随意性,却依然属于显性教育。从教育目的上看,美育和艺术教育虽然都希望能够引导学生学会鉴赏美和创造美,但是美育的最终目标是培养学生的人生价值观,艺术教育则是以培养学生艺术文化素质为目标。

(2)从教学范畴上看,美育强调进行人的审美感受和个性情感等方面的培养,艺术教育则不仅需要强调这些内容,还要完成艺术知识的教学。而知识教学属于"智育"的范畴,并不在美育范围内。从这一角度看,艺术教育中也包含美育无法涵盖的内容,所以二者之间仍然存在明显的差异。而值得注意的是,目前大学艺术教育过于注重知识教学,在欣赏艺术作品时过于强调理性分析,总是直奔作品主题内容讲解。但是,艺术教育具有美育的性质，还应围绕审美讲解知识，不能忽视学生的情感体验。忽视艺术教育的美育性质，反而强调其"智育"性质，则违反了艺术教育课程的开设初衷，且无法发挥艺术教育的美育实施作用。

（3）在艺术教育实施的过程中，不仅要重视审美理论教学，而且要强调审美实践教学。通过审美实践，才能真正加深学生美的感受，从而让学生在得到审美教育的同时，获得艺术素养的提升。然而就目前来看，大学艺术教育缺少实践技能训练，开设的课程大多为《影视欣赏 × 文学欣赏》等理论课程，几乎不涉及实践操作。从美育实施的角度看，学习审美理论尽管有助于学生学会欣赏美和鉴赏美，却无法给学生带来更多的情感体验，所以无法真正实现美育功能。因为，只有开展审美活动，才能建立主体与客体之间的联系，从而使学生的身心得到发展；从艺术教育的角度看，开展实践活动才能使学生的技能得到锻炼，进而真正提升学生艺术素养。

此外，正是由于美育中还涵盖社会美育和自然美育等艺术教育中不具有的内容，才需要开展实践活动帮助学生接触其他形式的美。艺术教育实践活动的开展有两方面的目标，一方面是落实美育特殊任务目标；另一方面则是达到艺术素养培养的目标。从这一角度看，美育和艺术教育尽管有一定的差异，却需要采取相同的途径实现教育目标。

（二）对大学美育实施途径的思考

通过分析可以发现，大学美育与艺术教育存在一定的差异。未能厘清二者的关系，导致目前大学美育未能得到较好的实施。为此，还应加强大学美育实施途径的思考，以便改善目前美育的实施情况。

1. 美学知识的学习

艺术美仅为美育的一部分内容，所以艺术教育无法真正代替美育。想要真正实施美育，还应完成专门的美育课程设置，从而引导学生更好地完成美学知识的学习。为达成这一目标，还应重新认识美育在大学教育中的地位，避免混淆美育与艺术教育，开设专门的美育理论和实践课程，以确保美学能够作为一门课程被学生学习。在此基础上，学生可以真正掌握美学的基本知识，并学会认识美、发现美和欣赏美，进而为美的创造奠定良好基础。只有将美学当成是一门课程，才能使学校忽视美育的情况得到改善，建设与开发美学公共必修课，并通过加强美育评价引导师生关注美学知识的学习，同时不断完善美育工具，进而达成培养高素质人才的目标。

2. 审美实践的开展

在学习美学知识的同时，还应注重审美实践的开展。因为通过审美实践，才能引导学生将理论与实践结合起来，利用理论为实践活动的开展提供指导，进而获得更好的美育效果。而开展审美实践，也能使美育教学内容得到进一步丰富，引导学生学习自然美、社会美等各种美。在当前社会背景下，普遍存在人情冷漠、精神空虚等不良现象，在社会审美实践中面对这些情况，如以美学知识为指导解决人的精神困境，则能帮助学生完成完美人格的塑造，进而实现美育的最终目标。为此，大学阶段还应开展内容丰富和形式多样的审美实践活动，并在全校范围内营造审美氛围，以达到引导学生参与审美实践活动的目的。采取以上措施，能将美育从课堂延展到课外，因而能够为美育的实施提供更多保障。

三、案例分析

公共艺术课程是我国高等学校深层次推进素质教育，促进学生综合、全面发展的主要途径，其中音乐是众多公共艺术教育课程门类中的一种。而在多种音乐表演形式中，合唱是最具艺术性与群体性的形式之一，其在我国各高校公共艺术教育中起到了举足轻重的作用。案例从合唱团教学的角度出发，以美育为主线分析与研究相关问题。

（一）感受、欣赏美

早在魏晋时期，就有着"丝不如竹，竹不如肉"的说法，声乐（歌唱）是最能贴近与打动人心的音乐表演形式，合唱是一种多声部的声乐表演形式，可以通过其不同的声部组合形式向学生传递美。合唱具有柔美、协和、表现力丰富等特点，被称为音乐体裁中最美的表现形式之一。

合唱依据不同的人声组合表现形式，可分为同声组合与混声组合两种。其中，同声又可分为童声、男声、女声三种。不同的人声组合有着不同的音响效果，例如，童声合唱具有清脆、明亮等音色特点，给人一种阳光、活泼的听觉感受；女声合唱具有柔和、圆润等音色特点，给听众的是一种优美、抒情的听觉感受；男声合唱则具有嘹亮、浑厚的音色特点，给人一种苍劲有力、宽广深厚的听觉感受；混声合唱因综合了各种人声音质的特点，而使其音色丰富多彩且极富表现力。在合唱团的课程中，有一部分是赏析世界各国不同风格、不同形式的合唱作品。

在合唱团指导教师的引导下，学生通过视觉与听觉、理论与实践相结合的方式，从风格各异的合唱作品中感受与欣赏音乐的美。更值得一提的是，学生还能通过聆听不同人声组合形式的音响，从中感受到不同的音响组合特点，对各种人声音色特点的认识也会逐渐清晰，这对之后自己参与排练有着很大的帮助，能尽快适应多声部音乐的训练。另外，加之音乐作品本身还具有音调之美、结构之美等特点，学生在长期聆听的过程中，会对音乐越来越敏感，也由此逐渐产生或形成对音乐的浓厚兴趣。

（二）分辨、鉴赏美

音乐是文化的载体，能反映不同时期社会、经济等方面的特点。同时，音乐与文学、绘画等门类都有着密切的联系。在各类音乐作品中，合唱作品浩瀚如海，无论是从西方文艺复兴时期到现代的外国作品，还是我国近代到现代的中国作品，都不乏经典优秀之作，这些作品都是特定时期作曲家感情的凝结和思想的凝练，极具人文性，能够在一定程度上反映所处时代的特征。

正因如此，学生在聆听大量合唱作品与了解相关背景知识后，能够积累丰富的音乐听觉感受与理论知识并加以综合，使其能够大致区分各类合唱艺术风格，从而进一步具备了从感官上分辨与掌握不同时期、民族、风格音乐特点的能力。例如，贝多芬第九交响曲中的合唱片段《欢乐颂》，就是根据德国著名诗人席勒所写的诗歌《An die freude》谱写而成。席勒在诗中表达了对自由、平等生活的渴望，通过贝多芬具有古典、浪漫派特征的音乐创作后，情感得到进一步升华，描绘出一幅人类经过长期艰苦奋斗，终于得到了自由、欢乐并进入共和的理想生活的景象。又如，我国将具有很高文学价值的词曲作为歌词进行音乐创作的例子比比皆是，很多优秀的作品实现了文学美与音乐美的高度融合。音乐家杨荫浏、李抱枕就曾以南宋抗金名将岳飞的代表词作《满江红·怒发冲冠》为歌词，创作了一首旋律悲壮，气势磅礴的男声合唱作品，描绘出岳飞"精忠报国"的英雄志气。同时，中华民族奋发图强，不甘屈辱的壮烈气概也被体现得淋漓尽致，是我国不可多得的经典合唱作品，具有很高的艺术价值。学生长期在合唱团的课堂里，大量而宽泛地学习中外优秀作品，并常用这种理论与听觉相结合的方式学习后，就能知道何为"美"？"美"在哪里？并逐渐能自主地从音乐作品中提炼出"美"，对"美"的理解也会越发深刻。

（三）参与、创造美

理论离不开实践，艺术也是，音乐更是如此。要想获得音乐深层次的体验感受，感受其中更深刻的"美"就离不开艺术实践。在行内，更是有许多人提出，音乐的实践相对于理论来说更重要，离开了实践，音乐就只是纸上谈兵而已，没有任何意义。虽然观点中的细节有待商榷，但也由此可见，实践对艺术，特别是对音乐来说，其重要性是不言而喻的。合唱是音乐的表演形式之一，合唱团更是一种体验感绝佳的音乐实践团体，因其具有受众面广、参与度高、艺术性强、经济成本低等特点而易于被人们接受和喜爱。国内几乎所有高校，无论是综合性大学还是专科学院，都有自己的合唱团，合唱团在许多高校都是最受欢迎的艺术团体之一。你只要有一颗对音乐赤诚的心，加之持之以恒与认真的学习态度，经过一段时间系统与科学的训练后，就定能乘上合唱艺术之船，扬帆在音乐的海洋上。

你加入合唱团后,拿到一首即将排练的合唱作品时,与它"亲密接触"的旅程就开始了。通过排练,你会与他人合作演唱作品中的每一个音符、每一条旋律与每一句歌词。同时,在老师的引领下,你还可以从音乐学、社会学、心理学、民俗学、美学等学科领域了解与学习到这首作品的相关知识。接着,结合自己对作品的理解,你可以对其进行"二度创作",即通过自己的演唱表现,这个过程是最为重要的。最终,在自身实践创造"美"的同时,也通过这种特殊途径感受到每一首作品的"美",更进一步强化了自己对"美"的理解与感受,这样的美育过程相对于单纯且被动的欣赏、鉴赏更为主动、丰富与完整,美育的最终目标也更能得以实现。

众所周知,公共艺术教育是一种提升个人修养、提高个人综合素质的新型教育,能提高人们对美的理解与感受,培养人们在艺术上的表现力和创造力,且在其教育过程中还要注意,技能的训练是十分有必要的,不能只停留在单纯理论知识的传播与感受上。只有在亲身实践后,才能更进一步、深层次地感受到"美",辨别与理解何为"美",从而建立健全的审美心理结构。

通过以上分析可以看出,合唱这一音乐学科的自身特点完全符合公共艺术教育的教育理念,正是因为这一特点,我们还需要注意,在合唱课堂乃至所有公共艺术教育课程的教学上,都应当反映当代思政教学的特征,在教学内容上可以适当引用红歌,这对学生的思想教育,特别是爱国主义教育,其作用可以说是立竿见影的。在传统的思想政治课上,无论是在教学目的,还是在教学内容上,都是以"晓之以理"为主。虽然内容充实,但往往因教学形式单一,学生经常觉得课堂上缺乏生气,久听便提不起兴趣,常感枯燥乏味;而合唱属于音乐众多形式中的一种,具有音乐的所有典型特征,如能陶冶情操,让听众感受到美,听众自身与音乐的情感内容能产生强烈的共鸣,体验到音乐作品丰富的情感内容等,以"动之以情"为主,是完善人格的重要手段。一个以理为主,另一个以情为主,两者看似毫无关系,实则不然,若将两者融合与互补,在音乐课堂的欣赏与创作中融入更多的思政内容,在思想政治的课堂上用音乐丰富其形式,这样在教学上可以起到画龙点睛的作用。课堂气氛活跃后,学生更能提起学习的兴趣。

第三节　新时代下高校美育的任务

美育是教育的重要组成部分,它是一种按照美的标准培养人的教育。高校美育的任务

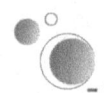

是培养大学生的正确审美观，提高审美能力，促进其全面、和谐发展，成为21世纪社会主义建设的合格人才。

一、培养大学生正确的审美观是高校美育的首要任务

审美观是世界观、人生观的重要组成部分，它同真理观、伦理观一起，构成人们对世界、对人生的总的看法。具体地说，审美观是关于美、美感、美的创造等问题的基本观点，它主要包括审美趣味、审美标准、审美理想等，它是从审美角度判断和评价客观事物的原则体系，直接指导和制约着人们的审美实践和创造美的实践，规定着审美的方向。因此，培养大学生正确的审美观是高校美育的首要任务。

正确的审美观不是天生的，而是在不断的审美实践中逐步形成的。由于大学生缺乏社会阅历，许多方面都还处在动荡不定当中，加上家庭、经历、文化素养、志向目标、性格气质等的不同，他们的审美观带有鲜明的个性特征。对每个人的审美爱好，我们不能强求一律，但我们应该明白审美趣味、审美标准、审美理想有正确和错误、进步和落后、高尚和低下的区分，不能听之任之，而要积极引导。没有正确的审美观，就不可能有正确的审美实践。一些青年大学生不懂得什么是真正的美，缺乏正确的审美标准、高尚的审美理想，虽然爱美、想美、追求美，却适得其反。个别学生以丑为美，甚至走上犯罪的道路；一些学生以洋为美，过分打扮，忸怩作态。凡此种种，光靠正面的道德教育是远远不够的，这要求加强大学生的审美理想教育，帮助他们从根本上分清美与丑、真与假、善与恶的界限，养成良好的习惯，形成谈美、爱美、审美的氛围。

（一）要确立正确的审美态度

审美态度是指人们在从事艺术活动和审美活动时所持的一种审美观。大学生要获得正确的审美观，必须树立正确的审美态度。也就是说，在审美活动中，既不能单纯从功利价值的角度衡量对象，也不能用经济占有的态度去看待对象，更不能对对象完全采取生理欲求的态度，而应当在主客体之间保持较大的距离，以便进行审美欣赏。审美态度的核心是超越实际利害和个人得失的考虑，只是欣赏对象的美。马克思曾说，忧心忡忡的穷人对最美的景色也无动于衷，贩卖矿物的商人看不到矿石的美丽。人只有在超越了个人的利害得失时，才能见到美、欣赏美和创造美。培养青年学生确立审美的人生态度，有助于他们克服患得患失的弱点和由于学习生活等方面遇到困难挫折而带来的各种消极情绪，促使他们能正确认识个人在社会生活中的位置，逐步树立正确的世界观和人生观。同时，帮助青年学生养成一种宁静淡泊的生活态度，在艰难困苦之时仍能勇往直前，在权力荣誉面前不为

所动，在平凡的岗位上做出不平凡的业绩。可见，培养青年学生确立审美的人生态度，与树立共产主义远大理想是一致的。它要求的是艰苦奋斗和无私奉献，摆正个人与集体的关系，确立符合社会发展要求的人生目标和价值取向。

（二）要加强审美修养，在实践中塑造好自己美的形象

人和动物不同，人不仅要有物质生活，还要有精神生活。审美就是人们的一种高尚的精神生活。人们可以按照健康的审美标准和高尚的审美情趣，遵循美的规律，去组织和创造美的生活，塑造美的心灵。因为高等学校是为社会主义建设培养全面发展的人才，当代大学生要使自己成为社会主义建设急需的合格人才，在学习期间，就应加强审美修养以塑造好自己美的形象。每个大学生都有自己的兴趣、爱好、特长和理想，但只有符合社会需要的形象才是进步的，任何超越时代需求的形象，要么陷入空想难以实现，要么不合时代潮流，造成形象与时势的反差。因此，大学生在塑造自我形象时，必须以为大多数人谋利益，合乎广大人民群众的愿望为指针，以对社会的物质文明与精神文明建设起促进作用为依据，以顺应社会进步潮流和满足时代的要求，符合社会主义高等学校的培养目标为标准。这就要求大学生必须努力塑造自己美的心灵，达到内在美与外在美的统一。

二、提高大学生的审美能力和审美创造能力是高校美育的基本任务

培养和树立大学生正确的审美观固然重要，但如果缺乏应有的审美能力和审美创造能力，大学生面对纷繁复杂的审美对象就会不知所措，也不可能正确鉴别和判断审美对象，更不可能按照美的规律创造美。再者，提高审美能力和审美创造能力与培养大学生正确的审美观是紧密相连的，因为大学生正确的审美观，只有在充分提高审美和创造美的能力的基础上才能实现。可见，培养和提高大学生的审美能力和审美创造能力是高校美育的一项基本任务。

（一）帮助和引导大学生提高审美能力

所谓审美能力，是指在审美活动中发现、感受、判断、评价和欣赏美的能力，它主要包括审美感受力、审美想象力、审美理解力、审美鉴别力、审美欣赏力等。这种能力主要是在艺术创造和艺术欣赏中形成和发展的，它是评价美和发掘美，以美的理想去改变世界、发展人们精神生活的重要心理条件，是培养全面发展的合格人才不可缺少的一种能力。要提高大学生的审美能力，要做到两个方面。

（1）对学生进行美学和美育基本知识的教育，使学生了解美的本质和特征，了解美的内容和形式，了解美的存在领域，树立正确的审美标准，增强审美修养的自觉性和积极性，起到在理论上的引导作用。

（2）培养他们的形象思维能力。以形象思维为主要特点的美育，对促进人的想象力和创造力的发挥是非常明显的。爱因斯坦说过："想象力比知识更重要，因为知识是有限的，而想象力概括着世界上的一切，推动着进步，并且是知识进化的源泉。严格地说，想象力是科学研究中的实在的因素。"因此，可以通过大学生的社会实践活动及运用电化教学手段引导帮助学生运用眼睛、耳朵等审美感官，培养他们欣赏、鉴别自然美、社会美和艺术美的能力。通过观赏领略或观看影视片，欣赏自然景观，帮助学生如何鉴赏重在形式的自然美；通过学习了解毛泽东等老一辈无产阶级革命家的光辉事迹，帮助学生如何鉴赏重在内容的社会美；通过欣赏优秀的绘画、雕塑、建筑、音乐、舞蹈、文学作品，帮助学生如何鉴赏形式美与内容美相统一的艺术美。美育即指导学生形成正确的美的欣赏，促使学生面向大自然，深入审视社会生活，走入艺术殿堂；促使他们的知识结构趋于完善，情感得到升华，从而培养和提高他们的审美能力。

（二）重视和培养学生的审美创造能力

所谓审美创造能力，是指在审美实践的基础上进一步按照美的规律创造美的事物的能力。大学生正处于心智发展的关键时期，是未来社会的建设者，不仅要能欣赏美，更要能创造美。从我国各大中型企业和科研院反馈的信息看，我们的大学毕业生在实际工作岗位上，不是所学的专业知识不够，而是智能结构不合理，心智技能和操作技能偏低，需要很长一段时间才能适应工作。为适应改革开放和经济建设的需要，高等教育不能只限于传授知识，而应着重于开发智能，培养全面发展的创造性人才。因此，引导大学生在美育实践中感受美、欣赏美、理解美，目的就是提高他们表现美、创造美的能力，从而使他们能自觉地按照美的规律美化主观世界和客观世界，用美的尺度评价、指导自己的生活。爱因斯坦曾深刻指出："用专业知识教育人是不够的。通过专业教育，他可以成为一种有用的机器，但是不能成为一个和谐发展的人。要使学生对价值有所理解并且产生热烈的感情那是最基本的。他必须获得对美和道德上的善有鲜明的辨别力。否则，他——连同他的专业知识——就更像一只很好训练的狗，而不像一个和谐发展的人。"著名科学家钱学森也曾说："艺术里所包含的诗情画意和对于人生的深刻理解，使得他丰富了对世界的认识，学会了艺术的广阔思维方法。或者说，正因为他受到了这些方面的熏陶，所以，他才能避免机械唯物论，想问题能够更宽一点、活一点。"可见，美育能够激发主体的创造欲望，培养主体的审美创造能力。因此，高等学校应该重视美育，加强美育，开展各种创作活动，不断培养学生的创造精神，提高他们的创造能力，使他们成为社会主义建设的创新型人才。

三、促进大学生塑造完美的人格，获得全面、和谐的发展，是高校美育的根本任务

所谓完美人格，是指人的本质力量的完满与充实，也就是充分提高人的生理和心理素质，人的智力、品格、情操和体魄得到全面而和谐的发展，即通常所说的人的全面发展。塑造完美人格，实现人的全面发展，是一项复杂的社会系统工程，德育、体育都不可缺少，但是美育具有特殊的重要作用，它通过主观心理活动形成对审美对象中人的本质力量的观照，使人们的心理和身体在感受美、鉴赏美、创造美的活动中都得到更健康的发展。因此，促进大学生塑造完美人格，获得全面、和谐的发展，是高校美育的根本任务。

（一）以美储善，提高大学生的思想品德

改革开放以来，随着国民经济的迅速发展和综合国力的大大增强，人民物质生活水平有了很大提高。但应看到，由于西方资产阶级思想、价值观念和生活方式的乘隙而入，我们必须加强教育，尤其是审美教育，使年青一代树立共产主义信念，并具有正确的审美能力。美育通过以情感人、以美育人使青年学生在轻松愉快的氛围中，不知不觉地受到美的熏陶，使之产生为共产主义而努力奋斗终生的强大情感动力。

（二）以美启真，开发大学生的智力美育

美育作为情感教育能够牵动受教育者的理智感，激发他们对真理的追求。列宁说："没有人的情感，就从来没有，也不可能有对真理的追求。"因此，在高校开展审美教育，会进一步促进大学生的想象力和创造力的发挥。

1. 美育是培养和训练想象力的最佳途径

美育把受教育者带入想象世界之中，使想象丰富活跃，进而调动、重新组合表象储存，构成现实中没有的新的意象，从而使学生的智力得到开发，创造力得到增强。

2. 美育有助于创造心理的形成

审美教育是美感教育，美感教育作为自由感受具有自由直观的因素，易于引发受教育者浓厚的学习兴趣，从而集中注意力，调动起学习的积极性、主动性，激发敏锐的创造灵感。美感总是给受教育者带来惊奇和喜悦，这种由审美体验引起的惊奇感，有利于情感中

枢内涵丰富而变得活跃，并为大脑皮层中的想象与思维功能增强活力，从而成为追求真理和发明创造的动力。

（三）以美怡情，增进大学生的心理健康

对美的理解、欣赏和创造，总会给人带来精神上的享受，令人怡神悦态。因此，美育具有调节心情、疏导情感、增进身心健康的功效。大学生情感丰富、热烈，又处于紧张的学习时期，而新的思维方式、快节奏的生活、就业的压力等，使得他们的忧患意识和心理压力日益增强，产生了这样或那样的心理困扰和心理障碍，甚至诱发疾病。因此，为保证合格人才的培养，除做好政治思想教育和心理教育外，审美教育成为一种重要的辅助手段。因为审美教育以一种精神升华的方式对人进行一种情感上的疏导与净化，有利于促进人的身心健康，从而更好地成长、成才。审美教育是一种情感教育，它不同于心理咨询和治疗工作。心理咨询和治疗工作是从心理学角度，有针对性地帮助人们调节身心和人际关系以达到和谐，维护心理健康；而审美教育是引导人们在一种审美的境界中升华，从生理情感升华到审美情感的高度，解除人们的心理紧张和压抑，达到愉快和谐状态。经常保持审美心态的人，身心是健康的、和谐的、愉悦的，有能力调节平衡内心的矛盾冲突，处理好人与社会、人与人之间的关系，走向人格的完美。正如蔡元培先生所讲，美育之目的，在陶冶活泼敏锐之性灵，养成高尚纯洁之人格。

另外，美育以潜移默化的方式影响、塑造着人的心理、气质、情操和性格，从而培养人们具有健全的心理结构。美育是一种情感教育，它用"以美感人、以情动人"的独特形式影响和教育着人们。实践证明，经过长期美育熏陶的人会形成一种完满的心理结构，这种审美心理结构属于健全人格的内在素质，只有具备了这种心理结构的人，才能进一步提高对挫折的承受能力和适应高强度心理压力的能力，及时调整不良情绪对身心的危害。这种良好的心理素质一经形成，便具有较大的稳定性，能对人的全部精神生活乃至事业的成功产生深远影响。更重要的是，个体内在的和谐、个体和社会的和谐，都会有助于人们创造力的发挥，进而推动社会的进步与发展。

（四）以美助健，增强大学生的体质，提高健康水平

审美心理结构与智力结构一样，都以体质或生理结构为物质基础，反过来，审美心理结构对体质结构的建构和完善又有调控功能。首先，这种调控功能能够增强体质，造就健全体魄。由于美育是美感教育，它引导受教育者进入审美状态，从而获得愉悦的心理感受。现代心理学和生理学研究表明，愉快感使人心情舒畅，肌肉放松，心律舒缓，机能协调，能消除各种有害因素的干扰，有益于健康的生物化学物质的分泌，从而增强体质，提

高健康水平。更重要的是，美育可以为健康的身体带来旺盛的活力和饱满的精神，从而造就健全的体魄。其次，这种调控功能能够增进健美，塑造美的形体及运动形式。

审美心理结构对体质结构的影响机制主要体现为以情感为中心的多种心理功能的和谐运动对人体结构、身体运动形式的和谐的调控，即内部心理和谐对外部形体动作和谐的调控。在这种调控下，通过适当的运动和锻炼，使人体结构和运动形式向整齐、对称均衡、比例协调、节奏规整、和谐统一的方向演进，从而使人体及其动作达到匀称和谐、强壮有力和生机勃勃，更显健美。

第四节 新时代下高校美育与德育、智育、体育的关系

德育、智育、体育及美育是教育中相互独立又紧密相连的四个方面，四者的结合构成了一个较为完整的教育体系。正如席勒所说："有促进健康的教育，有促进认识的教育，有促进道德的教育，还有促进鉴赏力和美的教育。这后一种教育的目的在于，培养我们感性和精神力量的整体达到尽可能和谐"。

一、美育与德育呈现出辩证统一的关系

美育和德育两者之间紧密结合，不可相互替代。一方面，美育的落实是进行德育的重要途径，美育通过富有感染力和吸引力的方式，可以提高德育的效果。美育主要凭借美的形象打动人，把品德教育寓于美育之中，能够让人在获得美的感受的同时受到潜移默化的德育教化。另一方面，德育为美育提供思想理论基础和充实的内容，确保美育的正确方向。美育本身也包含羞耻心、荣辱观等道德教育，但并不等于全部。作为一种高级的情感，审美能力本身就包含着必不可少的伦理道德因素，特别是关于美德的评判方面。因此，实行美育能够极大程度上使人们在伦理道德方面明辨是非、知羞耻，但终究无法替代德育。

（一）美育与德育的关系——以美引善

德育主要是对人们进行政治思想和道德品质方面的教育，解决人们世界观和人生观的

问题，体现着"善"的要求。德育能使人们分清善恶，偏重于说理，并要求人们用一系列的道德规范要求自己，约束自己。而美育主要靠美的形象打动人，把思想品德教育寓于美育之中，以美引善，使人在榜样的影响下实现道德教育，使人乐善好为。虽然美不是善，但它离不开善，善是美的灵魂，美的事物从本质上讲应该都是善的。正因为美中包含善，所以历来重视德育的人也都重视美育，使人在对美的追求中，明确美恶，振奋精神，归心向善，从中接受道德教育。所以，美育在道德教育中具有十分重要的意义。尤其是改革开放的今天，面对经济的发展与道德水平的提高越来越不能同步的现实，美育的这一职能显得更为重要。一些艺术性很强又有道德教育功能的影片上映，如《焦裕禄》《孔繁森》等，使全社会的人普遍地受到了心灵的洗涤，对提高党员干部的思想素质及整个社会的道德水平，具有深远的影响。

（二）美育与智育的关系——以美启真

智育主要是传授知识和技能的教育，其目的是提高人们认识和把握客观世界规律的能力，解决一个真的问题。智育是教育活动的基础环节。一个全面发展的人必须具有丰富的科学知识和一定的劳动技巧。美育对智育的实施，也有着不可忽视的作用。通过美育，能够以美启真，这是人们通过欣赏自然美、社会美、艺术美，可以在愉悦精神的同时，了解历史、了解自然、了解社会，获得各种自然科学和社会科学的知识。美育对智育的这种影响，它能深入到生命初期的智力启蒙和人生最重要的学校教育时期，同时对科学家们探索真理的奥秘也有很大的影响。

现代科学证明，受到过胎教的儿童，无论是从性格气质还是从智力上，都要比未受过胎教的要好得多，作为人接受的最早教育，它能使生命获得一个最佳的发展基础。

幼儿期是一个人智力发展的关键期，这一时期家庭环境对孩子来讲尤为重要。具有审美气氛的家庭环境，是开启孩子心灵大门的金钥匙。

在日常学校教育中，运用以美启真的原则，也会有利于调动学生学习的兴趣，更便于使学生认识和掌握事物的内在规律。以美启真，还吸引着科学家探索真理的奥秘，能够大大开阔他们的视野，调动他们学习、钻研的积极性。

（三）美育与体育的关系——以美健身

美育与体育的关系是十分密切的，通过体育训练，还可以使人身体健康，具有良好的耐力、力量和技巧，具有发达的肌肉、健美的形体。通过美育活动，提高人的鉴赏美的能力，无疑会促进人们对健美的自觉认识，不断提高身体的健美素质。一个全面发展的人，要求身体健康，精神充实，才会在体格、行为及心灵各个方面都是健美的。所以健与美在总要求上看，是一个统一的整体，体育与美育有时也是难以区分的。

由此可见，美育不仅是培养全面发展的人才不可缺少的一个环节，同时又与德育、智育、体育有着千丝万缕的联系，它能从人与现实的审美关系角度，通过审美实践陶冶性情，美化心灵，丰富人的精神生活，启发人的智力，促进人的身心健康。因此，加强美育对造就一代新人、建设社会主义的物质文明与精神文明有重要意义。

二、智育是引导人们认识和掌握事物发展规律的一门教育

智育是教学活动过程中最为基本的环节，美育对智育环节有着不可忽视的独特作用。

（一）一个人的智育主要由知识、能力和见识三个方面组成

能力是智育当中最为活跃的因素，主要包括形象想象能力和抽象思维能力。形象想象能力的机制就是从事物原有的形象中创造出新的形象的能力，这种想象的能力正是个人审美能力的体现。

（二）人们通过对自然美、生活美、艺术美的欣赏

人们可以透过事物了解历史、了解自然和了解社会，从而获得社会科学知识和自然科学知识。

（三）通过审美活动的锻炼，可以调节个人的大脑机能，从而提高学习和工作效率

如在进行一些较为紧张的思维锻炼以后，再进行一些较为轻松的娱乐活动，劳逸结合，往往可以起到事半功倍的实际效果。由于美的事物在其外表感性形态下，其中包含着对事物内部规律的探索，因而对美的追求会引导人们加深对客观事物规律的探寻和理解，以修正和完善自己的看法和见解。美育与体育之间相辅相成，不可分割，表现为以下三个方面。

（1）体育的作用在于增强个人的体质，促进身体的健康。根据现代的健康概念，健康并不单是指身体上没有疾病，还有心理上和精神上的健康。美育是以心理健康为目标的，通过审美教育，可以陶冶高尚的情操、净化个人的心灵，从而促进身心的健康。

（2）美育可以提高个人的鉴赏能力和创造能力，也是促进自身形体美的重要条件。体育的一个目的就是培养身体运动的正确姿势，训练人们正确运用人体机能，提高个人身体机能的正确度和灵活性，从而使个人的姿势达到美的状态。

（3）体育运动当中本身就蕴含着美的因素，如在花样滑冰、花样游泳等体育项目当中，美和体育是融于一体的，音乐的旋律、节奏和舞蹈的优美造型已经渗透到一切体育运动中，它们既是体育项目，也是美育和艺术。

第五章

新时代高校美育课程的开发、运行与创新

第一节　新时代高校美育课程开发的目标与内容

一、高校美育的目标

实施以美成人的高校美育，实际上指出了当前高校美育目标的基本定位，即始终针对纯粹的唯理性主义和物质主义的突破，始终坚持促进人的全面发展和美好生存。与此同时，完善人格的培养从另一方面提出了高校美育的总体目标，即始终围绕大学生人格养成、大学生人格完善而选择设计美育目标，这是新时期确定美育目标的主要依据。针对新时期大学生时代人格体现的具有人文关怀、积极乐观、独立和谐、开朗热情、创新洒脱等特质，高校美育目标应由三个维度的子目标建构而成。

目标一是提升学生的审美需要层次，旨在强调审美教育要关注学生的生活和审美认知的内在动机。学生的审美心理是自主性建构的，而不是通过"灌输"形成的，如果在审美教育中忽视学生的自主性，没有充分重视学生的审美意识的自由发展与内在审美需要的提升，学生的内在审美人格不可能建立起来。

目标二是培养学生全面的审美情感和审美判断，协调学生人格中感性、理性等要素共同发展，并形成有机的项目联系，旨在强调审美教育在协调学生人格发展中的现实作用。既然审美教育不是通过"灌输"影响人格的完善，那么发展学生的审美情感和审美选择就应该是一项基本的目标设定。

目标三是引导学生形成稳定化、普遍化的理想人格结构，逐步形成与确立适应当前社会发展的时代人格品质。这既是审美需要层次提升的结果，也是审美判断和审美情感处于高级阶段的确证。

二、高校美育目标的具体实施

教育学认为，任何一种教育目标的设计和实施都有一定的原则和要求。美育目标在具体实施过程中，仍需要遵循学生审美的一般认识规律和接受规律，从学生的审美心理出发，循序渐进地进行审美教育。具体来说，在审美教育过程中要从三个方面着手。

（一）培养大学生的审美感受力、判断力和创造力

逻辑思维、形象思维和直觉思维是人类最基本的三种思维方式，形象思维与逻辑思维直接关系着人们在实践中的创造性发挥。由于美育带有鲜明的形象性、愉悦性、情感性等特点，它就能够充分促进大学生个体的直觉以及形象思维能力的发展，进而提升个人的综合素质。尽管美育目标的最低层次是满足人的功利需求，但在实践中也需要直觉感悟评价审美对象的外在感性形式，逐渐激发个体的直觉和感性思维，不断培育个体的想象力和创造力。在长期实践中，要不断引导大学生感知美、欣赏美，在体验美的过程中形成发散思维和对美的判断力，促使自身的创造力得到潜移默化的提升。一本好书塑造的感人形象，可以唤起大学生们内心的激情；一部好电影的境界，可以引起大学生们对美好生活的无限向往与渴望；一个精彩的画展可以激发大学生们无限的想象力和创造力，美育在各种美育形式的实施中"春风化雨"般地影响和改变着大学生的审美能力。

（二）培养大学生的审美意识和审美价值追求，使其超越"功利"

在培养审美能力以及关注审美素养提升的同时，审美教育活动的目标还应实现对功利生活的精神超越，促使审美教育脱离一般的功利价值目标体系，能够暂时放弃实用性的考虑，形成一种超越功利的审美意识和价值追求。瑞士美学家布洛认为在审美活动中人要超越日常看待事物的方式，摆脱现实中的利益关系，与现实中的生活造成一种"距离"，把物我关系由实用主义变为审美主义，达到"潇洒脱俗""超然物外"的超功利审美境界。这种观念有利于打破肤浅的人生价值和幸福观念，避免由于"急功近利"而"目光短浅"，把人生的目标仅锁定于对物质的极度追求而完全抛弃了精神家园。自有人类历史以来，亘古称颂的从来不是富甲一方的官员和商人，而是给人类留下宝贵精神财富的思想家、哲学家、科学家们。实施审美教育，就是要使大学生们在"撕碎的美"或"含泪的笑"中得到

情感的升华和心灵的净化，进而引发他们对生命意义和价值的深层次思考，让他们在不同于物质功利标准的新的价值标准中生存，体验更加珍贵且永恒的生命价值。

（三）培养大学生追求理想人格的自觉，使其实现审美人格的精神建构

人的心灵世界本身就是一个感性的、意义丰富的世界，审美人格的精神建构需要在个体主动地参与和创造过程中得以实现，是人的内在精神的一种积极的探寻和建构的过程。自我"全面而自由"的发展，是人类遥远的梦想和渴望，是理想人格境界。审美教育目标在这一方面要不断提供契机、情境和氛围，以美的旋律和震撼拨动学生的"心弦"，激发他们内心深处对美的渴求，对美的想象力和创造力，促使学生在个体的成长和建构中，把对理想人格的追求，当作自觉的愿望和行动，积累和养成个体的人文关怀精神，以及独立和谐、开朗乐观、创新洒脱的内在品质，并不断使其得以发展和提高，推动自我的人格建构不断走向丰满和成熟。

三、高校美育课程的内容

课程内容是指由符合课程目标要求的一系列比较规范的间接经验和直接经验组成的用以构成学校课程的文化知识体系，课程内容的构成应以课程目标为出发点，包括三个维度的构成要素：学科知识、社会生活经验、以及活动等。

知识是人脑对事物外部属性或本质属性与规律的反应，是通过人与客观事物的相互作用而形成的。知识是人类认识成果的结晶，通常以概念、判断、推理、假说、预见等思维形式和范畴体系表现自身的存在。人所获得的知识，最初具有外在性，它作为信息储存于人的大脑，进一步内化尚需体会、体认、体悟和体验，需要经过情与意的进一步作用，才融化为人自身的东西，成为素质的一部分。前面谈到，高校美育课程目标在于提升学生的审美、人文、全面、专业素质的发展，也就是身心素质的全面和谐，那么高校美育课程目标的达成自然需要高校美育课程的内容的支撑。

（一）高校美育课程内容：高深知识（美的本质与规律）

1. 高等教育特殊性：高深知识

无论我们怎样看待课程，它总是与知识的性质、知识的价值、知识的组织与传递方式有关。高校美育与基础教育阶段美育有何不同？是一个需要从高等教育哲学层面思考的问题。布鲁贝克在《高等教育哲学》一书中就对高等教育与基础教育的差别在于教材的不同

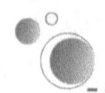

做了说明,从哲学上对高等教育的特殊性——高深知识做了辩解。布鲁贝克认为"高等教育与中等、初等教育的主要差别在于教材的不同:高等教育研究高深的学问。这些学问或者还处于已知和未知之间的交界处,或者虽然已知,但由于它们过于深奥神秘,常人的才智难以把握"。布鲁贝克说的高等教育包括文理学院、研究生院、专业学院,这些都是传授高深学问的地方。

2.高深知识释义

高深学问是高等教育的哲学起点,也是高等教育合法存在的根基,同时还是区分高等教育与中等、初等教育的差别所在。我们就还需追问高深知识的含义是什么。

从教育学角度解读高深学问,如布鲁贝克认为专门的知识即深奥的探求,它构成了高深学问,实则在这里已经隐约能感觉高深知识与专门知识有关。布鲁贝克还将高深学问做了两种分类,一种是以探究知识本身为目的、另一种是以追求知识的有用性为目的。他认为强调认识论的人,在他们的高等教育哲学中趋向于把闲逸的好奇,精神追求知识作为目的,他们力求了解他们生存的世界,就像在做一件好奇的事情一样。然而这种对知识的探究不仅是闲逸的好奇了,只有越来越精确的知识验证才能使人们得到满足,高深学问忠实于真理,不仅要求绝对忠实于客观事实,而且要尽力做到理论简洁、解释有力、概念文雅、逻辑严密。第二种高等教育哲学是政治论,强调政治论的人探讨深奥的知识不仅出于闲逸的好奇,而且还因为它对国家有着深远的影响。从这里可以看出,高深知识既分为专业方面的高深知识,也分为研究方面的高深知识。

薛天祥认为高等教育学的逻辑起点是高深专门知识的教与学。当问及按照什么知识门类进行高深专门知识的教与学,就引申出专业的概念;当问及高深专门知识的实质是什么,就要讨论高等教育的概念;当问及按照什么样的方式才能有效地进行高深专门知识的教与学,就要揭示高等教育的基本规律和体现规律的基本原则;当问及为什么要进行高深专门知识的教与学,高等教育目的和高等学校的培养目标的概念就成为必答的问题;当问及通过哪些途径才能实现高深专门知识的教与学,实现高等学校的培养目标,就必然要联系个体的心理发展和社会需求,讨论德育、智育、体育、美育等概念。

张楚廷认为,以研习高深学问为内容的培养专门人才的活动,成为高等教育,实施这一活动的机构成为高等学校。这一概念中,培养人才、高深学问、专门性是三个要点。教育性是初等教育、中等教育皆有,所以决定高等教育内涵的(或种差)是学术性、专门性。中小学学习的是普通知识,亦属广义的学术只术是一般不以学术相称,中小学教育涉及知识是非专门性的。

钦文认为知识划分为"普通知识"和"高深知识",每一个历史阶段对高深知识的理解都有所不同,如中世纪以前可以将哲学知识看作高深知识,十九世纪以后高深知识则是非规则且无法定义的,需人的才智去把握。同样,古希腊,paideia被看作普通知识,哲学被看作高深知识,比如音乐、体操、算术、几何、代数、天文学、声学只是辩证法学习的预备性学科。总之,所有学习科目中都存在基础和高深的差别。

林杰、苏永建认为高深知识是一个抽象的概念,它必须以具体的学科、专业以及课程为载体;高深知识又是一个社会性的概念,它会随着社会发展而不断细化与分化。高深知识与一般知识的区别就在于高深知识的不确定性,其对知识的态度更多的是带有质疑、批判、探究等特质。

吴洪富认为高深知识并非一成不变,它是一个社会性的概念,人类知识发生了两次转型,即从前现代社会的"形而上学知识型"到现代社会的"科学知识型",如今正经历从"科学知识型"到"文化知识型"的转变。形而上学型知识是有关实在本体或神的知识,科学型知识是试图揭示客观事物本质的实证性知识;文化型知识则是具有很强的主体性和不确定性的知识。不同历史时期的知识类型在大学中分别表现为普遍知识与自由知识,资本知识和协商知识。

其次,从现代知识分类解读高深知识,从知识角度进一步追问高深知识的内涵,了解高深知识的首要是了解什么是知识。

什么是知识?知识是人对事物属性与联系的能动反映,是人脑对事物外部属性或本质属性与规律的反应,是通过人与客观事物的相互作用而形成的。知识是人类认识的成果的结晶。知识通常以概念、判断、推理、假说、预见等思维形式和范畴体系表现自身的存在。是在后天的社会实践中形成的,是对现实的真实或歪曲的反映。"人所获得的知识,最初具有外在性,它作为信息储存于人的大脑,它的进一步内化尚需体会、体认、体悟和体验,尚需要经过情与意的进一步作用,才融化为人自身的东西,成为素质的一部分"。

关于知识的分类,从不同的角度有不同的划分:人类的知识多种多样,知识的类型划分不同,比如从是否通过语言符号的方式加以表述角度,划分为显性知识和缄默知识;根据地域特征划分为"东方知识"与"西方知识";根据知识的发展阶段划分为"宗教知识""形而上学"与"实证知识";根据人类知识的组织形式和社会性质,划分为"拯救的知识""文化的知识""实践的知识",以及直接、间接、经验知识、理性知识、程序性与陈述性等

总结知识的各种分类,笔者认为,纳入教材中的知识可以分为经验性知识、陈述性知

识、可证性知识、程序性知识和价值性知识。

因为人脑与事物交互作用的过程中，由于认识能力的高低，生成经验性知识，感性初级阶段的知识；陈述性知识，理性阶段认识知识，以及可证性知识，更科学实证性的知识，及其在陈述性知识基础上的程序性知识以及情感参与的价值性知识等。

（1）经验性知识也称现象、事实，直接知识，是其他所有知识的来源，包括人们凭借五官，如视、听、触、味、嗅而获得的个人经验知识或者集体经验知识。

（2）陈述性知识指揭示和解释事物本质和本质联系的知识，包括概念以及原理，概念具有内涵与外延；原理包括定律、定理、公理、规律、真理等。

（3）可证性知识指有可能被证实或被证伪的知识。凭借科学方法提炼概括而获得的概念、定理，理论知识，也称为科学知识。

（4）程序性知识主要指行为和操作性的知识。所有知识最后都应该转化为方法行为类知识，才能彰显出其应用价值。

（5）价值性知识指在上述各种知识获得过程中同时获得的对对象的情感体验、态度亲疏、选择倾向与尺度。概念和原理是知识的基本形式和载体，方法、情感、态度、价值观都将凝结为概念和原理而得以集中，得以明确表达。例如，道德、邪恶、美、丑等，呈现形式仍然是事实、概念、原理、方法，不过明显带有倾向性而已。

除此之外，知识若按照对象分，可以分为自然知识、人文知识（人文科学是研究人类的信仰、情感、道德和美感等的各门科学的总称，包括语言学、文学、哲学、考古学、艺术史、艺术理论等，其相关知识便是人文知识）、社会知识。根据这种分类，大学设置了自然学科、社会学科、人文学科。这种分类考虑了知识对象的不同，又考虑了获取知识方法的不同，比较合理地反映了人类知识的总体结构。

从上述五类知识的分类中，可以看出知识是有层次的，推断高深知识之所以高，是人类理性加工的成果，因为人的认识是由直观到抽象思维，感性到理性过程，感觉、知觉、印象，是直观与感性认识阶段，而概念、判断、推理、属于抽象思维及理性认识阶段。同时，人们必须先具有关于某事物的概念，才能做出关于某事物的判断、推理与论证。

因而高深知识，从人类的认识角度把握，应该是理性、抽象的概念、判断、推理，也就是陈述性的知识，指揭示和解释事物本质和本质联系的知识，是科学必需的知识形式，包括概念和原理。概念和原理是知识的基本形式和载体，方法、情感、态度、价值观都将凝结为概念和原理而得以集中，得以明确表达。

概念是反映事物的特有属性（固有属性和本质属性）的思维形态。认识是不断发展的，概念也是不断发展的。对于某类事物，人们开始总是认识到它的外部特征，总是认识到某些派生的特有属性，也就是固有属性；这时，只是一个初步概念，但在长期丰富实践的基础上，人们逐渐认识到某类事物的内在本质，逐渐认识到某类事物的决定性的特有属性，这时才是深刻的概念。

概念有两个重要的方面，即内涵与外延。概念的内涵，就是概念反映的事物的特有属性。概念的外延，就是具有概念反映的特有属性的事物。另外，概念之间的关系，有全同关系、上属关系、下属关系、交叉关系、全异关系等。

所有的学科发展到高级阶段，都是位于学科顶端的高级概念和原理体系，所以最顶层的概念就是学科概念。因此，用现代知识探讨高深知识，高深知识就是这门成熟的学科的最高层次的概念，它占据了整个学科知识体系中的最高位置，同时具有深刻的内涵。

总之，高深知识比较的对象不同，就有不同的理解；如果是学科内部的所有知识进行对比，那就会发现，现象是一般知识，而概念是高深知识；而概念之间进行比较，就会发现学科概念是所有概念中的高深知识；如果是学科与学科之间比较，就会发现，历史上对高深知识理解不同，比如经历了哲学是高深知识、科学是高深知识等阶段。

3. 高深美的知识含义

按照上述理解，高深美的知识就是学科领域中最高级的学科知识，那就是美的哲学、美的本质与规律性的知识，所以高校美育课程理应教授高深美的知识，这是其与基础教育不同的特点。

（二）高校美育课程内容补充：基本知识（特征与分类）

布鲁贝克所著的《高等教育哲学》一书中谈到，高等教育与中等、初等教育的主要差别在于教材的不同，所以高校美育应该传授高深美的知识，因而与基础教育阶段的美育有所区别。但是，实际上，通过调查，大学生并不了解基础美的知识，而他们在中小学阶段也少有系统接触审美知识系统的训练，所以高校美育课程的内容还需补足基本美的知识，也就是美的特征与分类方面的知识。如按照存在的领域的不同分类，美可以分为自然美、社会美、艺术美和科学美，根据美的外部特征可以抽取出所有美的事物的形式，也就是形式美。自然美、社会美、艺术美和科学美的知识是美的基础知识，这部分知识普适于幼儿园与小学，而形式美的知识要抽象一些，普适于初中阶段，同时也需要了解美的各种分类；而按照美的风格分类，又可以分为优美、壮美、悲剧、喜剧风格，这部分美的知识处于整个知识体系中间位置，普适于高中阶段；而美的哲学，也就是美的本质以及美的规律性知识则属于高深知识，普适于大学阶段，而美的理论以及方法性知识也是大学阶段应该了解的（见表5-1）。

表5-1　高校美育课程知识系统

备注	美的知识类型	具体知识要素
补充基础教育阶段美育知识	美的方法性知识	审美生理、心理结构及运作原理
	美的基础知识	自然美：自然物质、动物、职务、人类、地理、宇宙……
		社会美：人美、人际关系、价值观、文化、人类活动（教育…）、职业……
		艺术美：文学、音乐、建筑、舞蹈、影视、戏剧、民族艺术、民间艺术、场馆审美……
		科学美：要素、部分、结构、符号、思维逻辑、科学方法、科学美感……
		形式美：形象、色彩、形状、声音、味道、气味、动态……
补充基础教育阶段美育知识	美的中段知识	优美：漂亮、清晰、秀丽、秀气、优雅、温馨、安静、宁静……
		壮美：宏伟、宏达、险峻、崎岖、陡峭、狂放、包容、伟大……
		悲剧：怜悯、悲伤、悲惨、悲壮、肃穆、净化、升华、洗礼……
		喜剧：滑稽、讽刺、幽默、乐观……
高校美育特点	美的高深知识	美的本质与规律：和谐、整一、对称、均衡、比例、对比、运动、节奏、变异、多样统一

（三）高校美育课程目标与内容的关系

在选择课程内容的时候，应该注重与高校美育课程目标的对应。比如用艺术美去开发人的审美素养中的审美感觉、知觉目标的时候，所运用的艺术形式是大不相同的。

例如，丰子恺就曾经将艺术的感知类型进行了分类，艺术在对应视觉感官的时候，是有主有副的。绘画是在平面上表现的，建筑雕塑是在立体中表现的；绘画涉及人们的视觉，而雕塑不仅涉及人的视觉，又间接用到了触觉（不是真的用手触摸，而是触觉参加在视觉中），建筑则除涉及视觉以外，还涉及触觉、运动感觉（触觉和运动感觉参加在视觉中）等。

因此，教师在选择美育课程内容的时候，应该思考这种美的内容到底能够开发学生的哪些审美能力，比如应该了解形式美的事物更适合开发学生的感官，使学生的感知更为敏锐；而社会美的内容内涵更为丰富，能够提升人文素养；而科学美，通过了解科学公式以及科学创造背景，能够让学生在科学美的体验中更多地思考科学世界的奥秘与真理，科学与艺术的关系。而音乐则可以用来陶冶与激发人的各种情感，塑造身心协调发展的人，且在内容选取方面尽量选择美的、和谐的事物。

第二节　新时代高校美育课程开发的方法与原则

一、高校美育课程建设的基本方法

虽然我国的美育教育已经凭借多年的实践经验，总结出了一套较为成体系的教学方式，但还是在某些方面显示出了一些不足。比如教学形式比较单一；教学内容更加注重知识的传递，而并不注重实践运用；在知识的教育过程中，教育者与被教育者都比较浮躁，有一种急功近利的心态。这表现在当今的教育过程中，就是家长只追求孩子们的学业成绩，而不注重孩子们的全面综合发展，导致孩子出现人格不良的情况。针对美育教育的定位，以及目前高校在美育教育当中存在的问题，应将美育教育向以美成人的方向发展，通过实践、知识、环境、情感以及自我教育这几个方面共同作用，打造出更符合现代教育理念的美育教育。

（一）美育的知识传授法

高校美育课程的实施主张采取多种适合美育的教学方式，如自主学习、小组讨论、课堂讲授、审美鉴赏，以及理论与实践相结合的模式。注重试听结合的教学手段，积极运用网络教学方式。注重教学过程的形象生动以及情感特征，倡导启发式、引导式、跨学科等教学方式。

1. 视点结构教学法

因为美存在于各个领域之中，因此，在审美教学中，可以借鉴审美视点结构教学方式方法。赵伶俐、汪宏认为："综合美育课，它是一切学科领域或现象领域所蕴含的有机综合与交融，它是要让学生在美的高度概况性和代表性之下，按照一种特殊逻辑把世界重新组建成一个丰富、生动而又完善的整体。通过一点及多的方法，使学生掌握审美的内涵及其逻辑方法，从而形成一种抓住一点便能把握一连串、一个面、一个整体的能力。这些'点'称为'审美视点'。"视点结构教学法也称为审美化教学模式（见图5-1）。

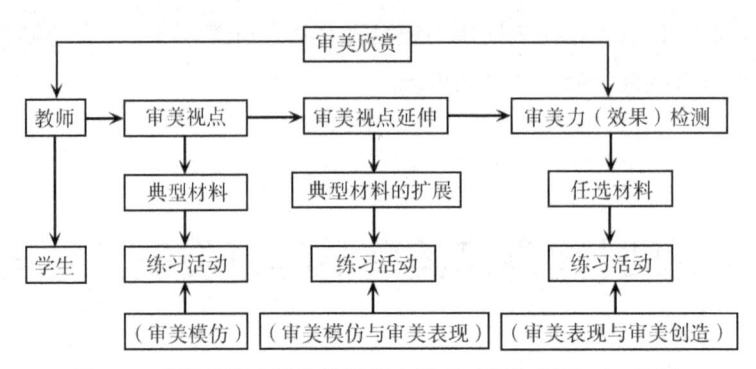

图 5-1　审美化视点结构教学基本模式（英文缩写：A—TVS）

除此之外，还衍生出各学科通用的审美化视点结构教学模式，如图 5-2 所示。

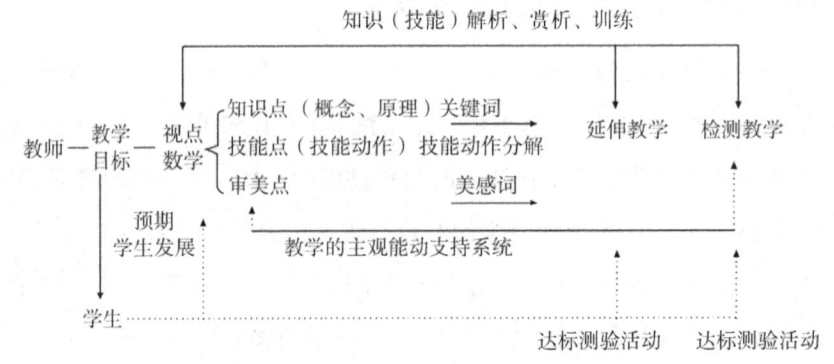

图 5-2　各学科通用的审美化视点结构教学模式

2. 多元教学法

高校美育教学可以采用多元化的教学方式。由于美的事物的形象性、情感性等特质，以及人文学科的多重阐释，教师可以采取多种多样的教学方法，如情感教学法、愉快教学法、讨论互动法、启发式或者引导式，并充分利用网络在线方法、移动教学法，互动式、对话式教育策略，产生互动体验，使学生在相互交流中产生思想碰撞。多元教学法注重新媒体时代艺术教育过程中师生关系日益平等、多元、协同的特质，也注重采用游戏教学法搭建自我激励的艺术创作课程的学习环境。

3. 其他方法

除了课堂教学方式以外，也有其他传授知识的方式，比如学习宣传法和知识讲授法。学习宣传法，就是通过各种舆论和传媒的方式，将美学知识传递给学生，通过给一些学生们创造专题讲座，让一些知名的专家为学生们传达美的思想，且在讲座中引发学生的思考与讨论。这种教学方法的覆盖面广，具有很强的影响力，同时系统性的教学不但能够影响学生，而且能够为学生们创造一个良好的环境，让学生们自主地参与到学习中去。除此之外，知识讲授法也是一种常用的方法，通过教育者口头向学生传递美学相关理论知识，这种方法十分常见。运用知识讲授法的过程当中需要注意：教育者传递的教学内容需要十分准确的；对知识的讲解要系统全面，且具有科学性；在传授理论知识的同时，也需要注重结合实践，通过循序渐进的启发和引导，让学生们有层次地学习，而不是一概地灌输。

除此之外，知识传授还有一些特征，首先具有直接性，在教育者教学过程当中，受教育者首先是能够接受教育的，且教育者与受教育者两方在教学之前都需要明确教育的开展，这样才能有效实现教育目标；其次具有系统性，教育者实行审美教育是一个长期的过程，受教育群体需要在相对固定的时间、地点接受教育，这就需要教育者对教育内容有步骤、有目的、有计划地展开，根据受教育者接受能力的阶段进行不同时期的教育；最后，具有易普及性，一般来说，知识传授只需要有一两名专业的教育者，就足够对数百名受教育者进行教学活动了，覆盖面积十分广阔。

教师在课堂上传授美育教育，不仅仅要将传统的理论知识传授给学生，同时还要引导学生们探索审美的起源和本质，正确看待审美的价值和规律，掌握创造美的基本方法。在日常学习生活当中，学生们也需要亲自感受和创造人与自然的美，并且学会有意识的自我鉴别，对美产生正确的评价。例如，"社会美"就可以让学生们主动地与自己对照，找出差距与完善的目标，让学生处在一个合适的定位中重新审视自我并完善自我。美的认知需要感性多于理性，所以美与丑不一定有明确的界限。在理性上让学生们认识到美的规律与本质，并通过一些艺术常识，提高学生们的审美能力，让学生们在学习了一些理论知识之后能够实践运用到生活与学习当中并提升自己的审美能力，助力学生人格的全方位发展。

（二）美育的实践体验法

实践方法在美育教育教学当中表现在高校组织的各种审美实践活动中，审美实践活动是能够提升审美能力的最基本的方式之一，也是一个改变客观世界，从而影响主观精神世界的过程。实践活动分为劳动实践、校园活动以及参观访问等。

在实践活动过程中，学生们通过亲身经历逐渐形成美的认知，在潜移默化的体验过程中提升创造美和审美能力。亲身实践能够从思想意识、感官体验、情感等层面认识到有价值与意义的事件，形成独特的美的认知，让身心得到和谐发展。如此一来，学生的体验能够超越理性，让人感知到生命当中的情调和生命力，在精神上让人得到满足。

以美成人的时间体验能够让学生在体验过程中感受到心理上的变化，实践需要亲身体验，能记录学生们的心路历程，体验需要通过行动与意识互相统一结合产生综合的反应，实践之后的感受和体验能够通过人的内化与主体化，成为精神的养料。

以美成人理念当中，实践体验是一种十分重要的教育方式。学生们通过实践活动可以在审美上应用掌握的理论知识，同时也可以在实践中获得新的感受和体验，这可以从客观和主观两个层面增强美育理论的成果，让审美达到新的高度。

美育实践的过程当中需要注意遵循一些原则，如建立一个有效的机制，让实践与认知这两个层面能够更灵活地互相配合，从而形成一种长效的机制。大学生的审美过程是有波动性的，通过一次实践活动，不可能立即提升学生们的审美能力，所以应该通过这种长效机制为大学生们创造更多的实践体验活动，再根据新的问题和形式灵活地转变活动形式，逐步提高审美和创造能力。同时也要通过引导加强实践体验活动的效果。如果仅仅让学生在形式上参与体验活动，这就容易流于表面，而没有达到实际的教育效果。可以提前制订体验计划，根据审美现状，制订相对应的体验方式，再比如需要记录和观察学生体验过程中的感受，可以通过提供一些理论知识和参考对象，让学生们在思想和情感上产生共鸣，在体验活动中达到审美教育的目的。

（三）美育的环境熏陶法

环境熏陶法是指通过美的事物和美的文化，形成一个美的环境，在受教育者没有意识的前提下，潜移默化地让他们感受到美的熏陶，逐渐形成美的意识形态。

大学生们正处于一个思想活跃的阶段，他们身上有许多可以开发的潜质，比如诗人的品格、容易被激发起的情感以及浪漫主义气息。同时，他们又有一定的文化知识基础，如果在他们的生活环境中创造美的事物，让美与他们的生活紧密关联，就能够让他们在熟悉的生活中不断地被美熏陶和感染，让美育教育事半功倍。大学生生活在校园中，如果学校能够具有良好的人文气息和审美精神，对大学生的审美教育就十分有利。由此可见，以美成人的美育教育想要得到更好的教育效果，校园是一个重要的载体。

大学生的素质教育和健康成长离不开良好的校园环境。良好的校园环境能够让学生们感受到身心愉悦，同时也能够潜移默化地提升他们的审美格调，这种环境熏陶具有强大的教育力量。校园环境包括校园绿化、配套设施、建筑等方面。比如，建立一个绿树婆娑的校园环境，与校园文化相适应的建筑构造、干净整洁的空间等，都是能够让学生们体验和感受校园文化的方式。

同时，校园文化活动也能够为学生增强审美教育的心理体验。校园组织的各种活动，比如演讲、社团、兴趣小组、读书会等方面活动，都可以让学生们感受到美的感染力，从而震撼到他们的心灵，陶冶他们的情操并逐渐增强他们对真善美的理解。学校可以通过一种民主的管理制度，建立良好的校风和和谐的人际关系，再通过丰富多彩的校园文化活动打造良好的校园文化氛围，让学生们在良好的环境中健康成长，潜移默化地在思想和行动上受到校园文化的熏陶，建立起完善的人格，实现全面综合发展。

环境熏陶也需要注意两个方面：一是在形式上要举办一些具有感染力和吸引力的活动，让学生们产生共鸣，这样喜闻乐见的形式才能够达到教育的目的。二是也要注重学生的主体性，不但要通过正确的鼓励引导让他们主动参与各类文化活动，同时也要让他们主动创作，让他们在活动中感受到美的力量。

（四）美育的情感共鸣法

情感共鸣法指教师在美育教育的过程当中需要把自己的情感融入课堂之中，从而让学生产生情感的共鸣。这是一种通过教师的能力传授知识，提高学生的觉悟能力，让学生们逐渐养成完善的人格的教育方法，这种方式非常注重对受教育对象的情感激发，美育教育就是一个把客观对象逐渐内化为情感的过程，所以情感的熏陶和调动是十分重要的。

找到与学生情感共鸣的方式就需要坚持情理交融的原则。教育者在审美教育过程当中，需要通过激发人们的美好情操和积极进取的情感以达到审美教育目标。这种情感是积极向上的，而不是庸俗的。注重学生们的精神进步，启发他们的理性思考，有助于他们树立正确的人生观、世界观、价值观。

因为大学生在参加审美活动时，具有一定的情感性，所以在培育过程当中，一定要注意情感的教育。教学手段、过程、氛围、语言，这四个方面都可以注重情感因素的设置，通过设立一个愉悦的教育环境，让学生们在温馨愉快的气氛当中学习和提升审美能力；在教学过程当中，让学生们独立主动地参与到教学中，有意识地让学生感受美和接受美；教学语言上，可以用生动形象的语言，让学生们感受到情感，通过语言的艺术，让学生们接受美的知识，提升美的能力；在教学手段上，可以采用多样化的手段，提升学生的学习兴趣，比如设置辩论、竞赛、参观等活动，让学生们产生浓厚的兴趣，积极主动地参与到教学过程中，以此产生良好的教学效果。

二、高校公共美育课程开发的原则

高校公共美育课程作为美育教学中的一门课程，应当遵从审美教育课程内容选择和组织的原则。第一，要有助于高校公共审美教育课程目标的达成，根据目标进行选择。第二，高校公共审美教育课程内容要以美学理论为基础，美学是高校公共美育内容的基础。第三，理论知识与审美实践相结合的课程内容组织形式。第四，艺术作为审美的主要对象，是高校公共审美教育课程内容的主体。第五，发挥地域文化和优势学科的优势。第六，注重审美教育课程内容的综合性。第七，从学生和教师的角度出发，课程内容要符合学生兴趣和认知水平，要基于教师的专业水平。

（一）目标性原则

课程内容是为实现课程目标而存在的，课程内容的选择要依据课程目标进行。因此，有必要先分析和梳理高校公共审美教育课程的目标，以便选择适宜作为高校公共审美教育课程的内容。高校公共审美教育课程目标是根据高校公共美育目的制定，是高校公共美育目的的具体化。在《关于全面加强和改进学校美育工作的意见》中，阐述了各阶段审美教育课程目标，其中指出："普通高校公共审美教育课程要依托本校相关学科优势和当地教育资源优势，拓展教育教学内容和形式，引导学生完善人格修养，强化学生的文化主体意识和文化创新意识，增强学生传承弘扬中华优秀文化艺术的责任感和使命感。"可见，高校公共审美教育课程的目标在于传授基本的美学与美育知识，提高审美能力，树立正确的审美观，实现感性世界与理性世界的和谐，最终实现人格的完善。同时要结合学科优势和地方教育资源优势，丰富教学内容和形式，强调传统文化的传承。高校公共审美教育课程内容的选择必然围绕这一目标。

（二）以美学为基础原则

各种教育都有自己要实现的教育目标，各方面教育目标的达成，才能真正促进学生的全面发展。美育目标的实现，也是全面发展的重要组成部分。美育自身应具备的目标是提高学生发现美、感受美、鉴赏美、创造美的能力，使学生的感性世界得以发展。美学理论知识的学习对学生树立正确的审美观、审美能力的提高和感性世界的发展起到了重要作用。首先，美学基础知识的学习，对人的审美活动具有指导意义。从认识论和学习心理的角度看，只有在理解事物是什么的前提下，才能进一步认识事物。因此，只有在认识了什么是美，什么事物才算是美，美的事物有哪些等一系列问题的前提下，才能使学生形成正确的审美观。美学常识的缺乏会导致审美的偏差，造成以丑为美、以怪为美的错误审美观。在社会中经常会看到奇装异服、发型怪异的人，这就是审美观念出现了偏差，没有形成正确的审美标准。其次，了解美的本质有助于学生自身审美观的形成。美学研究的对象是美、审美对象、审美主体，以及审美主体与审美对象的关系。其中美学对美的探讨由来已久，美的本质一直是美学研究的主要课题。但决定事物美丑的往往取决于审美主体的主观感受。因而与其他科学不同的是，还没有人能够准确定义什么是美这一概念。

虽然至今仍无定论，而且可能永远也没有统一的说法。但是从古至今，学者们对美的认识都具有其合理性，了解这些不同的观点也可以让学生从不同的角度认识美，最终形成自己对美的认识。最后，美学源于哲学，是哲学的一个分支。美学是从理论的高度，思辨地研究美、美感和艺术。因此，经过美学理论的学习，有助于在实践中学会以批判的角度看待问题。

美学知识的学习有助于人发现美、鉴赏美和创造美等能力的发展。首先，认识美的形态，有助于提高人发现美的能力。美学的基础知识包括了对美的形态的认识。美的形态包括了自然美、艺术美、社会美和科技美等，了解这些美的形态，可以使人对美的事物的范围有更加清晰的认识，拓宽人对美的事物范围的界定。可以说美存在于生活中的各个方面，它无处不在，对于美的这种认识，有助于人们发现生活中美好的事物，提高人发现美的能力。其次，美学理论的学习，有助于提高对美的鉴赏能力。在鉴赏美的互动中，不仅包括了对美的欣赏，还要对其进行品鉴，也就是对其进行批判，进而形成自己对事物美的认识。美学理论是对美的事物存在的美的规律的研究，它是评判事物是否为美的标准。美学理论可以为批判提供理论依据和专业语汇，提高人鉴赏美的能力。最后，美学理论的学习有助于创造美的能力的发展。人的生活就是不断创造，科技的创造、知识的创造、文化的创造，正是创造使社会不断地进步。马克思曾指出，动物只是按照它所属的那个种的尺度和需要建造，而人却懂得按照任何一个种的尺度进行生产，并且懂得怎样处处把内在的尺度运用到对象上去，因此，人也按照美的规律建造，不仅创造事物，还不断创造自己，学着塑造自身的形象美和内在美，不断地完善自己。而美学理论的学习，有助于人们把握美的规律，提高人创造美的能力。

美学理论的学习可以使人格更加完善。在诸多美学的理论中，移情说占据着重要地位。移情是审美过程中的一种审美现象，是审美对象与审美主体间的交互作用，是在审美活动中使审美主体对审美对象产生的一种拟人化感受。移情说的代表人物是德国心理学家、哲学家、美学家里普斯，移情理论是在他的《空间美学》一书中被提出。书中通过事物与主体间的相互融合，从而产生审美的共鸣。移情可以使人们更加理解审美对象，并对其施以情感的倾注。人际交往中也经常会出现类似的现象，这种现象称为同理心。同理心是我们作为人最基本的道德体现，也是完善的人格所不能缺少的部分。人在面对他人时通过换位思考的方式，加深对他人行为的理解和同情，从而使人产生有助于他人的想法和行为。人通过美学理论的学习，在潜移默化中运用美学理论，就起到了丰富人的情感，发展人的感性世界的作用，从而有助于道德修养的提高和人格的完善。

（三）理论与实践相结合原则

教育是一种教师的教与学生的学相结合的实践活动，强调实践意义。在课堂教学中多将学习分为两种，一种是理论知识的学习，另一种是实践活动的实施。这两种学习的主体都是学生，但教师在其中的地位有所不同。在理论知识的学习中，教师是主导地位，学生多是被动接受的状态。

在实践的过程中，教师只是辅助的作用，在学生困惑和犯错时给予指导。学生是实践活动的主体，通过自己的练习和感受巩固已学到的理论知识。这是学习必不可少的一部分，因为只是通过教师的讲授无法达到好的教学效果，只有通过实践活动才能实现对新知识的理解与巩固。理论知识的学习与实践活动的进行之间并不是单一的指向性关系，而是一种循环的状态，理论知识是实践活动进行的基础，实践活动是对理论的进一步验证，通过实践得出的结论可以进一步丰富理论知识，这是一个循环往复的过程。因此，在课堂教学中理论知识和实践活动缺一不可。

美育又可称为审美教育，目的是培养人的审美能力，促进情感世界的发展。审美本身是一种实践活动，美育作为一种审美教育，审美实践必然是审美教育课程中最重要的一部分。感受美、发现美、鉴赏美和创造美的能力的培养，都需要通过欣赏大量美的事物才能实现。审美实践活动主要包括了对事物的鉴赏和审美创造，审美鉴赏需要欣赏者不仅欣赏审美对象，还需要做出评判，审美创造则需要人们发挥创造力，在已有经验的基础上萌生新的想法或产生新的事物。鉴赏和创造事物都需要建立在一定的理论基础之上。理论是对事物产生和发展规律的总结，只有掌握了事物为美的标准，才能对其进行审美判断。同时，审美实践也是对理论知识的进一步验证，通过实践能够加深学生对理论知识的理解。在组织美育内容时要考虑到理论与实践相融合，在以往的美育教材中往往将美育的理论和实践部分分别设置不同的章节，学生先进行理论的学习，再进行实践的训练，这种将理论与实践相分割的内容组织形式违背了边学边练的基本学习节奏，导致学生不能灵活掌握和运用理论知识，实践活动也无法发挥其应有的效果，使得教学效果大打折扣。

（四）艺术是主体原则

美育主要是通过审美的活动以培养学生的审美能力。在艺术的诸多特性中，审美是艺术的根本属性。艺术是人的审美需求发展到一定程度的产物，与其他文化形式相比，只有艺术是根源于人的审美，艺术的审美价值是其所特有的，是其他任何文化产物都无法比拟的，艺术是遵循美的规律创造的产物。

艺术是美的产物，其必定具有审美的特性，也是用来满足人们审美需求的最好选择。彭吉象指出，艺术作为人类文化形态之一，之所以区别于哲学、宗教、道德、科学等其他文化形态，就是由于艺术始终把创造和实现审美价值以满足人的审美需要，作为自己最主要和最基本的功能。艺术本身就具备美的特征，对艺术的欣赏就是审美的过程。虽然审美的途径多种多样，但艺术欣赏是审美的主要形式。艺术欣赏的对象是艺术作品，是由艺术家创作而来。艺术品是美的物化形态，是美的集中体现，是美的结晶。对艺术品的欣赏、创作等一系列艺术实践活动，是提高审美能力的最直接的方式。艺术是抒发情感、丰富感性世界的最好形式。艺术的本质就是个人幻想的感性显现，是个人欲望、情感的变相满足，是自我被压抑的各种能量和欲望的升华，是人类的一种自我实现的方式。我们之所以说任何人都是艺术家，就是因为任何人都有自己的幻想——白日梦。高校学生经历了长期的理性思维的训练，一切的活动都是为能在高考中取得好成绩。在枯燥反复的学习中，教学与学习的方式都有固定模式。学生的思维被禁锢，理性思维占据着主导地位。除此之外，高考需要学生付出很大的精力，在学习中，很少有时间娱乐放松，压抑的情感无法得到释放。在这种情况下，学生进入高校后，往往会出现过度放纵或持续紧张的状况，需要适当引导。高校学习环境放松，学生自由学习的时间较多，学校需要培养学生一些健康的兴趣，避免学生沉迷于低级趣味的事物。艺术知识的学习和艺术作品的鉴赏，有助于学生开阔视野，也有助于学生树立正确的审美观，培养健康的兴趣爱好。

孔子对艺术在完善人格中所起到的作用，做出以下论述："兴于诗，发于礼，成于乐。"（《论语·泰伯》）。其中"乐教"就是指美育，孔子认为"乐由中出，礼自外作"（《乐记·乐论》），乐教是通过情感影响人，使人在潜移默化中受到影响。而礼教是通过强制性的规定约束人，因而乐教更有助于道德人格的养成。时至今日，美育也多是通过艺术课程的设置来实现。我国义务教育和高中教育阶段的美育多是通过开设音乐课、美术课来实现。美国自20世纪60年代起开设以艺术课程为基础的分科课程，作为审美教育课程设置的主要模式。由此可以看出，从古至今美育都存在于教育系统之中，而且艺术在美育中起到了重要作用。

（五）结合地域文化特色和优势学科原则

在选择课程内容时还要考虑到各个学校不同的情况。高等教育与其他教育阶段相比，具有更强的自主性。学校可以根据自身专业特点和地域特点建设课程。选择学校所处地域具有特色的文化，充分发挥地缘优势。地方特色文化资源丰富，发展成熟。如北京的京剧、四川的川剧、陕西的剪纸等，都是地方具有特色的文化形式。这些文化在地方上历史悠久，资源丰富，艺人众多，为教学提供了便利。这些具有艺术特色的传统文化，应该作为高校公共审美教育课程内容的一部分，促进高校公共美育的发展。

高校也要根据自身优势学科选择审美教育课程内容，充分利用师资、教学设备等优势资源。审美教育课程本身就是综合性较强的课程，高校可以将自己的优势学科与美育相融合，设置跨学科的审美教育课程，既有学校特色，又与学生专业课程相联系，使学生发现本专业领域的美，提高对所学专业的兴趣。在非综合性的大学里尤其如此，学校设置的专业大多是一个门类，如政法大学、财经大学、医学院等高校，更有必要结合学校自身学科优势有针对性地设置审美教育课程。

美育作为教育的一部分，应承担教育文化传承和传播的使命。地方高校应充分利用所处地区的特色文化资源，推动传统文化的传承和传播。除了以上提到的广为人知的地方传统文化，还有很多濒临消失的优秀传统文化，这些文化亟待挽救。高校具备传承和传播文化的功能，应充分利用这一优势，推动地方传统文化的发展。美育与其他教育形式相比，在传统文化传承上更具有优势。传统文化多是艺术形式的文化成果，艺术是审美教育课程的主要内容，在美育中占据着主要地位。道德教育、智力开发教育和体育分别是针对人的智能、道德和身体的教育，与专门进行审美教育的美育相比，传统文化在其中只能作为附属品。因此，高校公共美育具备传承和传播传统文化的优势，并应将传统文化作为其内容的一部分。

《关于全面加强和改进学校美育工作的意见》中，阐述了各阶段审美教育课程目标和设置，指出在高校公共审美教育课程目标上，普通高校公共审美教育课程要依托本校相关学科优势和当地教育资源优势，拓展教育教学内容和形式，引导学生完善人格修养，强化学生的文化主体意识和文化创新意识，增强学生传承弘扬中华优秀文化艺术的责任感和使命感。在高校公共审美教育课程设置上，各级各类学校要重视和加强艺术经典教育，根据自身优势和特点，开发具有民族、地域特色的地方和校本审美教育课程。国家颁布的纲领性文件中也明确指出，高校公共审美教育课程应该充分利用学科优势和地缘优势，拓展教育教学内容和形式。

（六）高校公共审美教育课程内容综合性原则

美育本身具有综合性的学科性质，是美学、教育学、心理学、社会学、人类学等多个学科相交叉的学科，有利于课程综合化的实现。高校公共审美教育课程作为面向全校学生开设的公共基础性课程，在高校公共审美教育课程内容的选择上也应该更加综合化，高校公共审美教育课程内容的综合性应体现在四个方面：第一，时间的综合。首先，高校肩负着创造知识的使命，只有随时更新教授的知识，使学生了解最新的动态，把握文化发展的趋势，才能更好地创新知识。高校教育同时是为学生进入社会的准备工作，要选择当今最新的内容，避免教授内容与社会实际相脱节，造成大学生无法适应社会生活。其次，若高校公共审美教育课程内容过于陈旧，会使美育与现实生活相脱节，无法激起学生的兴趣，也不能引起学生的共鸣。选择具有时代性的美育内容，有助于学生将学习到的知识与现实生活中的实践相联系，提高教学效果。最后，人类历史上创造了灿烂的文化成果，高校肩负着文化传承的使命。由于从人类出现至今留下的文化成果数量庞大，学校需要在其中选择最有价值的、经典的文化作为课程内容。学生的时间和精力都是很有限，因而更要有选择性地传授学生人类文明中的精华。第二，空间的综合。现今世界各国交流频繁，教育处在多元文化的背景之下，高校公共审美教育课程内容也不应该仅仅只限于传播中国文化，也要涉及对其他国家文化的了解，这样可以开拓学生的视野，加强他们对各国、各民族文化的理解，培养他们拥有国际化的视野。第三，学科的综合。首先，美育与相关学科知识的综合，如美学、教育学、心理学和社会学等学科知识的综合。其次，美育与其他学科相综合。跨学科审美教育课程的设置，有助于学生学习的迁移和不同知识之间的贯通，有助于学生从多个角度认识所学知识。第四，艺术理论知识的综合。艺术作为美育的主要内容，在学习时，应综合美学、艺术史、艺术批评等知识。

（七）主体性和主导性原则

教育教学的目标是促进学生的发展，学生是教学的主体。在课程内容选择时要考虑到学生的特点，才能有针对性地教学。首先，要了解学生现有的知识水平。初步了解高校学生现今所处的审美状态，以便查漏补缺选择适合学生需要的审美教学内容，有针对性地实施教学。其次，选择符合学生兴趣特点的内容。兴趣是最好的老师，在课堂教学中选择符合学生兴趣的内容，可以激发学生的参与性，提高课堂教学的主动性，从而提高教学效果。

教师在课堂教学中起主导作用，在课程内容选择时应考虑教师自身的特点。根据教师自身的专业特点，选择教师擅长的领域作为课程内容。高校中教师多数深入研究特定专业领域，根据教师的专业特点选择课程内容，也使教师更容易把握课堂教学，能够更加自如地教学。

第三节　新时代高校美育课程开发的载体与运行机制

一、高校美育课程的载体

"载体"一词最早出现于化学领域。随着科学综合化趋势的发展，"载体"的含义不断引申，扩大到社会科学领域，为众多学科使用。"载体"现通常被理解为承载知识和信息的物质形体。以美成人的美育的载体就是"能够承载和传递以美成人的美育的内容和信息的形式"。本节试图从基本载体、一般载体、特殊载体和复合式载体四个维度，深入剖析和论证以美成人的美育载体体系。

（一）基本载体：美育课程的课堂教学

基本载体就是以美成人的美育的最根本和最基础的载体。学校的主要教育活动是教学活动，课堂教学是主要的教学活动，因此，课堂教学是学校教育的主要形式，也是美育的根本途径和主要渠道。高校美育课程的课堂教学是在科学的教学理念、特定的教育目标、合理的课堂组织安排下开设的，高校美育课程是以美成人的美育的基本载体。

高校美育课程的课堂教学主要包括文学的课堂教学和艺术的课堂教学。文学课堂教学主要包括文学常识教育、文学作品欣赏等内容，使学生通过把握文学语言"意向"，接受文学艺术中的审美意识，进行审美的心理建构。文学属于语言艺术，它以语言为基础材料塑造具体可感知的审美形象，并以此反映社会生活和表现情感，它生动地描绘现实生活，形象地刻画具有代表性的人物，同时也更为自由地表达了人丰富而复杂的情感世界。它通过文字与语言，让人们运用自己的想象感知文学形象，认识到最真实的现实世界，感知人类最为美好的情感。文学的审美特征主要在于文学的情感性、形象的间接性、表现内容的丰富性等。文学作品能以美的、生动的形象感染学生，用美的语言激发学生，在善与美、情与理、言与行的体验中形成美的评价能力和创造。

艺术课堂主要包括音乐艺术、美术鉴赏、戏曲电影艺术等。《辞海》将艺术解释为"通过塑造形象具体地反映社会生活、表现作者思想感情的一种社会意识形态。艺术在本质上关注的是人的心灵"。高校的艺术教育主要是使受教育者具备基本艺术审美修养的教育。一般来说，艺术修养是在艺术审美实践中逐渐生成的，艺术修养不仅影响个体人格的发展与完善，而且它本身就是一种社会性的人格素质。音乐教育是艺术教育的一项核心内容，听音乐不仅能解除课程过重造成的疲劳，而且有助于学生理解和消化其他课程。因此，高校对大学生开展综合音乐素质训练教育，要根据学生音乐素质的实际基础，从简单的知识开始，逐步培养，把音乐史、音乐理论、音乐欣赏等与个人的音高感、节奏感、音色感、和声感及音乐的想象力、感受力和表现力等辩证统一起来，使学生真正感受到音乐艺术的"美"。开设音乐课可以指导学生在生活中扬美驱丑，美化心灵，使他们成为具有审美观念和高尚艺术修养的人。另外，美术是一条导向美的殿堂的通道，是学校美育的重要学科之一，各种有价值的美术作品，无论是形象地表现自然美景，还是典型地描绘社会生活、鲜明地刻画人物的性格，都可以使人们从形象和色调上感受美，体验到愉快或其他健康的情感，加深对生活的认识，激发对生活的热爱。

近年来，我国高校的美育工作取得了一定的进展，但是，由于美育课程起步较晚、重视程度不足等客观现实的存在，使得美育的实施与课堂教学仍然普遍存在着重理论轻实践、重知识传递轻感情体验等问题。一方面，目前国内基本上是沿用旧的美学课程体系，把美育当作一门知识，这就不可避免地会造成美育教学与审美实践的脱节，理论与实践难以形成一个统一体。另一方面，忽视了课堂教学过程中作为审美主体的学生对美的情感体验。美育不能离开感性形象，不能没有审美主体的情感体验，从理论到理论，从教科书到教科书的知性思维教育方式，实际上抹杀了美育对审美主体在情感、想象、创造等方面的独特作用，从而弱化了美育的人文学科地位和价值，使得美育的实效性大为逊色。综上所述，美育课程教学观念的不完善带来了教育目标、教育内容和形式等方面的问题，使美育很难彰显在学生人格养成中的地位和作用。以美成人的美育，应在课程设计和课堂教学方面从教育目标、教育内容和教育形式三个方面科学、合理地设置和构建。

1. 注重教育目标的全面性和层次性，确立以美成人的美育目标体系

从理论上考察，美育的目标可分解为相互联系、相互渗透的两个层次：表层是传递审美知识，提高人的审美感受能力和审美创造能力，培养与此相关的感知力、想象力、理解力等能力素质；深层是对人的精神世界的陶冶、对心理结构的重建，乃至塑造健全的人格，促进人的全面发展。美育目标任务的实现是一个由浅入深、由部分到整体的过程，培养学生的健全人格是美育的终极目标，也是美育课程的教育实质。美育不是造就熟练运用技能的艺术家，现代美育不能仅仅停留在表层的审美知识和审美能力的层面上，而应该让学生通过这些内容的学习拓展知识背景和思维空间，获得基础性的文化知识、价值观、认识论和方法论，使学生的知识范围和思维空间不至于仅仅局限于专业知识和方法论的层面，应使学生的人格获得宽厚的文化底蕴。美育是对整个人的教育，已发展成一种以各种美和各种艺术（内容）通过各种审美活动（中介）和美感体验（接受）的综合育人活动，是对人的整体性教育，关注人的整体素质的提高，既提高审美能力，陶冶道德情操，也开启心智之门。因此，美育课程是在追求真善美和谐统一上的人格教育，是在关注人的整体素质和个性自由全面发展上的素质教育。在教学中，要建立逐层深入的教学目标。从层次性讲，既要有浅层目标，更要有深层目标；既要有一般性的目标，又要有特殊性的目标；既要有远期性的课程目标，又要有近期性的课程目标。从全面性讲，不仅要包括知识性目标，还要包括行为的、情感的、认知的、结果的、体验的、表现的等目标。科学、合理的教学目标的确立有利于教育的有计划、有目的地开展和实施，不仅要传授审美领域的相关知识，更要注重引导学生进入艺术所营造的审美境界之中，体味灌注其中的浓郁的审美情

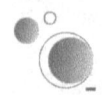

感，接受美的感染和陶冶，更要着力培养学生的人文精神，促使他们完善自身的个性结构，实现全面发展。

2. 注重教育内容的系统性和科学性，促进学生普适美与个性美的和谐统一

美既有相对共通的标准，同时也因个体的个性特点不同而呈现出不同的特点，因而对个体的美的教育，也要在普及共性美的标准的基础上，针对不同个体的审美接受机制和个性特点开展，教育帮助学生树立正确的个性发展观，促进学生普适美和个性美的和谐统一。

将系统性和科学性的原则落实在以美成人的人格养成为美育教育的内容设置上，就要建立系统的课程体系、教学计划，还要强调人格养成的指向性。首先，在课程内容的选择方面，教育的目标并非在于让学生获得专业性教育要达到的某个科目或领域类别的知识体系及结构化了的知识要求，而是在于让学生通过这些内容的学习拓展知识背景和思维空间，获得基础性的文化知识、价值观、认识论和方法论，使学生的智性思考获得独立性，唤醒学生的审美意识，提高学生的审美能力，使其人格获得宽厚的文化底蕴。其次，在教学内容的选择上，重在突出文学艺术门类课程。具体来讲，文学艺术课堂教学主要包括文学、音乐、美术等学科，理论知识主要包括文学和美学的基础理论、艺术理论、文学艺术史和其他相关的文学艺术常识，使学生通过基础理论的知识学习，能够了解文学、艺术中的美的原则和各类审美范畴，让学生懂得美的存在形态以及人类审美活动的过程。审美活动使学生进入一个属于个人的审美世界，并能够从中获得巨大的审美愉悦和享受。不进行具体的审美活动，是无法获得美的。而课堂活动就是审美活动的一个途径，学生在课堂的实践活动中，思维最为活跃，能够不再面对教学活动中由于知识程度上的差异而产生的师生交流障碍。课堂活动能够有效地打破单一的、平面的、封闭的教学体制，它涉及的是学生更为广泛的学习兴趣、情感体验以及观察能力、想象能力、创造能力和实践能力，这为审美教育开辟了广阔的前景。教育者应在教育的过程中，结合教育内容，培养学生的普适美的理念，引导学生树立科学的审美观，结合个人的性格特征，建立符合个人风格的个性美，在此基础上帮助学生增强自信，促进学生普适美与个性美的和谐统一，完善学生的审美人格。

3. 注重教育形式的互动性和多样性，激发学生的人格自我建构意识

人是能动的、自主的，具有主动选择和自我教育的能力。人的自我意识在自身人格发展中发挥着组织者、推动者的作用，影响并塑造着人格品质结构的其他成分和这些成分的相互关系，制约着个人行为。任何外界的教育影响都必须通过受教育者内在积极性的发挥才能起作用。充分调动受教育者的自主意识，激发其在课程教学过程中的自我建构、自主建设的积极性,既是美育功能发挥的保障,更是受教育者主体人格发展的核心要素。传统的美育课程以知识传授为主要形式,然而,枯燥、晦涩、抽象的讲解分析,不应属于美学课程,美育不仅需要美学理论的指导,还与教育学、艺术理论及实践紧密联系,它是一门将理论与实践结合在一起,以感性形象的方式作用于人的情感世界的课程。美学课程不同于一般的单纯欣赏,它要揭示美的规律,介绍美学知识,要达到一定的深度,且具有一定的理论性和系统性。美学课程也不同于一般的专业课程,它还要借助艺术作品的独特性启迪、感染学生,使课堂不仅成为传播知识的场所,还是陶冶心灵的圣地。

因此,高校的美育课程从形式上讲要充分具备互动性和多样性,吸引学生的注意力、激发学生的学习兴趣。一方面,要注重教育过程的互动性。教育的过程本身就是一个师生双方思想和情感的交流过程,美育教师应该创造一种人格平等、关系融洽、情理交融、生动活泼的教育氛围,进而充分调动学生的积极性、主动性和创造性,致力于启发学生展开丰富的想象,激发其审美创造力,提高学生对教学内容的理解能力。教师在教学过程中应帮助学生把握审美对象,从感染、欣赏、探索诸方面引导学生认识具体作品的艺术魅力,并在教学过程中给予学生恰当的激励、赏识、理解和帮助,努力创设一种和谐、愉快、民主的情景氛围,多给学生提问、回答的机会,注重讨论式和启发式的灵活化课堂教学,注重师生间的交流互动。另一方面,在授课的手段上,结合文学、艺术课堂的授课内容,充分发挥多媒体、网络的灵活性、丰富性、实时性等特点,运用多媒体技术,将音频、视频、图片等综合到课堂中,使教学中涉及的艺术作品直观、形象地呈现在学生面前,色美以感目,意美以感心,使学生仿佛置身于艺术殿堂,以此激发学生的学习兴趣,发挥学生的联想力与想象力,把它和审美的感性特征结合起来,突破现有审美教育偏向理论和知识的局限,有效地把审美的理论教育与学生的审美体验、审美素质的培养有机地结合,充分调动学生的积极性,提高学生的审美兴趣,促进学生的人格养成。

(二)一般载体:美的校园文化

一般载体是最普遍和最通常的载体。校园文化作为学校教育的重要组成部分,是以美育促进学生人格养成过程中的环境、氛围因素,是最普遍的教育载体。校园文化是指学校师生在教育、教学活动中创造和形成的精神财富、文化氛围以及承载这些精神财富、文化氛围的活动形式和物质形态。"文化熏陶是形成人们的性格和人格的最重要因素……文化是人的心理活动的客观基础,它与高级神经活动结合起来,形成人的心理的两根柱石。"校园文化作为一种特殊的意识形态和群体意识,它客观地存在、变化与发展,它通过特定的人文自然环境的熏陶、渗透和升华,将其长期培育和积淀的传统作风和学术气息等转化为环境中人们共同的观念追求、价值标准、行为规范,从而不断作用于校园文化主体,影响着校园中每一个人的价值观、情感、信仰以及人格的形成和发展。与此同时,校园文化作为一个大系统,本身是一个多层次、多侧面的复合型结构。从构成要素看,既有偏重于理性的,也有偏重于感性的;既有实用的,也有艺术的;既有动态的,也有静态的;既有观念性的,也有实践性的。这种构成要素的丰富性、多样性,能够对大学生产生美育的协同性作用,多渠道多侧面地影响他们的审美心理,全面地提高其审美感受力、审美鉴赏力、审美创造力等多种审美能力,进而促使其知、情、意等多种心理功能协调发展,最终塑造出健全完美的人格。

1. 建设情意化的校园物质文化载体

校园物质文化是校园文化建设的"硬件",优美的校园环境可以直接使学生受到美的感染。苏霍姆林斯基曾指出,学校的物质基础(环境等)是培养学生的观点、信念和良好习惯的有效手段。整洁、优雅、文明的校园物质文化在以美成人的学生人格养成过程中起到了氛围引导的作用,它会大大激发学生的求知欲和向上的生活态度,促进学生、教师的积极进取,提高学生、教师的审美能力,对学生的行为具有一定的约束力和导向性。

校园物质文化包括校园建筑、教学设施、学生活动场所、校园绿化、馆藏图书等。首先,是美观实用的校内建筑与景观建设。黑格尔曾认为,在建筑艺术中就发生了重要的变化,精神的东西作为内存的意义而分割,且获得了独立的表现,至于肉体的外壳则作为单纯的建筑的环绕物而放在精神的东西的周围。建筑本身就是一门艺术,特点在于它能够在满足使用要求的基础之上,通过巨大的空间形象,表现出特定时代和民族精神的风貌、思想情感和审美趣味。其次,是教学手段和科研条件建设。随着科技的飞速发展,教学手段和科研条件也在不断地产生变革,传统的教学方式和科研方法已对先进生产力迅猛发展时代的教学科研形成了制约和局限,教学手段和科研条件建设在学生的教育培养中尤其具有键作用和主导地位。学校通过校园网、电子图书馆、多媒体教室等数字化教学环境的建设,可以为广大教师和学生使用信息技术创造条件。此外,语言传播媒介在校园文化传播中大量运用,建设广播、电视、网络、报纸、杂志、橱窗、板报、明信片、贺卡、信封等校园文化传播媒介,也同样利于校园精神文化的传播、师生的交流以及学生之间的互通。

校园物质文化要想在学生人格养成的过程中发挥更加有效的作用,就要充分体现其情意化的特征。情感是主体对客体现实的一种特殊反映形式,是人对客观事物是否符合人的需要而产生的态度和体验,因而客观现实是情感产生的源泉。校园物质文化是校园里的人们情感和精神生活的创造性表现,任何人文景观都包含着特定的情感和思想信息。优雅的校园建筑与设施,应该是寓情于物,寓情于景,才能使人触景生情,随时随地受到美的感染。在大学校园物质文化的设计中，引导学生通过感受人文景观的经典艺术作品，体验作品中蕴含的丰富情感和思想，对丰富学生的精神世界、净化心灵、陶冶情操、培养积极乐观的生活态度等具有突出的作用。

2. 建设体验式的校园精神文化载体

高校教育除了知识的传播之外，极具特色的就是精神文化建设。校园精神文化是"隐性课程"，从育人方式上讲，它不像课堂教学那样有完整的教学计划和授课计划，也没有精确的分数可以评定优劣，它是一种精神，一种弥漫于校园内部各个角落的颇具个性与特色的氛围。美的校园精神文化能够使学生主动接受熏陶并在不知不觉中受到同化、影响和塑造，进而帮助大学生建立正确的世界观、人生观和价值观，并能够以正确的方法认识世界、观察社会、思考人生和探索未来。校园精神文化与美育的这种互动关系对提高大学生的思想道德、文化科学、职业素质和身心健康、人格素养等素质具有十分重要的作用。

校园精神文化不仅仅是一种观念形态，校园文化活动是校园精神文化建设的有效载体。将强烈的文化色彩、生硬的道德要求、精神品质融于各种活动之中，是校园精神文化的主要表现形式。活动具有很大的自发性和群众性，使学生在积极参与的过程中，获得知识和情感体验，如果学生不通过课内课外的精神文化活动自觉消化、印证、体悟、表达、实践课堂教育的取向，这种内化的结局可能是不完全的。因此，校园精神文化活动要想充分发挥其在学生人格养成过程中的催化作用，就要注重其体验性，让学生在体验中促进健康人格养成的自我修炼与自我实践。体验是一种发现、一种投入，在心理学的视野中，体验"是指被自然和艺术所感动，乃至入迷，把全身心都沉浸进去的心理过程。这是注入全人格的深刻的经验"。体验是主体亲历、体认、品位与验证的过程，它消融了学生知情意行的良性互动过程，对学生人格品德形成有着不可替代的作用。

在具体实施层面，一方面，要丰富校园文化活动。校园文化活动的建设是审美文化的重要组成部分，更是课堂教学之余的重要补充及实施美育的最重要手段和方法。学校应多组织开展文学艺术讲座和报告、文化艺术节等艺术活动，丰富学生的艺术文化生活，使学生有机会参与到更多的艺术鉴赏活动中。另一方面，要丰富审美实践活动。审美实践活动使学生进入一个属于个人的审美世界，并能够从中获得巨大的审美愉悦和享受。高校丰富的校园文化生活及相关的社会资源是学生审美实践的重要载体。高校的许多校园文化活动都具备形式新颖、内容丰富、格调高雅等特点，蕴含着丰富的美的因素，是很好的高校美育的载体。社会上的博物馆、艺术中心、旅游景点同样是美育的重要资源。

学校要多渠道、多途径地了解校园文化活动及社会的美育资源并时刻关注其最新动态，在此基础上，有意识、有目的地鼓励和指导学生利用课余时间，参加校园内形式多样的创造展、文艺演出等校园活动，鼓励他们对社会美、自然美和艺术美多方面、多层次地欣赏和实践，不断丰富经验，提高审美能力。

3. 建设人性化的校园制度文化载体

校园制度文化主要包括学校的管理制度、措施及行为规范等，具有精确性、权威性、稳定性和导向性的特点。校园制度文化对塑造学生健康人格的导向作用主要表现在两个方面：第一，制度文化规范学生健康人格的发展方向。众所周知，青少年正处于人格的形成与发展阶段，而此时青少年的人格具有极大的可塑性，很容易受一些不良的文化以及行为方式的影响和误导。而校园制度文化具有一定的权威性，即校园制度一经执行就必须坚决彻底，任何人都不得违背。这种权威性在很大程度上为校园活动提供了基本的框架，遏制了一些不良的思想、行为倾向的产生，保障了学生的思想行为朝学校、社会、家庭期望的方向发展，进而引导和规范了学生的人格发展方向。第二，制度文化建设对学生正确的价值观的培养以及判断是非标准的提高起到重要的推动作用。正确的价值观和独立准确地判断是非的能力是学生健康人格的应有之义。学校的制度文化是整个社会的政治的、经济的、法律的、道德的一系列制度文化的微缩，它是学生进行价值判断的一个重要的尺度。而这种完善的合理的制度体系为学生所内化，即可形成社会公认的价值体系。

校园制度文化是学校文化传统的历史积淀，一旦形成，具有相对的稳定性，它作为在校师生应遵循的共同行为准则，有着具体的规范性和约束力。改革开放以来，我国高校管理制度中计划经济时代遗留下来的，不利于培养现代化建设人才的一些内容已经做了卓有成效的改革，现在执行的一些规章制度有适应教育新发展、新要求的一面，但也还是存在许多亟待进一步修订的陈规旧律，以及生硬死板的管理制度与方法。教育教学制度的模式化和管理制度的僵硬化，不适应青年学生富有朝气和思维活跃的特点，抑制了个性的张扬和想象力、创造力的发挥，培养出来的是一批具有同样的知识结构、同样的思维方式，缺乏鲜明个性、循规蹈矩、没有创造力的人。长期处于消极抑制的状态，逐渐失去独立学习和思维的能力，从不能选择变为不会选择，从不敢质疑变为不会质疑，缺少想象力、创造力，逐渐褪去个性特点，人格中的个性特点被模式化。因此，必须彻底转变旧的教育观念和办学理念，树立起"以人为本"的基本教育思想，使人的本质特性得到完善和张扬，人的身心、智力、敏感性、审美意识、个人责任感、精神价值等方面都得到升华而获得全面发展。作为学校制度制定的标准和依据学校管理要实行民主管理、自主管理，有个人心舒畅的生动活泼的制度环境，促进广大师生形成良好的行为习惯、健康文明的生活方式，高尚的道德情操和积极向上的精神风貌。

综上所述，高校校园文化体系的建构要遵循美的规律，充分体现审美理想。校园建筑的布局、造型、风格，以及校园环境的美化、绿化在不忽视其实用功能的同时，以可感的宜人形式给学生以直观的美感，发挥其愉悦身心、陶冶情操、净化心灵、激励向上的作用；高校的管理者和教师通过示范、引导、启发等方法，对学生动之以情、晓之以美，为学生营造出宽松自由的教育氛围；用科学的管理手段和巨大的情感力量，影响和教育学生，促进其人格的健全和个性的充分发展。

（三）特殊载体：教师的言传身教

特殊载体是指在美育的过程中对学生的人格形成、完善起到相对特殊影响作用的教育载体。教师的言传身教是指拥有健康人格的教师，以其真才实学、真情实感和真知灼见等被学生认可和赞同的思想、道德、意志等内在品质，对学生产生的一种具有同化和影响作用的巨大吸引力，是教师的才、情、智、气质、能力、品质、语言等各方面感染力的综合，是教师的内在品质的外在表现。教师的言传身教对学生的人格培养起着至关重要的作用，是以美成人的学生人格养成的特殊载体。

教育是人与人心灵上最微妙的相互接触。乌申斯基认为，只有人格才能影响到人格的发展和规定。青年学生正处于世界观、人生观、价值观形成的关键时期，他们的身心发育具有复杂化、多向化的特点。教师作为他们学习与跟随的对象，其一言一行都对学生都有着不可忽视的影响力，甚至成为其模仿的样本。教师的世界观、品行、生活状况及对每一事物的态度，都这样或那样地影响着全体学生。可以说，教师的人格是一种影响学生的后天环境因素，对学生人格的发展起到一种长期的、潜移默化的作用。苏霍姆林斯基说："能力、志向、才干的培养问题，没有教师个性对学生个性的直接影响，是不可能实际解决的。"吴季松也认为，即使在知识经济时代，教师依然是教育的第一要素。创造性思维要通过与教师高素质的交流获得。因此，承担着"传道、授业、解惑"使命的教师，绝不仅仅是知识的传授者，更应该责无旁贷地以自己的言传身教影响、指导学生，成为学生的人生导师。对教师来说，观念更新、知识丰富、技巧高超、方法熟练，都无法取代他们具有审美价值取向的人格力量。

教育力源于受教育者的认同。因此，教师要不断加强自身修养，以精湛的专业素养、广博的学科背景、洋溢着审美价值取向的人格魅力，对学生的心灵产生震撼的力量，激发学生对理想的追求，对真、善、美的向往。正如孔子所说："其身正，不令而行；其身不正，虽令不从。"叶澜教授也指出，在当代，如果你的教育不能震撼学生的心灵，你就没有资格走上讲台！从古至今，一个好的教育者总是以他的博学强识获得学生的尊重，以他的人格魅力赢得学生的追随。现代教育家夏丏尊先生在谈到著名的教育家、艺术家李叔同时有感：李先生教图画和音乐，学生把图画和音乐看得比国文、数学更重要，这是以人格作背景的缘故。因为他教图画、音乐，而他所懂得的不仅仅是图画、音乐，他的诗文比国文先生的好，他的书法比习字先生的好，他的英文比英文先生的好，令人敬仰。可见，教师的人格魅力是一种特殊的教育力量，在培养学生的思想品德、行为习惯、美学修养、人格素质等方面，教师的言传身教起着至关重要的作用。历史上许多杰出人物在功成名就后，都念念不忘求学时代的老师，甚至是孩童时代的启蒙老师在他们成长过程中给予的指点和帮助，特别无比崇敬教师们高尚的人格散发出来的无穷魅力。因此，在教学实践中，要重视教师的重要作用，重视教师的人格力量的教育作用。

1. 良好的性格特征

性格是人格中的核心因素，是表现在人对现实的态度和行为方式的比较稳定的独特的心理特征的总和。性格类型是指在一类人身上所共有的性格特征的独特结合，一般从内倾—外倾和稳定—不稳定两个维度划分。如主动、善交际、开朗等属于外倾性格，相反，孤僻、沉思等则属于内倾性格；镇静、可信赖等属于稳定情绪，而心情易变、焦虑、易激动等属于不稳定情绪。通常，不同性格类型的教师在教育过程中要注意结合自身的性格特点，例如，外倾类型的教师宜采用说服教育法和实际锻炼法，内倾型的教师则更宜采用榜样示范法和情感陶冶法。总体而言，作为教师，其职业的特点往往要求教师具备稳定的情绪，以及热爱学生、勤于学习、亲切待人、诚实公正等性格品质。教师要在政治思想、个人品德、价值观念、行为习惯等方面，为学生树立榜样，要知行统一，只有以身作则，为人师表，学生才会有法可效。在具体的教育实践中，教师要做到：有良好的政治素养，能够坚持正确的政治方向，能够在社会发展的关键时期为学生保驾护航，能够具有较强的政治鉴别力和敏锐性；为人正直、正派的教师具有正确的世界观、人生观和价值观，他们能够用自己的浩然正气影响学生、感召学生。教师个人的示范，对青年学生的心灵而言是任何东西都不可能代替的最有用的阳光。

2. 和谐融洽的师生关系和较强的协调能力

和谐融洽的师生关系在教学过程中发挥着特殊、奇妙的作用，它有利于教师对教育教学的开展，它像一根彩带拉近了师生心灵的距离，使学生的学习动机由单纯的认知需要上升为情感需要，使教师的工作动机由职业需要上升为职责需要。因而，教师要以爱为本、对学生多一点尊重和信任，爱心是和谐师生关系的基础，尊重和信任则是沟通师生情感的桥梁。教师还要发扬民主，注重学生个性，多一点欣赏学生的眼光。此外，建立良好、融洽、和谐的师生关系也需要教师具有较强的协调和管理能力。具备良好师生关系和较强的协调能力的教师，在教育教学活动中表现为愿意与学生多交往、多沟通，与人相处多表现出真诚、尊重和信任的积极态度，能够得到学生的尊重、认可和接纳，有利于帮助学生形成健康的人格。和谐融洽的师生关系能够使学生和教师之间交流信息、联络感情、互相激励，从而形成合力。因此，教师不仅需要成为传授知识及技能的"名师"，更要与学生成为朋友，加强学术及感情交流，在治学、交际、待人处事等方面影响及引导学生。学校的管理人员也要树立育人意识，加强服务意识，充分尊重教师，充分尊重学生，加强沟通和了解，全方位构建校园和谐的人际关系，使学生在人际交往中充分体验美、感受美，营造学校朝气蓬勃、奋发向上的良好氛围，促进大学生身心健康。

3.良好的自我调控系统

自我调控系统是教师完美人格中不可缺少的部分，它表现在积极正确的自我认识、对他人的认识、良好的情感及其调控能力和坚韧不拔的意志力三个方面。能够正确自我认识的教师，能恰当地评价、接受自己和他人，能控制和掌握自己的命运。有同情心、有热情及其他良好情感的教师往往有良好的师生关系，他们在教育教学实践中，能够热情、真诚地对待学生，能够激发学生的创造精神；而具备良好的情绪调控能力的教师不仅能够及时合理地排解自己的消极情绪，也能掌握和控制学生的情绪、情感，为成功的教育创造健康的环境。有坚韧不拔的意志力的教师能够在繁琐的工作面前不退缩，也能够理智地保持对学生耐心、和谐的态度，并为学生树立良好的意志品质榜样。

此外，良好的创新意识、实践能力以及不断学习的能力，也是教师以人格魅力为基础的言传身教功能发挥的保障。作为培养社会主义建设者和接班人的教师，应当具有创新意识，体现在教学实践中不断改革教学方法，主动研究学生特点，启发学生思维，创造性地完成教学任务。同时，作为人才培养者的教师，要勇于接受新观念、新知识，主动向他人甚至是学生学习，不断充实提高自己，使自己具有广泛渊博的知识，用自身的学识吸引学生。

综上可知，教师的言传身教在教育教学过程和实践当中，对学生起到了一种特殊的潜在的影响，是学生既"无形"又"有形"的榜样。因此，教师的言传身教是大学生美育与人格素质教育的特殊的载体。

（四）复合式载体：网络平台和其他学科的美学渗透

复合式载体是指有机联系两个或是多个不同类型的美育载体并综合运用，达到和谐配合、优势互补，从而发挥最大的教育作用的一种载体。网络是复合载体的一种重要形式，其他学科的美学渗透也综合了课堂教学和教师言传身教等不同类型的美育载体，属于复合载体。

1. 科学搭建网络平台，推动以美成人的大学生人格的审美化发展

互联网（Internet）即国际信息互联网络，特指集通信网络、计算机、数据库以及日用电子产品于一体的电子信息交换系统。20世纪60年代以来，互联网越来越广泛的应用使现代社会进入到信息网络的时代，信息网络日益渗透到人类社会生活的各个方面，深刻地影响着社会经济、文化、教育、科学和人们的工作、生活和思维方式，它既传播信息，又传播思想，而且影响着人们的世界观、价值观和精神状态。大学生是一个庞大的网民群体，是我国网络用户的主体。网络技术的迅猛发展也影响了当前的教学模式和学习模式。校园网络在以美成人的大学生人格养成的美育中主要体现在校园网络艺术课程、校园网络艺术氛围和校园网络互动平台三个方面。

第一，网络艺术教育课程。网络课程是网络时代出现的一种新的教学资源，它通过网页表现，通过网络使用，不受时间和空间的限制。网络课程是按一定的教学目标、教学策略组织的教学内容及实施的教学活动的总和，它存储在网络服务器中以网页的形式呈现给使用者，支持学生自主式学习、协作式学习等先进的学习方法。网络艺术教育课程一方面为学生提供了便捷的学习系统，只要有一台电脑，学生可以随时随地学习学校的艺术教育课程；另一方面，为学生提供了形象的教育内容，利用网络和现代科技优势，可以使各种不同的艺术作品得到形象直观的展现，各种古代珍品、音乐、戏剧等不同风格的艺术都能以虚拟的方式得到充分展现，因而网络课程教学的审美化设计对学生的美育起到事半功倍的效果。

第二，网络艺术氛围营造。传统美育信息源以书籍、报刊、广播等传统媒介存在，信息知识量相对较少，信息内容更新较慢，课堂的吸引力也不强。而网络具有信息量大、信息更新及时及信息资源共享等特点，使人人都可以成为网上信息的提供者、获得者和拥有者，社会任何群体和个人都可以通过网络实现信息资源共享。网络的艺术信息主要包括两个方面：首先，在网络的形式上，网站在自身建设、网页设计开发时就应该赋予形式美，网页色彩搭配、内容结构与链接的新颖性都体现出人的创造力和想象力；其次，在网络内容层面上，网络内容一般也会按照美的规律进行建设，尤其是校园网，校园网络上的信息内容经过相对严格的筛查，带有较强的主导倾向，能够引导学生的网络艺术教育活动。例如，学校可以在学校主页上开辟教育专栏，内容上应覆盖文史哲、艺术、中外文化的精品和自然科学的基本知识；形式上可用声、文、图、像的综合表现力表达教育内容，增加信息容量。

第三，网络艺术互动平台。网络支持的是一对一、一对多、多对多等多种交流模式，因此，它有着传统媒介不可比拟的优点，为师生提供更广阔的交流学习的互动空间和机会，学生既可能是信息的接收者，也可能是信息的发布者，其核心在于参与，它实现了不同主体之间的交流。网络的交互性使师生之间的关系发生着微妙的变化，教育者与学习者的角色在交流中不断转化，大大促进了人与人关系的和谐。在教学过程中，学生通过网络接收教师传来的教学信息，并将反馈信息即时传回给教师；教师根据学生的反馈信息，进一步指导他们的学习，有意识地引导学生欣赏美、认知美、感受美，通过美的熏陶，调节自身的情绪，增强自尊自信，完善人格。

综上，网络以其便捷性、丰富性、交互性等特点，在学校美育和以美成人的学生人格养成的过程中，发挥了不可替代的作用，包含了课程教育、文化熏染、师生互动等多个教育载体，是学生美育的一个尤为重要的复合载体。

2. 其他学科的美学渗透

美育是一种渗透在所有教育之中的教育，那么所有课程都应把发现和传播本学科的审美价值纳入教学任务之中，充实新的内容，把美育与哲学、伦理学、美学、社会学、文化学、心理学、历史学、建筑学、工业设计、计算机技术等学科联系起来，结合各专业的特点，完善知识网络结构的系统性，把眼光从狭窄的知识层面移向更广阔的知识空间。在大学生中开展审美教育，是学校各个学科专业、各个教育环节共同的责任，也是在学科专业教育中创造美的教育境界的共同追求。高校美育要主动向学校教育各领域渗透，尤其要渗入学校教育的各类课程的教学之中。特别是理工科院校的学生，由于学科特点，这些学生在专业学习中主要以工程技术为研究对象，以抽象思维为主要研究内容。而审美活动以形象思维为特征，可以为想象力的发展提供广阔的空间。但是，一般情况下，工科院校由于学校定位和资源条件的限制，学校的美育课程较少、校园文化活动的艺术氛围不足，因此，理工科的非美育学科的课堂教学审美化，是实施学校美育的一个重要途径。

教师要善于发掘提炼教育教学中的审美因素，并艺术地传递给学生。无论是在哪个阶段、哪所学校、哪门课程，总有一些教师的课讲得特别好，听他们的课，是一种美的享受。他们不仅让你感动于他们的讲课技巧，更让你迷恋他们讲授的学科内容。听他们的课，你仿佛徜徉于学科的宫殿之内，游弋于知识的海洋之中，只会有精神的愉悦而绝无身心的劳累。这一现象，无可辩驳地说明，任何一门课程都有它自身的美，都有它独特的审美价值。例如，理工科教师要演示黄金分割、比例、对称、轨迹曲线等科学美，使学生既感受到自然美又能实现创造美的体验；体育课通过健美操等增强学生形体美的意识；劳动技术学科也应渗透艺术美的内容；又如德育课，德育与美育不仅在教育内容上有着一致性，而且在价值取向上更体现了二者的一致性，在素质教育实践中，道德理想与审美理想是统一的，都统一于真善美。道德理想的原则、规范与理想人格是美的社会内容。马克思主义认为，美与真、善是一个有机的统一体，是不可分割的，是人本质力量的体现。其他学科同样也饱含着丰富的美的因素，只要我们善于发掘，积极运用，都能潜移默化地给学生以美的熏陶，提高学生的审美素质。不论是哪个学科的教师，在教学过程中，都能把学科的美学观点，即该学科的社会生产、生活中的价值阐述得清楚、生动，从而激发学生美的情趣。文学教学中情感丰富的艺术形象，政治历史教学中杰出人物的英雄业绩，都包含着大量的审美因素，应该充分发挥它们的美育影响，并将美育渗透其中。此外，教学方法上也应增强审美效果。但目前学校的教材大多是实用性文体，如果采用艺术手段使教学内容形象化，老师在讲课中能够运用幽默风趣的语言，恰如其分地变换讲课的语调、语速，辅以生动形象的肢体语言，优美整洁的板书等，能极大地唤起学生的审美情趣，激发学生的学习兴趣，拓展他们的思路，使学生在学习过程中，不时领略到美的愉悦，且在美的领悟中不知不觉进入科学文化的殿堂。

二、高校美育课程的运行机制

"机制"原主要用于机械学，指"机器的构造和动作原理"，现广泛应用于社会科学领域，指组织中诸多因素之间的内在联系及其运行方式。高校的运行机制是高校系统运行的各构成要素相互联系、相互作用的手段、方式及其原理，也是保证学校内部主要工作目标有效运作的基本程序和手段。建立科学有效的管理机制是美育与大学生人格养成教育得以规范有序、富有成效开展的基础性工程。

（一）建设校院两级"齐抓共管"的大学生美育的领导机制

领导是指指挥、带领、引导和鼓励部下为实现目标而努力的过程。领导机制是以美成人的美育工作运行的"龙头"，领导机制是否完善，直接影响着教育工作的落实与否。传统的高校教学管理组织结构往往是金字塔形的结构，是一种垂直的直上直下的等级模式。"等级权力控制型"组织是以等级为基础、以权力为特征、以对上级负责的垂直型的纵向线性系统强调组织结构中位于结构顶端的管理者责任与权力，且强调以"制度+控制"使人"更勤奋地工作"，从而达到管理目标。然而，等级权力控制的最终结果是使人们循规蹈矩，墨守成规，它不利于创新精神的培养，更不利于美育这一灵活性较强的教育活动的开展。而所谓"齐抓共管"就是指为加强和改进大学生美育工作而确立的一种组织领导及工作运转的机制，是使具体的教育工作落到实处的重要条件。因此，基于领导机制在美育工作运行过程中的重要作用，探讨建设校院两级"齐抓共管"的大学生美育的领导机制更显其特殊的重要性。

1. 明确校院两级齐抓共管的职责

一方面，在学校层面上要突出发挥领导的导向性和监督性。建立学校领导小组，集中学校的党、政、工、团的主要领导，无论是在思想上、组织上，还是在行政上、后勤上都能对学生的美育工作起到有力、坚强的后盾作用。在学校领导小组的领导、指导、管理和协调下，促进大学生美育工作的具体落实。另一方面，在学院层面上要突出发挥学院学生管理部门的具体性和针对性。结合学校的教育教学精神，将具体的学生管理、组织、引导工作落实到具有针对性的学生活动中，更好地搭建科学、合理的美学教育平台，促进学生完善人格。

2. 确定校院两级齐抓共管的内容

对美育工作实行校院两级齐抓共管，具体"抓"什么，"管"什么，主要包括四方面内容。第一，要落实艺术课堂教学。学校在思想层面上进行教育教学的课堂设计、安排和实施，建立深入浅出、吸引力强、趣味性浓厚的课堂教学，切实贯彻和落实艺术课堂教育教学；学院要做好学生课堂管理工作，保证学生的出勤率，落实课堂教学内容对学生的传输。第二，要共建校园文化。学校在物质文化建设层面进行科学的美学设计，在精神文化建设层面掌握和指引学生学习、活动的方向；学院在基础的层面上指导学生的具体学习、生活、活动内容和形式，引导学生营造美的学习、生活环境，建设美的寝室、美的教室、美的校园，进而营造美的校园文化氛围。第三，要推进教师人格美化。学校层面要加强教师培训力度，为他们提供更多学习、领悟的机会，为教师的人格完善搭建更广阔的平台；学院层面则要重点加大对所有教师的关注力度，在需要的时候提供必要的帮助和支持，保证教师能够以愉悦的心情、饱满的精神状态走上课堂，引领学生专心、快乐地学习。第四，加强网络平台监管。学校层面要通过对校园网络的建设、美化导引学生喜爱美、追求美，同时也监管学生的网络语言、活动等，及时发现和解决不美的、不和谐的言论和网络行为；学院层面要自上至下加大网络道德、网络审美的宣传，宣传美、提倡美，鼓励学生领悟美、创造美，奖励美的网页设计、美的言论和网络行为，使学生在平等、广阔、尊重、审美的空间中树立自我形象，增强自尊自信，进而完善学生的人格。

（二）建设以"学科建设"为依托的大学生美育的动力机制

以美成人的美育发展动力机制，来自高校美育学科的建设和发展。科学理论指导伟大实践，美育实践在高校的发展也同样需要强大的理论指导。高校要充分认识美育理论对大学生美育实践的重大指导作用，自觉加强美育学科建设，推动大学生审美教育工作的健康发展。

1. 高校要自觉加强美育学科建设

20世纪90年代以来，虽然美育被写进了教育方针，但其在中国高校的发展并不尽如人意，与高校其他德、智、体几项教育相比几乎是发展最弱的一项。究其原因，缺乏科学、系统和完备的理论指导应该是主要障碍之一。20世纪80年代，中国美育进入复苏阶段，随着美育理论研究的不断深入，将美育作为一个专门学科来建设的认识逐步得到统一，学界也为此付出了种种努力，取得了初步的理论成果。现代美育理论研究表明，美育是一门新兴的交叉边缘学科，它有赖于美学、教育学、心理学、文艺学、文艺美学、脑科学等多门学科的共同关注，才能架构起美育的学科理论体系。美育学科的特有属性，还强调理论与实践的结合。然而，现代美育理论的研究存在着两方面严重脱节的突出问题，即缺乏理论的具体性与经验的抽象性。高校汇集了各门各类的高级研究人员，是理论研究和知识创新的重要场所，同时又是实施美育实践的现场，具有建设美育学科得天独厚的条件。因此，高校要充分重视美育学科的建设，引导和组织相关学科科研人员联合攻关，系统研究美育学科的一般规律、本质特征、功能任务、方式方法等基本问题。同时，提供学科建设所需的经费、人员、场所、设备等必需的基本条件物质保障，支持并推动美育学科的建设与发展，以此逐步建立起高水平的美育学科，使高校以美成人的美育实践工作在系统、完备的理论指导下，获得无穷的发展动力。

2. 借助学校现有学科优势建设美育课程

在当前美育学科建设尚处于发展阶段过程中，高校美育实践不能等待和观望，要紧紧依赖并整合现有学科实力，开展美育实践活动。美育课程的建设必须面向未来，站在更高的层次上，从全新的角度认识和研究美育的基本问题。从20世纪90年代开始，国内文艺学、美学、教育学等学科的基础理论研究都取得了丰硕的成果，美育课程建设也开始起步。但总的看来，研究方法落后、视野狭隘、学科建设意识薄弱，仍然是不足之处。美育必须把人的精神解放与审美人生观的培养，审美力的培养，学生素质的全面发展，以及科学教育和人文精神结合起来，把以美成人的学生人格养成作为美育的最终归宿，作为美育发展的终极目标。因此，高校必须沿着素质教育的方向，借助学科研究优势，以全体学生为教育对象，以古今中外美学思想、文艺学思想、教育思想和现实教育实践为基础，以数字信息化传媒为手段，构建具有中国特色的、具有新的内涵的美育课程。要以学科建设为主体统筹学校的美育工作，有计划、有步骤地推进美育课程建设工作，把文艺理论、教育学等专业课程作为美育实施的重要手段和内容，完善美育课程建设，并辐射到其他学科领域，渗透到学校教育的方方面面。与此同时，要将小说、戏剧、诗歌、音乐、绘画等艺术的欣赏和创造作为美育理论课程的补充形式，通过具体而生动的审美实践活动，提高大学生的审美鉴赏能力和审美创造能力，实现情感的满足和升华。

（三）建设"全员、全程、全方位育人"的大学生美育的保障机制

以美成人的保障机制作为高校美育运行机制的一个子系统，主要是指为了实现高校以美成人的美育目标，由美育系统内部起保障作用的各要素之间，通过相互联系、相互作用、相互制约而构建起来的工作体制、管理规范和工作方式。由于美育涉及学校教育的各个方面，它应贯穿于学校教育的全过程，落实在教学、管理、后勤服务等各个环节上，各部门也应当充分发挥自身优势，主动、自觉地把美育渗透到各自的工作之中。美育绝不等于开设几门艺术课程，它应该融合于整个教育体系，贯穿于整个学校的全部教育之中，存在于诸学科的内容与形式的一切方面和一切环节。学校的所有教育环境都应当发挥自身优势，主动、自觉地把美育与大学生的人格培养渗透到各自的工作之中，融合于整个教育体系，建设"全员、全程、全方位育人"的大学生美育保障机制。

1. 创建大学生美育"全员育人"的教育体系

"全员"即包括学校领导、教师、管理人员和服务人员等各层面的全体人员在内的全员教育体系。首先，领导层面要充分重视。在美育与人格素质教育过程中，领导者的决策决定了教育的实效，领导的重视为学校美育活动的具体实施提供了坚实的基础、有力的支持和多重的保障。领导要从发展大学生美育的角度，重视学生的全面发展，整体规划学校的发展，提高校园文化的导向性，避免各种校园文化活动的盲目性，促进校园文化建设的整体推进。其次，教师层面要不断提高美育课程的教学质量，通过丰富多彩的课堂教学活动，为学生创造感受美、欣赏美的环境和机会，让学生了解人类艺术发展的历史和优秀的艺术作品，掌握艺术基础知识和基本技能，具备艺术审美的基本能力，且在此基础上，以艺术教育特有的方式，开发学生潜能，展示其个性，培养其创造精神和实践能力。再次，在管理、服务层面上着力塑造"美"的环境。采取有效措施，提高管理、服务工作人员的美学修养，鼓励工作人员以优雅的环境、优美的语言、优秀的管理和优质的服务面向学生群体，身先示范，为学生营造"美"的环境，树立"美"的形象。学校管理人员要体现育人导向，把严格日常管理与引导大学生遵纪守法、养成良好习惯结合起来；后勤服务人员要努力做好后勤保障，使大学生在优质、贴心的服务中受到感染和教育。最后，学生骨干层面要加强学生的自我教育，营造良好的校园文化氛围。学生骨干是学生中的特殊群体，开展大学生美育和人格素质教育，学生骨干的作用不可忽视。因此，在教育实践活动中注

重对学生骨干群体的思想引导、理论指导和行为督导，充分肯定学生骨干的能力，发挥其表率作用，带动广大学生群体参与到人文素质培养、美学鉴赏能力提高和人格完善的活动中。

2. 搭建大学生美育"全程引导"的教育平台

"全程"即符合大学生人格发展规律的美学修养的培养和提高的全过程。大学生人格养成的长期性决定了其审美修养教育的全程性，决定了它必须贯穿从学生入学到毕业的全过程。同时，在学生整个大学学习生活期间，美育也不是一成不变的，它还具有阶段性的特点。因为，不同的人存在着能力、气质、性格、兴趣、动机和价值观等差异，这种差异既与各人的先天素质有关，也与其后天的经验和学习有关。这就决定了教育的具体实施要依据不同教育课题的实际状况和客观需求，根据不同年级、不同性别的学生在思想观念、心智成熟程度以及面临的现实问题等有的放矢地开展教育。因此，大学，生美育要依据不同群体在不同阶段的特点，开展分阶段教育。

3. 构建大学生美育"全方位促进"的教育环境

"全方位"即全方位构建开展大学生美育与人格素质教育的软、硬环境。寓美育于智育之中，通过通识课、选修课以及讲座、报告等课程体系，指导学生如何鉴赏美、辨析美，使学生掌握美学的基本理论知识和基本技能；再通过各类学生活动，在实践中引导学生、鼓励学生，为学生搭建创造美的平台；最后，关注校园的软环境和硬环境建设，着力加强校风、学风建设，使学校的历史传统、精神氛围、理想追求、人文气象等集中反映学校的优良传统和独特风格；使校园的各种建筑，教学科研、文化设施、生活设施以及校园里湖水、草地、花坛、道路等硬件工程合理布局、建构优雅、品位高尚，在学校构造全方位尚美、求美、制美的大环境。

（四）建设以"个性化评价体系"为依托的大学生美育的评估机制

美育从学科发展的角度，要具备相应的评估机制，但因美育学科的特殊性，其评价体系应具有个性化的特征。20世纪三四十年代，教育评价作为现代教育的一个分支学科产生于美国。究其内涵，众说纷纭。布卢姆认为，教育评价是一种获取和处理用以确定学生水平和教学有效性的方法，是简述教育终极目标的一种辅助手段，是确定学生按这些理想方式发展到何种程度的一种过程，是教育研究与实践的一种工具，是一种反馈—矫正系统。综合来讲，教育评价就是根据一定的教育目的和标准，采取科学的态度和方法，对教育工作中的活动、人员、管理和条件的状态与绩效进行质和量的价值判断，以促进教育的改进与发展。而个性化评价就是允许学生用自己的方式完成任务而产出语言的一种评价方法。这类评价因其有与所学的课程直接相关并融入其中以及它对整个学习过程的跟踪评估的特点,特别适合对学生的学习策略、情感策略、文化意识等方面做出评价。美育的教育目标主要是要使每个学生的艺术能力和人格水平得到整合发展,是一个多元的结构体系。由于学生的情感态度与价值观、方法能力及行为习惯等具有个体性、程度差异性以及内隐于心的特点,每个学生的学习都是一个动态的充满灵气的个性活动,很难简单地用一种评价反映出评价对象的不同特点。因此,美育评价也应该呈现出个性色彩,突出艺术的特色性。

1. 确立差异性的评价标准

教学中,每个学生发展的速度与轨迹不同,发展的目标具有个体性,因而评价也应是个性化的。教育评价要依据学生的不同背景和特点正确地判断每个学生的不同特点及发展能力,促进每个学生的发展。以往我们的教学只注重学生的美育知识与技能的掌握,却忽视了对学生的审美意识的培养和人格的养成;只重视艺术能力强的学生的发展,却忽视了其他学生的发展教学评价单一化造成艺术教学缺少内在的持久的动力。因此,我们应该根据学生的实际特点,建立学生个体的评价档案,尊重学生的个性发展和差异存在,强调过程取向和主体取向的评价。凡是具有教育价值的结果,如学生在课堂中取得的点滴成就,不论是否与预定目标相符合,都应当受到评价者的支持与肯定。主体性的评价不是靠外部力量的督促和控制,而是每一个主体对自己行为的"反省意识和能力",与此同时,还要按照"分层施教"的原则,制定后进生转化计划和优等生培养计划,确定学期目标,采取措施严谨落实,使每一个学生都能在原有的基础上得到发展。

2. 制定综合性的评价内容

以美成人的高校美育是一个庞大的教育体系,因而应当在全方位、多角度地调查、思考和研究的基础上制定综合性的评价内容,以促进高校美育顺利实施。一般可从三个维度设计以美成人的高校美育工作评价内容,即美育的工作条件、工作过程以及工作效果。首先是美育的工作条件维度,主要包含组织、经费、环境、基础设施等要素,这是高校美育工作是否顺利开展的必要保证。而组织的层面又具体涵盖了组织管理机构、工作队伍以及工作制度等内容。其次是美育工作过程评价维度,它是美育工作的活动轨迹,是美育工作的主体。主要包括日常教学、管理的审美化、艺术课堂教学、网络平台建设、学科美学渗透、校园文化环境建设、相关科研等要素。最后是美育工作效果的评价维度,这是"诊断"美育工作状况的环节,是教育评价过程中的重中之重。其评价对象指向了学生群体,评价的具体内容不仅要考察学生的知识、技能,更应包括学生的情感与价值观、心理结构等人格方面的变化与发展。细化为基础性内容和发展性内容两个方面:基础性内容是评价教育的基本依据,主要包括艺术知识理论水平、艺术审美能力等;发展性内容是评价学生学业成绩的主要依据,侧重于对个体创新能力、价值观水平等人格水平的评价,关注学生综合素质的提升。通过制定综合性的评价内容,实现教师和管理人员的教学、管理积极性的提高,学生的学习兴趣和审美意趣的激发,最终达到学生健全、审美化的人格的完善。

3. 形成多元化的评价方式

要建立多样化的评价方式来充分调动评价对象参与评价的积极性,促进学生的个性发展和潜能挖掘。首先,日常评价和阶段性评价相结合。日常评价是指教师收集和记录学生日常艺术鉴赏和艺术表现等诸多方面的信息,而不是仅仅依靠期中、期末的阶段性测评结果决定教育效果。要在学习的整个过程中通过多种活动收集到学生的学习进展情况,只有把日常评价和阶段性评价相互结合,才能更全面、更公正地对学生做出个性化的评价;其次,学校评价和学生自我评价相结合。传统的教学评价中,评价主体就是教师,整个课堂中的评价活动几乎限于教师对学生的评价,学生是评价的被动接受者。个性化评价要求教师更多地成为评价活动的组织者、协调者,评价的主体呈多元性。教师、学生都参与到这一评价活动中,使评价更全面、更有说服力和指导性。自我评价法是学生对自己的活动做出的评价,有表演能力自我评价法、理解水平自我评价法和自我观察评价法三种形式。此类评价法能促进学生参与评价过程,花费时间较少,能培养学生的自主学习能力,促使他们掌握有效学习策略,增强学生学习动机。学生在自我观察的过程中自我反思,有利于调整和改进自己的学习策略,比起教师直接指导学习更加有效,更好地培养了他们自主学习的习惯和能力。

(五) 建设以"教师美学修养提升"为前提的美育队伍建设机制

在学校教育中,教师为人师表,教师的形象对学生具有耳濡目染、潜移默化的影响,当教师作为审美对象存在时,也必然以其外在和内在的统一为审美的标准。因而,提升教师、管理人员的美学修养,加强这两支队伍的建设,对提高高校大学生美育工作的实效性具有重要作用。要从以下三方面提高教师队伍美学修养。

1. 内在美的提升

人的内在美是指人的内心世界的美,是人的思想、品德、情操、性格等内在素质的具体体现,所以内在美也叫心灵美,它包括人生观、人生理想、思想觉悟、道德情操、行为毅力、生活情绪和文化修养等。内在美反映人的本质,一个人有了内在美,便可以在精神上放射出美的光辉,进而体现为外在美。高尚的人格和职业道德,丰富的专业学识和艺术修养,构成教师和管理人员的内在美。教师和管理人员的内在美直接或间接地影响着教师的教育教学和管理活动，它通过各种途径、方式渗透到教学活动中，影响着教学的效果和质量。

首先，教师和管理人员必须具有高尚的人格和职业道德。教师和管理人员的高尚人格对学生的人格养成具有极大的影响，这种影响无处不在，它甚至会改变学生的人生观和世界观。因此，从高校美育角度来说，要强调教师和管理人员对自身修养的自觉性，发自内心地主动提升才能真正提高个人的修养和内在的人格。教师和管理人员的职业道德是基于学生、家长等社会各层面对教师职业的期望，具有良好的职业道德的教师和管理人员才能够获得学生、家长、社会的认可、信赖和赞许。一般来说，忠于教育事业、热爱学生、严谨治学、以身作则、为人师表等即是对教师职业道德的要求。遵守职业道德，提高职业道德修养是每一位教师和管理人员应当努力做到且时时完善的。其次，教师和管理人员必须具有丰富的专业学识和相应的艺术修养。教师的专业知识修养主要是指教师的专业知识储备及其相应的教学能力，是每一位教师都要具备的根本的知识基础，也是教师魅力的根本来源。教师的专业修养程度与学生对教师的接受程度是紧密相关的，深厚的专业功底是学生对教师产生信任和认可的根本条件，也是树立良好教师形象的坚实保障。而艺术修养则既可以使人具有美的气质，又可以陶冶情操，使人与群体更加融洽。教师和管理人员应当善于创造美的工作环境，以修身养性的心理优化和无声浸润的审美养成全面提高教师和管理人员的审美素质，以高尚的风气、良好的秩序、幽雅的环境美化学生的心灵、陶冶学生的情操、愉悦学生的情绪、启迪学生的灵性、开阔学生的胸怀、激发学生的上进心。

在提升教师、管理人员的内在美方面，由于高校的教师和管理人员都是具有高学历、高智商的知识分子，是社会的精英，他们掌握和熟悉科学文化的发展动态以及人才的培养规律，因此，教师和管理人员的自我教育和提升不仅必要，而且重要。一方面，可以通过参加教师论坛、专题培训、优秀教师先进事迹报告会等方式提高教师、管理人员的自我人格修养和道德涵养。"师者，人之模范也"，教师要在日常工作、生活中不断学习、感悟，为使自身具有崇高的责任感、无私的爱和高雅的情趣而不懈努力。另一方面，教师和管理人员要在实际的工作中有意识地不断完善自己的知识结构，不断地充实自己的知识，应当在知识的学习、探索、钻研和拓展上具有创造的激情能够不满足于已知的世界，对新事物、新问题和新经验始终怀有高度的敏感和浓厚的兴趣，使自己保持知识的前沿性，在实际的教学和教育决策制定的过程中，尊重发展的规律，紧扣时代的脉搏，提高学生的美育培养成效。

2. 外在美的提升

教师和管理人员的外在行为修养，主要体现在他们在教育教学和工作中表现出的仪表美、举止美和言语美三个方面的美学修养。

首先，教师和管理人员要具有仪表美。作为审美的主体，教师、管理人员要能够感知美、认识美且能够在工作中创造美；而作为审美的客体，教师和管理人员则以其自身成为美的载体，即所谓的仪表美。因此，教师和管理人员的服饰应该有鲜明的职业感。从审美意义上看，教师服装要体现简洁明快、端庄稳重、大方雅致的特点。教师"为人师表"，其本身便是学生的榜样和模仿对象。因此，在着装时，既要考虑与学校环境和教育氛围的协调，还要兼顾社会对教师修养等方面的要求。教师的服装既要给人以美感，还要尽量衬托出教师个人的自然美，突出教师的性格特点与内在的为人风范。其次，教师和管理人员要具有行为、举止美。培根曾说："美的精华在于文雅的动作。"而文雅的动作很大程度上源于个人的德行和修养，即个人自身的内在精神。教师在教育实践活动中，要通过优雅的言行举止和仪态风范，表现出教师丰富的教学阅历、扎实的专业学术知识、深刻的思想内涵、独到的人生理解等。这样，才能得到学生的敬佩和崇拜，使学生从心里感受到教师的"美"，一种内在的本质的美，也即教师的智慧之美。最后，教师和管理人员要具有言语美。从语言艺术的角度来看，富有魅力的教师不仅对社会、人生的智慧有洞观，更在于他们有能力用美的语言拨动学生的心慧弦。因此，教师不仅拥有着深邃智慧的精神世界，也必定以外在的言语表现力、教学风范等为桥梁，教师流畅、准确、幽默的语言表达能力，富有美感的教学语言，往往会促进学生感受美、领悟美、联想美，进而追求美，从而得到学生的认可与喜爱，与学生产生情感的共鸣。

在提升教师、管理人员的外表美方面，可通过艺术类课程、旅游观光、艺术欣赏等方式提高教师和管理人员的艺术素养。由于艺术素养对人的审美能力起到激活、放大的作用，因而艺术素养的提高，有助于教师和管理人员把工作及工作对象作为一个具体的感性形态的整体，以不同的形式表现美，使教师在教学的过程中能够充分地创造美的氛围，通过自身的语态、表情、手势、语言等方式使学生体会美、感知美。因此，教师和管理人员在提高自身艺术素养的同时，要注重日常的锻炼，如锻炼健康的体魄、自然适度的表情和姿态，流利、适当的语言，以审美的眼光搭配服饰，做到大方得体，与环境和职业相协调，为学生树立行为榜样。

3. 教学、管理技能美的提升

教师和管理人员的身份角色和职业特点，要求他们在工作中要注重提高自身的教学、管理技能美。

首先，教师要提高教学技能美。教育是科学，又是一门艺术，所谓教学艺术，即教学引导，是指在教学实践中体现美学特征，并能给人以审美感受。有学者认为教学具有三重性：科学性、思想性和审美性，分别对应教学的"真""善""美"。其中，教学的审美性即指教学活动本身所具有的特性之一。因为事物的特点和功能紧密相连，故教学的审美性使教学过程具有审美功能。教学的审美性特点与审美功能的发挥，是教师的教学能够产生引人入胜的审美魅力的源泉。教学美是教师根据教学规律和美的规律创造出来的，是教师智慧的结晶，是教师精湛的教学艺术的展现。一方面，教学过程具有和谐美。教学过程是由教和学双边活动的协调统一形成的，教师要尊重学生的主体地位，让学生得到自主全面和谐可持续的发展，实现多种心理能力的协同作用，充分发挥想象和情感的作用，实现理性因素和非理性因素的交流，从而形成一种活跃、生动的教学气氛。另一方面，学习内容具有充实美。教学内容的丰富性是教学美的一个极其重要的方面，这不仅是因为教学内容本身十分丰富，包括科学基础知识范围的教学内容、道德社会知识范围的教学内容、劳动技术范围的教学内容、艺术范围的教学内容以及体育运动范围的教学内容等，还因为这些内容在一定程度上又是相互渗透和交融的。在教学内容的丰富美中，既有从人类文化知识体系中直接迁入的丰富的艺术美、社会美、自然美、科学美的内容，也有部分经过教师和学生加工改造之后而具有美的特征的内容，这主要是使真的内容、善的内容获得美的形式。其次，管理人员要提高管理技能美。管理人员在管理工作中，特别是在与学生交流的时候应当注重沟通的技巧，良好的交流与愉悦的氛围有利于工作的开展和对学生的培养。在管理工作中，也要注意方法创新，时常了解和掌握学生的思想动态和需求，采用学生喜欢和乐于接受的方式高效地开展管理工作，就会在工作中更易于获得学生的尊重和认可。

教师和管理人员在教学、管理中是否体现出工作的美感和艺术性直接影响着教师与学生、管理人员与学生的知识传授、工作交流、情感沟通等互动是否顺利，因而提升教师和管理人员的教学、管理技能美至关重要。在实际的工作中，可以通过培训、交流、进修等方式提高教师的教育教学的能力和技巧。首先，教师和管理人员在教育和管理过程中要机智、灵活，机智的解答方法和灵活的教学方式更能够启迪学生的心智。其次，教师和管理人员不仅要熟悉自己的专业知识、技能，还应当了解和掌握教学活动中的一些相关的边缘知识，从而更好地展示教育、管理能力，能够运用网络、计算机、多媒体等手段营造良好的教学氛围和管理环境，提高对学生教育和管理效力。最后，教师和管理人员最好还要具有风趣幽默的行为特点。教师和管理人员在日常生活和工作中要积累幽默素材，锻炼风趣幽默的言谈举止，以备在教学和管理实践中恰到好处地活跃气氛，拉近与学生的距离，促进情感交流。

第四节　新时代高校美育课程开发的创新发展

中国是一个历史悠久的文明大国，数千年来，人们从未停止过追求审美、道德修养、文化涵养的脚步。新时代语境下，美育的内涵与外延均有所丰富，并非局限在艺术熏陶或视觉审美愉悦上，更重要的是挖掘美育潜藏的思政意蕴、文化元素及德育内涵，牢固树立以美育人的意识。通过美育课程的实施弘扬中华民族优秀传统文化、宣传社会主义核心价值观，促进学生成长成才。但就目前高校美育课程建设而言，存在定位模糊、形式单一且内容滞后等问题，严重制约高校美育水平的进一步提升。为此，在新时代语境下需找准美育课程的创新性目标，结合时代特征丰富美育课程形式及内容，并以评价为支撑不断推进高校美育课程体系的动态化调整，进而保证高校美育课程与时俱进、创新性发展。

美育，也称为审美教育、美感教育，是指培养学生的感性与精神力量，使学生整体参与和谐的教育活动。我国美育意识由来已久，但真正作为单独学科融入高校育人体系起步较晚，理论与实践研究尚未完善。新时代语境下，美育内涵及外延均有所丰富，不仅要注重培育学生的审美素养，更重要的是从人的全面发展视角出发充分发挥以美育人的价值，利用美育课程的多元性、丰富性及其与德育、文化教育、思想教育的交互性等从思想意识、到审美观念发展历程，最后到社会与生活实践行为等对学生进行正向与强化干预，使学生逐步形成以马克思主义为指导，以新时代特色理论为核心，以实际为导向的审美感知力、理解力、实践力与创造力。

一、新时代语境下高校美育课程建设的现存问题

新时代语境下，高校对美育课程建设的重视程度显著提升，但受制于传统教育理念、课程模式，使得高校美育课程建设依然存在诸多问题，集中体现为：其一，课程定位不明晰，存在与高校思政教育、文化教育及德育"各自为政""单打独斗"的现象，导致美育课程缺乏指导性且实践建设较为粗糙；其二，课程形式较为单一，美学原理及基本知识依然以教材为呈现载体，导致美育课程缺乏吸引力与直观性，难以激发学生学习美育课程的积极性；其三，课程内容滞后，缺乏与新时代语境的契合点，尚未树立古今、中外的贯通思维，导致课程内容与学生需求脱节，不利于美育课程的创新性与可持续发展；其四，实

践性不足，存在重理论轻实践的问题，导致美育课程生存发展空间狭窄，难以渗透至学生学习、生活及社会交往的方方面面。

二、新时代语境下高校美育课程创新性的路径

新时代语境下，高校美育课程创新是促进学生全面和谐且个性化发展、充分彰显课程育人价值、高效率达成以美育人目标的必然选择。但美育课程创新是一个系统性、复杂性、持续性且动态性的过程，需完善顶层设计与统筹规划，细致安排美育课程的建设、实施及评价，才能形成科学高效的美育课程体系。为解决高校美育课程现存问题，建议从四个方面入手提高美育课程的创新性，助推美育课程特色化、高质量发展。

（一）明晰美育课程定位，实现美育课程跨专业整合

明晰美育课程定位，是美育课程创新性的前端环节。新时代语境下，高校美育课程走出"单打独斗""各自为政"的弊端，与思政教育、文化教育及德育协同配合，共同塑造学生健全人格、凝练学生核心素养，为其未来适应及融入社会做足准备。因此，在高校育人体系中，美育应当为基础性且与其他学科紧密相连、交相辉映的课程，唯有秉承跨学科整合理念才能充分发挥美育课程价值，达成春风化雨、润物无声的美育目标。

1. 立足社会主义核心价值观，体现美育课程的思政特质

新时代语境下，构建全员、全方位、全过程的"大思政"格局成为高校育人的重中之重。美育属于美感及情感教育范畴，注重学生的内心体验、主观欣赏及深入品味，激发潜藏在学生内心的、中华儿女共同有的对真善美的追求，从而使学生将审美素养内化于心，外化于行，体现一种由内而外的作用机理。思政教育与美育的互补性、共同性体现出美育课程的思政特质，因而需坚持以课程思政理念为引领，围绕思政理论课的理论性、思想性及针对性、亲和力深入挖掘美育课程内的思政教育元素，将社会主义核心价值观渗透至美育课程体系中，通过多样化的课程实施形式弥补灌输式思政教育不足，从而通过美育课程创新增强学生对社会主义核心价值观的认同感、践行力。

2. 树立"德美相长"理念，探索以美立德的有效方法

自高校美育改革以来，德育与美育的纵深融合便成为新时代语境下的一项重要课题。在高校美育课程创新的过程中，既需要挖掘学科内体现的中华美育精神、民族审美特质，增强美育与德育的有机整合，又需要把握好美育与德育的边界，以避免走入课程建设误区，背离美育的本质。例如，在以绘画、音乐等为美育课程内容时，可以将中华民族优秀画家、音乐家的事迹等引入美育的课程内容中，让学生在欣赏绘画、音乐作品的同时受到

中华民族古代艺术家精神的感召，引领学生学习我国古代艺术家坚持民族寻根、精益求精、开拓进取、不畏艰难的美好品质，指导学生从古今贯通的视角切入探寻如何以艺术化形式提炼最能体现生活事物风貌的创作方式。在此过程中，学生获得了艺术熏陶、文化浸润与道德启迪，既可以引导学生形成正确道德观念、良好道德品质，又可以提高学生审美实践力、审美创造力，真正实现了德美相长。

3. 坚持以文化人，依托美育课程传承中华传统美学思想

中华传统美学思想内涵丰富，包括"天人合一"的宇宙观及自然观，"象外生境"的艺术观等，且在中华民族五千年历史积淀中形成了独特的审美思想、思维方式及宝贵的美育资源、精神财富。将中华优秀传统美学思想融入美育课程体系中，与原有的西方美学理论产生碰撞与交织，选择中西方同时期文艺作品为知识载体，以中西方文化发展历程为脉络，使学生在理论学习、作品分析中逐渐认识到中西方文化的差异性，学会赋予历史文艺作品以当代关照，能够从不同角度切入分析作品背后的文化环境、政治因素、历史渊源及文化融合形式，助力学生以辩证、发展、普遍联系的观念看待当前纷繁复杂的社会现象、纷至沓来的文化思潮、多元化的审美观念，从而使学生在坚持文化自信、高度文化自觉的前提下以理性、客观、包容的国际视野、思想观念看待文化、艺术等，有助于完善学生个性化美学理论体系与审美认知结构。

（二）创设校园美育环境，充分发挥环境的育人价值

校园环境是美育特色文化依托的载体，反映着高校师生群体的审美情趣、文化品格、精神思想以及办学特色。因此，需要将校园环境作为高校美育课程创新的着力点，把环境作为美育课程宝贵资源，促使学生在与校园环境不断交互的过程中逐渐形成系统的审美认知结构。

1. 广泛开展美育实践活动，激发学生追求美的意识

美育是党的教育方针的重要组成部分，若想将美育工作落到实处，切实提高美育课程的创新性，便需要广泛开展美育实践活动，让学生在实践中感知美、体验美、创造美。

如组织艺术专业学生创作作品并进行展演，使全校学生直观地感受到新时代青年的风采与审美面貌，激励学生以美的形式描绘生活、指导行为；再如依托传统文化，像版画、汉字等开展审美体验实践活动，引导学生利用基本的美学原理创造出兼具美学观赏性及文化底蕴的版画与书法作品，在体验中感悟凝结在版画与汉字内的中华优秀传统文化的精髓与无限魅力。此外，可以培育学生爱国主义情怀为核心目标开展"我与国旗的故事"的主题实践活动，请学生以摄影、摄像的形式表达自身对祖国的热爱、对国旗的尊重、对无

数革命先烈的深切怀念,学生在此过程中自然而然地探索出"黄金比例分割""三分法则"的构图技巧,感受到光影不变化的美感,汲取持机姿势、摄影摄像等知识,且真正在活动内有所思、有所获、有所感。

2. 引领学生改善校园环境,调动学生的"主人翁"意识

在传统的美育课程模式下,因存在重理论轻实践的现象,导致学生主动发现美、创造美的意识十分薄弱。基于美育课程的创新性,将校园塑造为学生审美实践的广阔空间,可以是学生领会美的价值。如开展"建党百年手绘墙"征稿活动,请各专业学生发挥自身的专业特长与专业素养自主筹划手绘内容、调整画面布局、选用及搭配颜色等,以手绘的形式展现中国共产党百年奋进历程,自主选定主题,从"新中国曙光""伟大成就""英雄人物"等多方面进行手绘创作,以手绘形式梳理党史发展脉络,以艺术化方法让英雄人物形象更加鲜活生动。学生参与手绘墙创作的过程,便是学党史、悟思想、明方向的过程,由学生共同绘制的手绘墙也将成为校园一道靓丽的风景线,一个充满生机的育人阵地。

(三)推动数字课程创新,拓宽美育课程实施空间

数字课程是高校美育创新性的驱动力,将传统以文字及教材为载体的美育课程内容转化为直观形象、生动鲜明的图像、影像、音频等,可调动学生视觉、听觉等感官知觉,帮助学生获取充足的审美感性材料,从而实现自身思想观念至理性的迁移,助推学生形成鉴赏评价、思辨能力。

1. 搭建线上美育课程平台,满足学生的多元化体验需求

新时代背景下,媒体融合趋势愈发明显,各类信息媒介层出不穷,在为学生学习、社会交往等提供便利的同时,网络内充斥的多元化审美观念、不良审美思潮、虚假负面信息等也为高校美育课程创新性带来了多元化挑战。若想契合时代脉搏、扎实推进美育课程的建设与实施,便需要入驻网络、利用网络,抢先占领网络美育高地。为此,建议高校积极搭建线上美育课程平台,根据多元媒介的信息传播特点精心制作美育课程内容,实时发布美育咨讯,整合前沿先进的美学思想、美学精神等,引导学生利用碎片化时间通过泛在式、移动式与开放性的美育课程平台学习知识、欣赏作品、交流感悟、分享经验,从而提升美育课程质量,扩大美育的辐射面与影响力。

2. 依托虚拟现实课程载体,增强美育课程的感染力

虚拟现实技术是新时代语境下高校美育课程创新性的集中体现。将抽象笼统的美育课程内容转化为直观生动且具有交互性的虚拟现实影像,可以带给学生身临其境般的感受,

深化学生对美学原理的理解与认知，使学生领略到美育课程的独特魅力，并显著增强美育课程的感染力。例如，将中西方绘画相关知识与作品等转化为数字资源，利用虚拟现实技术展现中国画及油画的创作过程，将知识的被动式传输转化为学生的主动性汲取，引导学生于直观的 VR 影像内提炼出以水墨画为代表的中国绘画与以油画为代表的西方绘画在技法与美学思想等方面的差异性。同时，将北宋画家张择端的《清明上河图》长卷以虚拟现实技术呈现在学生面前，引导其观察画面中的一人一物、一草一木、一行一动、一笔一墨，在细致品悟与欣赏中自然而然地领悟何为"气韵生动，象外生境"，感受到我国绘画追求"神似"，在乎寓情于景、寓情于物，将画家的无限意识与旷达思想渗透至有限的画面与对象中；而西方绘画以表现主义、形式主义为主，注重对客观事物的真实再现。促使学生在欣赏、观察、对比、分析等过程中领会美的真谛。

（四）优化美育课程评价体系，着力实现以评促建

课程评价是新时代语境下高校美育课程创新性的支撑力量，善于从美育课程建设中总结经验、反思教训才能构建动态化美育课程体系，实现美育课程资源整合、体系建设、课堂实施的良性循环。

1. 完善美育课程评价指标

基于高校美育课程创新性的课程评价指标，不能局限于审美素养，如审美感知力、审美理解力、审美实践力及审美创造力，还需要以美育与德育、文化教育、思政教育的有机融合为依托，将道德品质、文化品格、思辨能力、思想水平、政治素养等融入美育课程指标中。但需要注意的是，美育与德育、文化教育及思政教育虽然在核心追求上具有共同性，但对人的培养则各有侧重，因而在编制美育课程评价指标时一方面需要把握好美育的本质及课程属性，明确美育所对应的各类基本素养与实践能力，制订出较为完善的美育课程评价指标框架；另一方面提炼美育与德育、文化教育、思政教育的交互点与交叉内容，以此为依据完善美育课程评价指标体系。如美育课程对应的审美素养之一为审美感知力，将其作为一级指标，下设"于古今中外文化内提炼审美经验""判断多元审美观念""包容不同审美情趣"等二级指标，以此形成横向上囊括美育与其余学科整合，在纵向上兼顾学生基本素养的美育课程评价指标体系。

2. 构建多元主体美育课程评价体系

《深化新时代教育评价改革总体方案》指出，要创新德智体美劳过程性评价办法。为贯彻落实文件精神，需要将美育课程评价意图渗透至学生学习、社会交往及生活的方方面

面，构建由学校、课程教师、专业学科教师、家长、学生、社会等多元主体构成的美育课程评价体系，接纳来自多方主体的意见与建议，以评价结果为导向优化改进美育课程的建设与实施，不断调整美育课程结构，并实时了解学生的思想动态、审美观念与心理状态等，根据学生行为表现、审美判断依据、审美实践行为等个性化制订以美育人方案，以此满足学生成长需求，保证美育课程与时俱进，有效提升美育课程的创新性。

第六章

新时代高校美育课程的教学手段创新

第一节 慕课在新时代高校美育课程教学中的创新应用

一、慕课教学

（一）慕课教学的内涵

慕课的全称是大规模在线开放课程（Massive Open Online Courses），英文简称为MOOC，这一模式源于美国，在短短数年时间，被全世界广泛运用。慕课这一模式是基于分享与协作精神的个人组织而成，上传优秀课程，让世界各地的人们都不局限于时间与空间可以进行资料的下载与学习。慕课教学与传统模式的比较如图6-1所示。

从形式上简单说，慕课教学就是将教学制成数字化的资源，并通过互联网进行教与学的一种开放环境。本质上看，慕课教学是一种与传统课堂相对的课堂形式，因为其基于互联网环境而发送数字化资源，实施的是线上教学。学生完成了网上课程学习之后，通过在线测试，可以获得证书或证明。

（二）慕课教学的分类

根据蔡先金等人所著的《大数据时代的高校：e课程e教学e管理》一书，慕课教学模式一般划分为两种，一种是基于任务的慕课教学模式，另一种是基于内容的慕课教学模式，下面就对这两种模式展开论述。

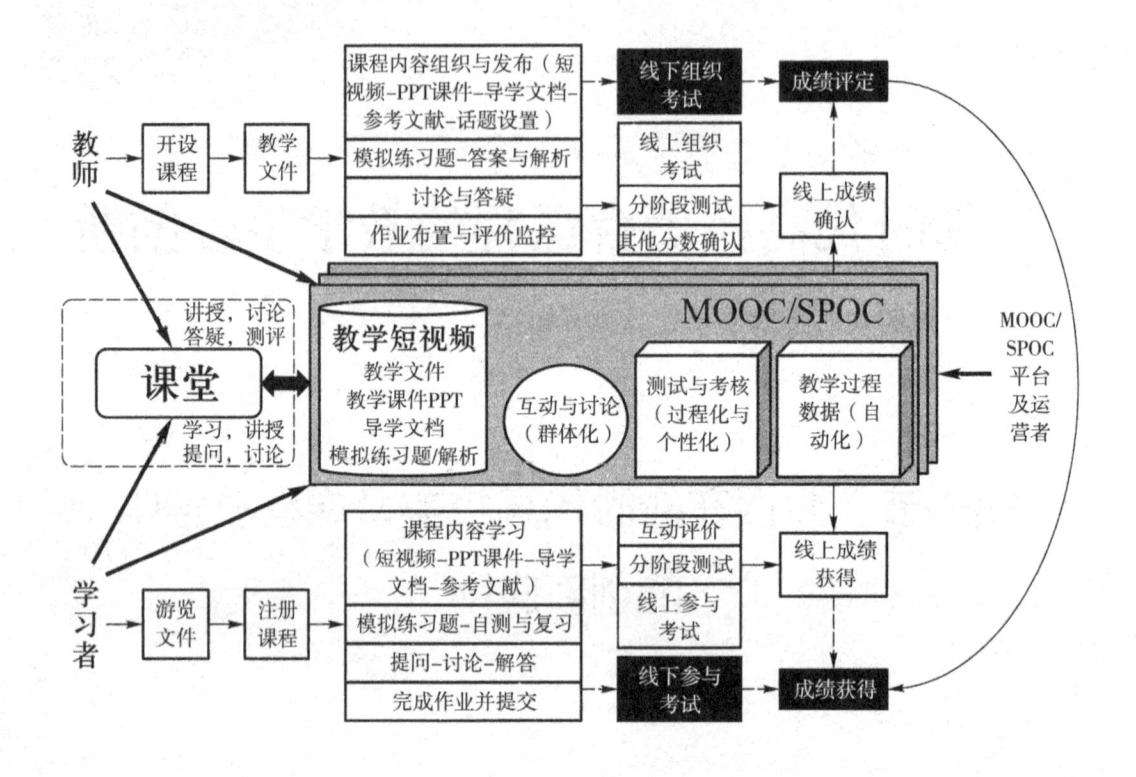

图 6-1 慕课教学与传统课堂的比较

（资料来源：战德臣等，2018）

1. 基于任务的慕课教学模式

基于任务完成为主的慕课教学模式（图 6-2）侧重于研究学生完成任务之后获取知识与技能的情况。学习按照步骤开展，学生可以才能采用复合自身的学习方式，不受其他条件的约束和限制。通过阅读与观看文本材料或录像材料等，共享学习成果，并通过音频、视频设计等展现出自己的某一项技能。这种就是以完成任务为主的慕课教学模式，其也非常看重学习社区的研究，因为社区是展现学生学习案例与设计的地方，有助于传递学习内容，但其并不关注学生学习的结果，也不对学生展开评价。

2. 基于内容的慕课教学模式

基于内容的慕课教学模式（图 6-3）主要强调学生对内容的掌握，往往会通过总结性评价、形成性评价等形式，评价学生的学习结果。当然，其也非常看重学习社区。

这一模式提供了很多名校的讲课视频，同时设置了专门的测试平台，学生可以免费学习，并获得证书。

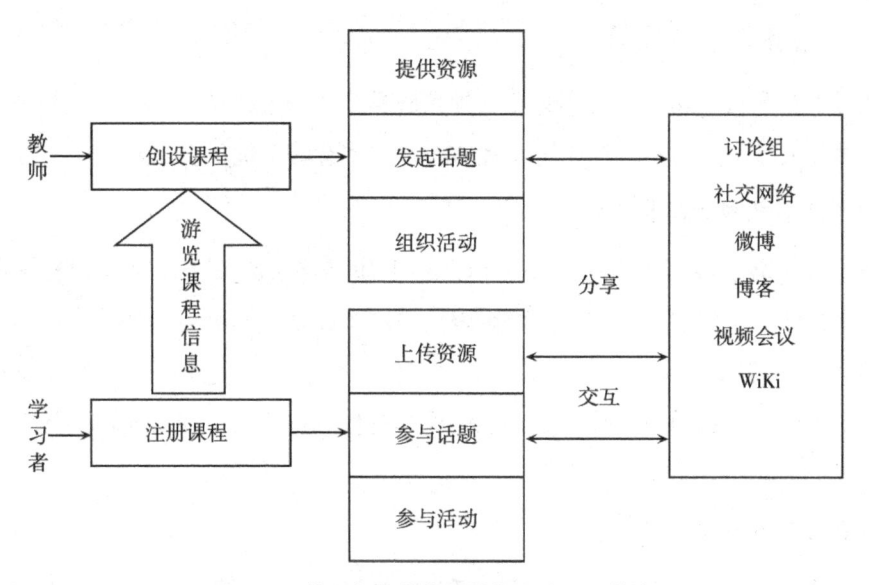

图 6-2　基于任务的慕课课程设计开发模式

（资料来源：蔡先金等，2015）

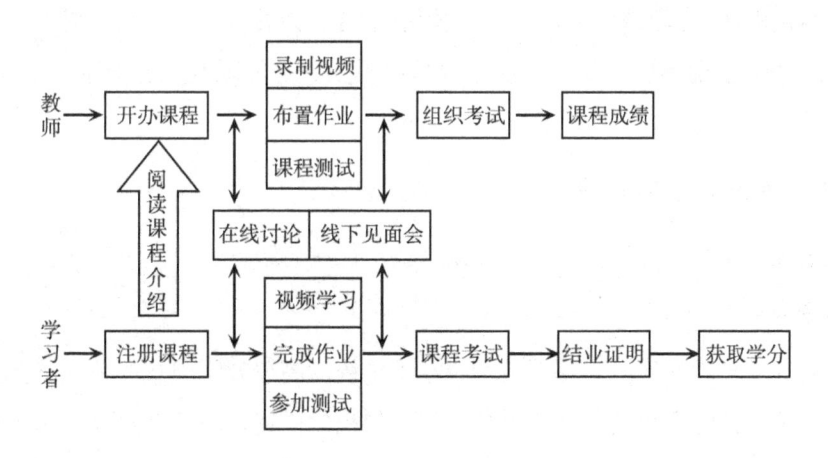

图 6-3　基于内容的慕课课程设计开发模式

综合来说，上述两种模式具有六大特征。

其一，慕课课程的设计与组织是基于网络建构的。

其二，慕课课程的设计不仅涉及课程资源、视频等，还涉及学习社区等。

其三，慕课视频的时间一般为 8~15 分钟。

其四，学生可以自由选择慕课课程的学习内容。

其五，慕课课程的设计对象是大规模的，面向大多数学生，设置的学习目标也是多样化的。

其六，慕课课程的设计具有交互性，是开放的、不断创新的。

（三）慕课教学的优势

慕课教学在高校教学中的运用必然会导致教学方式与理念的变革。这就是说，慕课教学对当前的高校教学具有重大的作用，具体而言主要有两个优势。

1. 为学生提供能力培养平台

我国的高校教学在不断发生变革，但总体上还是将重心置于基础知识教学层面，这一教学模式必然对当前的教学产生负面影响，很难帮助学生提升自身的综合能力。受其影响，很多学生学习动力不足，专业发展不力。慕课教学为学生提供了新的专业动向与视角，便于学生调动自身的积极性，促进他们提升自身专业能力，能对自己的教学问题进行专业化解读。

2. 平衡不同学生的水平

如前所述，很多学生来自不同地区，且学生之间也存在明显的差异，因而学生的基础水平也明显不同，如果教师实行大班课堂，那么很多学生很难学到想要学习的知识，甚至丧失学习的积极性。慕课教学是一个开放性的平台，为展开一对一教学提供了平台，便于缓解师生之间的教学矛盾。同时，慕课教学也不受时空的限制，有助于学生在任何地方、任何时间巩固自身的知识，提升自身的水平。

（四）慕课教学的实施

一般来说，在互联网教育模式下，慕课教学往往会通过三个步骤展开。

1. 多层次设置课程

就当前的高校教学而言，慕课教学改革了传统的高校教学模式的单一状况。从教师资源来说，传统的教师资源是非常有限的，很多课程的讲述也缺乏针对性。基于这一点，慕课教学从学生的需求与兴趣出发，设置文化课程，大大提升了学生学习的兴趣和积极性，便于学生提高文化学习的质量与效率。

2. 采用多种教学方式

虽然很多学校都推进美育教学改革，上课方式也不再是单一的形式，但仍旧以讲授知识点为主，即便应用了多媒体，也大多以辅助形式呈现的，只是教师板书的一种替代形式。慕课教学使得教学方式更加多样化，学生即便不在校内，通过IPad也能够学习，获得知识。

3. 采用多渠道的考核方式

在互联网教育的背景下，高校教学中的慕课教学设置了多样化的考核方式，如果仅靠传统的笔试或论文形式，很难检测出学生的能力。在慕课的教学模式下，可以实施开放性考核与个性化考核。多样化的考核可以不断激发学生的学习兴趣与积极性，以便他们更好地进入下一阶段的学习。

二、"大学美育"慕课的建设策略

建设优质"大学美育"慕课或应从四个方面着手。

（一）立意高远

《教育部关于切实加强新时代高等学校美育工作的意见》指出"学校美育具有很强的意识形态属性，要坚持以社会主义核心价值观为引领，弘扬中华优秀传统文化"。若将上述精神落实到"大学美育"慕课的建设之中，坚持正确的办学方向，不断提高美育课程的品位，便成为首要任务。

多年前，我们曾经倡导在"大学美育"课程的教学中，要将娱乐精神贯彻到底，理由是"在当下这样一个'娱乐至死'的时代，再对大学美育寄予传统的道德教化之厚望多少已经显得不合时宜。能让大学生在狂欢的时候仍有几分冷静、在冲动之后仍有几许沉思，这恐怕是大学美育所能达到的最大效果。传统的由感性的人到审美的人再到理性的人之单向度提升路径，由于价值观的多元化而在现时裂变为多种可能"。在这样的形势下，美育课程或许不得不退守为娱乐精神的附庸。然而，经过多年的实践，我们却不得不尴尬地承认：这其实等同于美育课程的自我降格与放逐，它不仅无助于美育知识的传播，甚至也无益于学生性情之陶冶。

事实上，放眼当今高校的"大学美育"课堂，娱乐过度的情形恐怕不少吧？提起美育这门课程，很多人的理解就是介绍一点美学知识或艺术理论、播放一点视听资料让学生欣赏欣赏就可以了。而在学生看来，学习"大学美育"课程就应该像他们日常生活中追追剧、刷刷抖音、拍拍快手、看看网络段子那样轻松自在。正是出于这样的理解，作为通识课程的"大学美育"往往蜕变为短视频欣赏课，存在着过度娱乐化的倾向，其间穿插的理论知识也多属陈年旧说。然而，让人略感尴尬的是，在互联网时代，学生要想从网络上获取这些资源未免太过容易。知识面再广博的教师，也比不上搜索引擎。"大学美育"课程不受学生待见，或许是早晚的事。无奈之下，教师只得使出浑身解数取悦学生，还美其名曰："增强趣味性与生动性"。但长此以往，大学教师将有沦为"段子手"的危险，课堂也将变成心灵按摩术盛行的地方。

由此可见，单凭娱乐精神指引"大学美育"，注定行之不远。而在打造美育金课的背景下，"大学美育"课堂应当成为自觉传承与弘扬中华美学精神的主阵地，在教学设计上要大力发掘国人审美经验中的积极元素。譬如，在面对自然界的美景时，受天人合一观念之影响，国人以抚爱万物的态度与之相对，五岳、黄山、长江、黄河……中华大地上壮丽山河的审美价值，早在魏晋南北朝的时候就得到发掘和体认。时至今日，则发展为"让居民望得见山、看得见水、记得住乡愁"的伟大号召。在面对社会生活之美时，魏晋人格（魏晋风度）在超脱世俗功利的背后，却又饱含着对艺术的钟情，这在"躺平"俨然已经成为某种时尚的当下，对引导学生树立"以出世的精神做入世的事业"的人生态度何尝没有积极价值呢？而在中国艺术领域，雕刻、绘画、书法、建筑、戏曲等，无不以其独特的艺术语汇、别样的审美趣味以及超凡的艺术追求（"以艺进道"），成为彰显国人心灵幽情壮采的窗口。绘画领域吴道子、韩干、韩滉等人的作品，在造型方式上与西方绘画差异甚大，背后却深含宗白华所说的"一画界破虚空，生成万象"之笔墨意趣。中国近年建造的大量尺寸超常、比例超常的建筑物，让观者油然而生自豪感与崇敬感，这何尝不是崇高范畴在当代的崭新实践？上述资源的发掘，小而言之，可以大幅提升"大学美育"课程的品位；大而言之，对于全球化时代增进年轻人的文化自信，促进审美认同与文化认同，更具有积极意义。尽管有关中华美学精神之探讨，容易流于宏大叙事甚至走向浮泛，然而借助诸种细节的阐释与贯彻，则使得这种传承不至成为空谈。

（二）内容精当

作为一门通识课程，"大学美育"在内地高校开设的时间已不下20年，其最初立意主要在于提升青年大学生的人文素养。因此，称其为现有高校美育课程的先行者、基础课，当不为过。然而，即使是这样的课程，关于其内容设置与体系建设，学界似乎关注不够。将"美学""艺术概论"课程改头换面或略加综合，成了此类课程的常态。近些年，甚至有少数学者质疑其开设的必要性，而反对的理由则是课程的理论性太强，不像艺术史论类、艺术鉴赏类以及艺术实践类课程那么接地气；加之审美教育能产生的多半是远期效应，以致从教者面对这样的诘难，往往也很难找出有力的证据予以驳斥。

首先，"大学美育"课程不能沦为"美学"课程或"艺术概论"课程的翻版。

其次，"大学美育"课程必须把审美放在首要位置。"大学美育"并不以系统学习美学理论知识为目的，而以具体可感的审美现象之欣赏为起点，推动、引导青年大学生的审美趣味朝着积极、健康的方向发展，从而实现立德树人的终极目标。而课程讲授过程中，审美现象之选择，既应包含艺术史上的经典案例，又不能忽视当下出现的崭新审美现象，甚至有时候后者比前者更能吸引青年学生的注意力。特别是中国当下随着科学技术的迅猛发展，在推动艺术生产飞速前进的同时，也带来泥沙俱下的审美现象，由此也给年轻人造成很多审美困惑。因此，积极回应时代提出的美学命题，是"大学美育"课程不容推卸的责任。譬如，在建筑领域，最近二三十年为何突然冒出诸多奇奇怪怪的建筑，那些外国艺术家何以能把在他们国家无法实现的妄想和狂想在中国转化为现实？在艺术品流通领域，为何会出现拍卖会上的巧妙做局、艺术品收藏的巧妙诈骗以及通过艺术品金融化大肆"收割韭菜"的乱象？在选美领域，为何这些年选出来的众多"美女"往往与我们理解的美女大相径庭，以致让人怀疑国人的审美标准出了问题。在自媒体领域，短视频以其强大的影响力不断地攻城略地，对很多人来说，每天不刷上几分钟短视频简直比没有吃饭还要难受。字节跳动公司适时推出了能支持70多种语言的抖音海外版TikTok，从而成为风靡全球的社交软件，这又是为何？上述问题，有些是全球化进程带来且具有普遍性的，有些则是中国在近些年发展中所特有的。相比之下，大学生对身边审美现象之兴趣，肯定远远超过他们对大洋彼岸审美风尚的关注。无论哪种情形，我们在教学过程中都不应回避也无法回避，而应将这些内容及时引入教学设计之中，及时阐释这些审美现象，以免出现把低俗当高雅、把病态当有趣的不良倾向。

最后，"大学美育"慕课还应积极适应新媒体时代信息传递方式的新变化。如果说，前面两点同时适用于线下与线上的美育课程，那么如何积极应对网络传播方式给"大学美育"课程带来的新的挑战，则是慕课制作者必须面对的难题。特别是互联网技术迅猛发展的时代，信息的碎片化传递早已成为常态，那种3分钟解读1部电影、5分钟讲完1本名著的"知识胶囊"更是唾手可得。这种有关知识生产与传播的浮躁环境，多少会影响到年轻人对"学习"的理解与期待。与之相应，"大学美育"慕课在教学内容设计上，知识轻量化、内容胶囊化似乎也将成为迫不得已的选择。根据教学要点将教学内容切割成若干个5~10分钟的短视频，虽然它们的内部之间存在联系，但是每部分又必须相对独立，同时体量上又大体平衡，从而便于学生利用碎片化时间完成学习任务，这就是"大学美育"慕课在传播方式上的必然变革。同时，为了适应当代大学生被短视频培养起来的极为挑剔的口味，要想时刻抓住学生的注意力，还得在音画的精致程度、画面切换的频率与速度等方面下很大功夫，由此使得每个课程片段包含的信息量相对于传统的线下课程来说只多不少，而这样额外增加的劳动强度与难度往往不是单个任课教师所能胜任的。传统的个性化讲授、沟通方式，在此将不得不让位于团队协作与技术加工，教学过程的表演性被进一步强化和凸显，而教师个体的主导权似乎面临着被进一步褫夺的危机。

（三）表述生动

"大学美育"慕课面对的是学生占据绝对主动权的人机交互环境，传统课堂的"人—人"关系，在此被生硬转换为"人—机—人"的格局。冰冷机器的介入，在一定程度上削弱了"大学美育"课程本应具备的情感性与感染力,由此给任课教师带来的挑战也就更大。而从学生的角度来说,节奏张弛有度、表达幽默风趣,则是他们对所有美育慕课的共同期待。譬如,2020年夏天在哔哩哔哩网站爆红的某大学戴某业教授,幽默是他最为突出的风格。"现在好多小孩没有美感,一说到洗衣服就想到小天鹅。看看唐诗描写的洗衣归来的'竹喧归浣女,莲动下渔舟',多美,多有诗意。"类似的话语俏皮风趣,却又以深厚学识为底蕴,将趣味性与学理性很好地融为一体,所以很受学生欢迎。我们当然不可能期望所有美育教师的话语风格都千篇一律,不过,戴某业教授主讲的课程能在短期爆红,却为我们提供了借鉴。

与外在形式上的引人入胜相适应,"大学美育"慕课的话语表达还应尽量采用具有浓郁民族风格的"中国话语"。近些年,中国美学界确实出现一些不好的倾向,那就是"言必称西方学术资源,对中华美学资源的开掘、整理、配置都很不够,加之一种盲目西化的思潮把中华美学精神原本的文化基因加以解构后贩卖'转基因',影响制约了对中华美学精神的传承和弘扬"。对于这些不太合适的倾向,已经有学者提出了批评。诚然,我们既不是文化虚无主义者,也不是历史虚无主义者。即使身处电子媒介极度发达的今天,传统美学理论依然具有时空穿透力。它们不仅可以解释古典时期的审美现象,同样还可以解释大众传播时代的审美风尚。如道、气、象、意境、虚实相生、一切景语皆情语……这些话语言近旨远的魅力,不但能让每个中国人都产生强烈的共鸣,而且用于解释当下的审美现象也绝无违和感。

(四)画面精致

美学不"美",曾是令无数师生深感头痛的问题。而在电子媒介极度发达的今天,"大学美育"慕课能否摆脱这一"魔咒",似乎有了更多的尝试路径。当年美国学者尼尔·波兹曼曾以电视教学节目《芝麻街》为例,探讨电视对传统教学理念与教学方式之颠覆性效应。他认为电视的出现带来了教学和娱乐密不可分的理念,而类似于《芝麻街》的教学方式因为积极顺应了当时的社会形势,所以受到广泛的追捧。

今天的高校美育课堂的受众,则是互联网文化浸润的一代人。海量资讯不但一而再再而三地拉低他们的忍耐度,而且使得他们在欣赏口味方面愈发挑剔。特别是最近几年,自媒体短视频的迅猛发展更是大幅提高了大学生的感知阈限:精致的画面、悦耳的音效、快节奏的切换、沉浸式观赏体验,再加上良好的人机互动关系,使得欣赏短视频的行为让人欲罢不能。倘若他们将同样的期待视野带入到美育课堂,授课教师又该何去何从呢?

传统的线下"大学美育"课程,因为师生共同在场的氛围,不仅便于教师通过肢体语言和面部表情与学生进行情感交流，还便于教师根据学生反应及时调整教学策略和重点。但是，当把美育课程由线下转到线上、师生互动变成单向接收且学生占据着绝对主动权之后，该如何处理该课程的教学方式，又是新的挑战。尽管，我们强烈反对"大学美育"课程过度娱乐化甚至恶性娱乐化，然而，作为美育慕课，却不得不在课程制作方面尽量达到好看、好听、有趣的目标。

第二节 翻转课堂在新时代高校美育课程教学中的创新应用

一、翻转课堂的内涵与发展

翻转课堂是一种依托信息技术的新型教学模式，以微课、MOOC 等为重要的辅助手段。它的出现离不开网络和多媒体信息技术的发展，它的发展更是得益于网络和多媒体信息技术的全面迅猛发展，翻转课堂的出现为大学课堂教学改革提供了新途径。

所谓"翻转课堂"，是指老师制作一段录像，让同学们登录因特网，在网上看老师的讲解，完成事先布置的学习任务，课堂上师生面对面交流、答疑，学生做好家庭作业。

在翻转课堂中，学生在课外观看微视频代替教师的课堂讲解，课堂上完成练习及与教师、同学之间的讨论、协作、交流。知识接受则在课外通过自学完成，在一定程度上打破了以往课堂上讲授知识、课外内化知识的传统教育模式，改变了"一传一收"的教育方法，为课堂教学注入了一股新的活力。

翻转课堂最基本的做法是把传统课堂上的教学内容转移到课外学生自学，这样做有四个方面的好处：节省授课的时间；满足不同个体的需求；翻转课堂给学习者更多的自由选择；增加互动时间。

美国的许多大学，如哈佛大学等，已有不少关于翻转课堂应用于理工类课程的实证研究。近年来，国内也掀起了翻转课堂的研究热潮，无论是在中学还是大学，翻转课堂都已成为我国教育教学改革领域的一个热词。

到目前为止，国内已经出现了一些有关文科课程翻转课堂教学模式的实验研究，仍有很大的研究空间。已经有学者开始尝试将翻转课堂教学模式与语言学导论这门课程结合起来进行研究。

二、翻转课堂与传统课堂的对比研究

对比研究国内外对传统课堂教学模式与翻转课堂教学模式，经分析和总结，两种课堂教学模式在以下方面存在着明显差异：教师角色地位与学生角色地位、课堂教学形式、课堂时间分配、课堂教学内容、教学手段的应用及教学评价。

翻转课堂与传统课堂最主要的区别体现在学生与教师的地位以及学习中体现的角色上。自学校产生以来，基本遵循着教师在课堂上讲、学生在教室里听的模式。这种课堂教学模式下，学生成了课堂上的"录音机"，容易扼杀学生对知识主动探究的好奇心，因为教师主宰着知识和课堂，学生不用动太多脑筋，教师负责把要学的知识灌输给学生。

翻转课堂很重视学生的意愿，学生成为学习的主体，主动探究知识，与同学老师一起研究学习中的问题。在翻转课堂中，因为学生必须主动参与学习，尽管有些学生是抗拒这种学习模式的，但学生的表现要么保持不变，要么变得更好，而学习业绩很少有变差的，学生积极参与学习的过程就是学习发生的最好时机。教师成为学生思想的引导者、学习的促进者，不再仅是知识的权威者与拥有者，而是学生学习的合作者。教师在学生传统模式中要独立完成作业的时间段出现，在学生需要帮助时及时出现。这种模式不一定让所有的老师都感到很舒适，这要求教师必须有条不紊，并愿意做出改变。

从课堂教学形式方面来看，传统课堂采用课中教师讲解知识、课下学生独立完成作业的教学形式。在这种教学形式里，学生成了课堂上听教师讲课、课下完成作业的"容器"，课堂上师生的互动是课堂教学的很小一部分，因为主要是教师在课堂上讲，赶进度。在翻转课堂里，学生在课前通过各种途径完成知识的学习，对知识有一定的理解，在课堂上针对本节课的主题与自己在课前学习留下的疑问与同学和老师进行探究学习。

在课堂时间分配方面，传统课堂与翻转课堂迥异。在传统课堂里，课堂时间大部分用在教师讲解知识上。在翻转课堂里，讲课和家庭作业两个元素被翻转，教师给学生分配视频课程观看，在结束时会有一个测验学生是否掌握的小测试题或思考题等。下次上课时，教师和学生开始一起核对视频上的测试题和问题。课堂上，学生参与动手、互动、协作活动、体验式学习等。也就是说，课堂的大部分时间用于师生、生生间的互动式学习。

在课堂教学内容方面，传统课堂教学中教师在课堂上的主要任务是知识的传授，导致知识的传授和讲解成为一切教学活动的中心，学生接受知识成为学习活动的中心。因此，课堂由教师主宰，学生为应试而学习。要把"知识"作为研究的对象，而不是在活动中构建知识。翻转课堂从人发展的角度看待知识，把学生作为知识的真正认知主体，学生不再是像仓库"存储"知识，而是在课堂上动手或进行协作活动以主动探求知识的意义。翻转课堂让学生成为学习的主人，自主性学习与合作性学习等教学手段在课堂上的广泛应用让学生实现了真正意义上的主动学习。

在传统课堂里，教师是知识的权威代言人，教学内容的呈现成为课堂的主要任务。所有的教学手段都是为了呈现教学内容。当前，虽然信息技术已进入课堂，但是大多数的运用仍然仅仅是为了知识的呈现，并没有发挥技术应有的作用。课堂中的教学手段只是课堂教学的点缀，学生的角色并未真正转变。传统课堂中，教师是家教，而不是作为学习活动的主持人。教师站在教室前讲课，坐在后排的学生与教师的物理距离太远，好像形成两个世界。教师布置的作业要在课后完成，一旦遇到困难，就只能等下次课上解决。有时，教师可能觉得大多数学生都会做这些题，而只给出答案，不在课堂上讲解，直接进入下一个知识点的讲解，学生的疑问就得不到解决。

教学评价是影响教师教育质量的重要因素，而教师的教育观念和评价方式也不尽一致。在传统的课堂中，老师的首要工作是教授知识，而学生的主要任务是掌握和运用知识，因此，相对应的教学评价也仅仅是为了达到这个目的。在传统的教学评价中，一般都是通过纸质试卷衡量学习成绩，通过试卷测试的结果评价学生的整体发展。

今天的课堂教学倡导的是素质教育，教育者们也在努力地改变着传统的教学评价方法，然而，在这种教学模式下，教师的教育理念并没有发生根本性的变化。常规的书面测试仅限于了解学生对所学的知识掌握程度，而不能评价学生的学习过程与方法、情感、态度、价值观等。翻转课堂并不否认传统的纸质测验，仍把它作为教师了解学生知识掌握方面的手段之一。但翻转课堂是基于现代科技的课堂，它从多角度、多种方式综合性地评价学生的各方面，因而有利于真正实现学生的全面发展。

从以上分析可以看出翻转课堂的优势：在此模式中，因为课堂讲授的内容是视频形式，教师可为大量的学生提供学习机会，满足学习进度不同的学生的需求，如果学生一次听不懂，还可以反复听。技术融入课程使得许多教学活动变得高效，比如实时监测学生的学习情况，及时调整教学计划等。学生切实对自己的学习负责，学生必须在课前主动观看教学视频，才有可能高效参与课堂活动。

翻转课堂作为新的教学模式，与传统教学模式在很多方面表现出不同，以表6-1说明这两种教学模式的差异。从表格可以看出，两者的差异是非常大的，这就需要教师首先转变思想，再带动其他各个方面的改革，在原有教学模式上做修修补补是不会取得显著效果的。

表6-1 传统课堂和翻转课堂的对比

课堂类型 对比项目	传统课堂	翻转课堂
教学方法	教师为传授中心,重心在于单向信息输送,学生的参与度很少,主要是被动接受知识	在网络平台环境下,师生双向交流,共同参与教学过程,学生主动获取知识
教学内容	在预定的教材框架内操作,不能满足学生的不同修改需求	根据学生的兴趣、需求,灵活调整教学内容
教学资源	教材及一些相关纸质资源	多媒体资源、网络资源、MOOC资源
教学信息	教师根据课程性质做准备,给学生展示	由学生承受相当部分的分析、处理、展示与交流任务
学习进程	缺乏激情,模式呆板	在互动中构建知识,在参与中引发激情
教师角色	教导者、设计者及控制者	参与者、引导者、管理者、组织者
学生角色	单向接受者及被动学习者	活动参与者及主动学习者
教学评价	依据期末成绩及平时表现(出勤、课后作业、课堂表现),主要是定量分析方法	测试结果(形成性测试、期末考试)和教师布置任务的参与度、创意贡献等,定性和定量相结合方法
知识状态	知识是静态的,知识的存储往往是暂时的	知识是动态的,随着学习者的全面发展而不断更新

当然,翻转课堂同样存在着挑战和有待解决的问题。例如,在一些地方,访问视频可能会受客观条件的限制,如设备、网络等。且视频制作是非常耗时的,教师需要充实自己的知识,或者聘请专门的视频制作人员,会耗费大量的财力。另外,一些学生还是比较喜欢面对面的讲座,觉得视频讲座的真实感不强,会被其他东西吸引而转移注意力。课堂的组织也是教育工作者必须深入研究的问题,如何组织和准备课堂活动才更有效?这需要理论支撑和实践经验的积累。再者,如何保证学生会观看教学视频,如何激发学生观看视频也是一个关键问题。

三、翻转课堂模式在高校美育课程中的应用

当前高校美育普遍使用多媒体授课的方式,在知识的传授中虽发挥着较好的效果,但也存在着不足之处。一是学生缺乏自主学习的机会。美育课程属于学校公选课,课堂上教师的教与学生的学同时发生,在有限的课堂时间里学生缺少机会自主学习、独立思考。二是教师对学生内在多样化需求的关注不够。高校美育课程面对的是不同专业的授课群体,专业差异大,专业与美术的结合不够紧密,教学内容与生活脱节,影响学生学习的积极性。三是学生对上课内容一无所知,教师与学生之间缺少互动交流,更不用说深层次内容的挖掘,将严重影响教学效果。四是教师无法对学生的学习过程及学习效果做出反馈与指

导。面对教育教学存在的问题，变革传统教学模式成为高校美育教学发展的主要内容。近年来兴起的翻转课堂教学模式，受到越来越多的教师和研究者的关注。这种教学模式是课前让学生自主学习新知识点，课中进行知识内化与迁移，课后进行教学反馈与评价。传统的互联网移动终端是翻转课堂的实现平台，随着教育信息化的不断推进，移动终端学习的优势凸显，它可以使学生实现"时时学习，处处学习""学习随身，教师随行"。微信公众平台是大学生最常用的手机应用程序之一，能支持多种应用终端如 PC、安卓、IOS 手机系统等，不但可以快速发送视频、语音短信以及图片和文字，还可以使用提供的 API 接口连接本地数据库。本节基于微信公众平台的翻转课堂模式，整合两者的优点，论述其在教学实践中的应用，以期达到更好的教学效果。在整个教学实施过程中，课前，学生自主学习平台上教师推送的与课程相关的教学资源；课中，通过多种形式课堂活动，如分组讨论、技法应用、协作探究及课堂作业等完成知识的内化；课后，教师通过平台展示学生的作业成果，并进行综合评价，进一步总结反思翻转课堂的教学模式设计。

（一）课前实施环节

1. 微信公众平台的搭建

微信公众平台自身具备的功能、管理、统计基本满足翻转课堂的教学模式需要，无须二次开发，但需要设置自定义菜单和自动回复功能，以便于翻转课堂教学模式的实施。

首先，平台提供了自定义菜单接口，可以设置三个一级菜单，根据学生学习需要分别设置"学习通知单""教学视频""美术批评"，每个一级菜单又可分别设置五个子菜单，学生点击菜单可跳转到相关链接。

其次，设置自动回复功能。由于学生要在课前学习新知识，难免会有知识点不理解，教师可以通过后台数据监测分析学生对哪些知识点产生了错误的认知和理解，利用自动回复功能编辑内容或关键词回复，也可以设定常用的文字、语言、图片、录音作为回复指导学生学习，同时制定自动回复的规则，当学生发送的信息符合自动回复规则，就会收到自动回复的消息；如果不符合，系统就会发送设置好的内容给学生，用于提醒和帮助引导学生使用正确的关键词进行查询。

最后，用户管理的必要性。微信公众平台关注是没有门槛的，任何人只要扫描二维码就可以进入成为用户，作为教学平台教师有必要对用户进行分组分类操作，以便有针对性地进行学习指导以及学习数据的统计。

2. 课程资源的设计

以《指导方案》中要求的课程目标为导向，结合本领域的研究成果、学生特点及学科发展，确定高校美育的课程内容为美术欣赏与批评、技法与应用、综合与探究三个模块，内容递进且相互渗透。由于中国长期的应试教育导致大部分学生人文素养低下，对美术理论知识和美术史知之甚少，更不用说熟练运用美术语言解读作品和理解美术现象了。因此，美术基本知识、美术史是美术欣赏的前提，也是课中进行技法与应用、综合与探究学习活动的基础，所以课前教学资源主要为美术基础理论知识和美术史的学习及作品的欣赏，以单元内容为框架，主题驱动设计教学任务，选择中外不同历史时期的代表性画派、代表艺术家及作品作为主要内容。整个课前环节的内容设计既有感性欣赏，也有理性批评，既有作品意义的探讨与反思，也有学生鉴赏能力的提升。

3.自主学习能力的发展

"授之以鱼，不如授之以渔"，学生只需关注公众微信号，就可以根据学习通知单上的要求在平台上自主学习教师推送的教学资源，包括微视频、PPT和网络上收集的与本次教学任务相关的信息。在学生参与学习讨论、完成学习任务等过程中，教师应引导学生加工、提炼学习资源，促进学生自主学习能力的发展。在内容设置上，教师使学生通过教学视频的学习，能够在感性上认识画派产生的社会背景、艺术特点、代表艺术家和作品等基本知识点，同时还须运用视频中的美术知识点进行"美术批评"的学习任务，促使学生在获得审美感受的同时更深层地理解美术。学生的自主学习情况也可通过平台的"美术批评"菜单反馈给教师，作为教师课中环节学习活动设计的依据。

4.个性化学习的指导

微信公众平台翻转课堂的教学模式实现教师对学生"一对一"个性化的指导。平台上的消息管理页面是学生发送的即时消息，教师可直接回复，增强学生与教师在平台上的互动交流。如果学生的问题有共性，教师可设置关键词回复，学生只需发送对应问题中的关键词就可以得到教师在微信公众平台上的回复，了解到知识点，无须过多操作。自定义回复功能实现教师对学生的指导，既帮助学生掌握新知识点，也增进了师生间的互动与交流。

（二）课中实施环节

课中实施环节关键在于如何通过课堂活动设计引导学生完成知识内化，知识的内化主要靠学生完成相应的学习活动。教师根据学生课前自主学习情况，开展符合学生学习现状的课堂活动，在巩固学生知识的基础上促进他们最大化地进行知识吸收与内化。

1.学习活动设计

首先，设计"对话"学习活动。其中有师生间的对话、小组间的对话、组员间的对话等。在课堂教学中，教师将学生自主学习过程中完成的"美术批评"任务进行分组讨论交流学习。美术欣赏多表现在美术作品的感性认知、想象和情感体验,而美术批评在感性认识基础上进一步理性地分析和理解美术,培养学生对美术作品的评论能力。教师把课堂教学作为与学生面对面交流、讨论、作业辅导、展示、点评学生作业以及师生间共同解决问题的方式,有助于师生展开互动对话。

其次,设计"体验式"学习活动。学生通过动手实践加深对美术的认知、体验和感悟以及对美术的技巧进行实际的应用练习,或者通过实践直观地理解知识点。设计学习活动主要从美术与生活的关系着手,应用和拓展美术知识。体验式的学习活动有助于提升学生的动手实践能力,同时让学生感受不同材料的特性,增强对材料美的理解与运用,体会美术的学习与生活的关系。教师还应组织学生展示活动中的作业成果,并结合学生的自我评价、同伴评价及教师评价进行综合评价,这可以很好反映学生翻转课堂学习过程中的表现情况。

最后,设计探究性的学习活动。探究性学习活动是一种积极的学习过程,提倡同伴合作,是一种"生成式"的学习策略。学生以小组学习的方式完成探究项目,从内容上更多地了解美术学科与其他学科的联系,以探究与协作等多种方式进行。该活动淡化学科倾向,选择适应学生心理发展的主题,旨在拓展学生的知识面及视野,锻炼学生的思维能力和审美能力,培养探究能力。通过多种形式的课堂活动,不仅加强了师生间、学生间的交流互动,而且促进学生对主题有更透彻的认识,对知识有更深入的消化与吸收。

2. 课中学习活动过程

课中学习活动过程中分为教师行为和学生行为,教师与学生需要完成的学习活动和学习目的见表6-2。

表6-2 课中学习活动过程

实施环节	学习活动过程		
	学生行为	教师行为	设计意图
课中学习	解决课前在微信公众平台上自主学习时调到的问题,回顾新知识点,组织分组交流"美术批评"的学习任务	教师解答、参与交流、点评、评价等活动,以增加师生互动	让学生运用美术知识解读作品,通过交流培养学生语言表达能力
	学生动手完成教师课中的实践学习活动,以主题设计任务,材料不限,形式不限	对学生进行个性化的指导,展示学生的实践成果	美术和生活结合,培养学生热爱生活,发现生活中的美
	以小组形式完成教师课中的探究协作学习任务,完成知识运用,加深知识的理解与掌握。如敦煌的灾难谁之过?引发学生思考	对小组进行引导,小组遇到问题,要及时给予指导与帮助	培养学生问题分析能力,培养学习兴趣

续表

实施环节	学习活动过程		
	学生行为	教师行为	设计意图
课中学习	小组成果展示	对小组成果给予点评	加深知识点理解
	学生总结与反思，整理出疑难点	教师集中讲解学生提出的疑难点问题，对内容进行系统梳理	优化课中环节的内容与方法
	课中环节学习过程中要伴随着反馈与调整		

（三）课后环节

在课后环节里，教师不仅要给予学生学习的反馈，更要分析学生自主学习情况的各项数据，根据学生反馈及学习情况调整翻转课堂的各环节内容。

1. 学习评价

创建综合性的学习评价机制。在整个学习过程中，不仅要注重学习结果的评价，更要注重学习过程的评价。教师利用学生的电子档案记录学生的自主学习评价、课堂表现综合评价和学习成果评价记录。自主学习的评价是教师对学生在平台上学习和美术批评的完成情况以及平台中的活跃度等方面进行评价。课堂表现综合评价是对小组活动的参与互动、活动完成情况、小组活动组内成员参与讨论的热情度，以及为组内做的贡献等方面进行评价。学习成果评价分为教师评价和同伴相互评价，其中教师对学习活动任务及作品的完成情况等方面进行评价。根据对课堂表现的综合评价可分析学生在学习过程中的表现情况；根据学习成果的评价可了解学生对知识的掌握情况。评价不是目的，而是促进学生自我反思与自我认知的方法。

2. 微信公众平台的后台检测数据分析

分析微信公众平台后台监测的数据可掌握学生自主学习的情况，也可帮助教师优化教学方案。例如，通过微信公众平台后台检测到学生已阅读；课前观看视频和PPT的学生人数为82人，观看人次却达到253人，说明部分同学有反复观看的情况；菜单中显示完成并上传的"美术批评"人数为35人，而消息管理页面中提问的问题也集中在"美术批评"上，说明"美术批评"是课程内容的难点，需要教师在课堂上详细讲解，同时上传国内著名评论家的批评文章供学生参考。课中环节重点在促进学生内化知识点，但学生学习的质量，无法通过微信公众平台的后台监测。

基于微信公众平台，以高校美育课程作为实施对象的移动翻转课堂这一新型教学模式，既迎合时代的发展，又提高学生学习的积极性，同时还可以帮助对课程内容一无所知的学生或因故无法正常上课的学生。然而这种教学模式的实施只是个人的尝试和探索，还没有形成可实施的模板，希望在今后的教学实践中逐渐完善并推广使用。

第三节　混合式教学在新时代高校美育课程教学中的创新应用

一、混合教学法的设计思路

（一）应用为导向的闭环式教学设计

教学设计时以分析和解决具体、实际社会经济问题为出发点，结合学生已有知识和新知识解决问题。启发学生主动思考"该怎么办""需要哪些知识支撑""哪些已经具备、哪些还未知"，将未知的内容带到课堂去学习。最后环节仍然落在"解决问题"层面，让学生通过亲自解决实际问题，增强自信，激发学习积极性。

（二）任务为驱动安排教学过程

针对特定的教学内容，老师精心设定任务活动，这些任务需具备如下特点：任务的解决方案不唯一，且有时间限制；任务的完成需多人协作；不是单一任务，而是闯关式的任务组合；综合评价任务完成情况。在任务驱动下，学生积极主动应用学习资源，进行自主探索和互动协作的学习。这种教学安排，可以有效提高学生的团队协作能力、自主学习能力、学习效率和责任心。

（三）线上线下混合式教学

首先优化调整教学内容，形成五大模块，分别是专业术语、数据收集、数据整理、数据分析、研究报告。每个模块下根据知识点之间的关联性又细分为若干个知识单元。在每个知识单元下，分别建设预习资料、前测题、自学参考资料、讨论话题等四个资源模块。资料形式多样化，主要包括PPT课件、知识点讲解视频和音频、图片等。平台记录学生的学习活动的详细过程和结果，这样学生可以对自己的行为过程和结果有清晰的判断，及时查漏补缺。老师通过这些记录可以更直观地了解学生学习状况，及时调整教学内容且进行针对性的指导等。

线下课堂教学的地位仍不容忽视，有四类知识点必须在课堂上着重讲授并练习。一是理论性强的知识点；二是学生集中存在的疑难点；三是核心、易混易错的知识点；四是实际应用中的注意事项。

二、混合式教学法在高校美育课程教学中的应用

在高校美育课程教学环节，教师应当有意识地培养学生的审美趣味以及审美能力，提高学生对艺术作品的鉴赏力，在学习过程中学生也将受艺术作品的熏陶，开发智力，增强学生的人文素质，使之更具专业特长。值得一提的是，现阶段仍有教师运用传统美育课程教学方法，这样的教学方式已经难以满足学生的学习以及成长需求，因此，笔者建议可以应用混合式教学法，调动学生的学习兴趣，营造良好的课堂氛围，最终提高教学水平。针对混合式教学法在高校美育教学中的应用方式，笔者简要探讨，并提出了相应的见解与思考。

（一）设置多元化的教学情境

在以往的教学模式下，教师更加强调运用灌输式教学模式，而学生则处于被动的学习状态，这样的课堂氛围必然会过于枯燥、乏味，学生也无法提起学习兴趣。应用混合式教学法可以弥补以往教学模式中的漏洞，改革传统教学模式，结合学生的学习能力以及个性特点，制定符合学生学习需求的教学方案，再经过教师的有效引导，最终可完成实践教学任务，也可使教学效果事半功倍，提高学生的学习效率。

例如，教师可以引导学生通过线上平台主动学习，养成自主学习的良好习惯，并通过此平台调动学生的多种感官：以音乐、影像、录音与图片有机结合的方式，让学生接收数据信息，体会艺术气息，发现艺术的独特魅力。学生在自主学习的过程中也会加深对相关知识的理解以及掌握，这样的学习氛围必然会提高学生的学习效率，还会增强学生的理论基础，避免囫囵吞枣。除此之外，还应当加强引导，有效结合线下与线上，进一步提高学生的知识掌握能力，满足学生的学习及成长需求。

（二）运用丰富的教学理论

以往的教学模式更加强调艺术理论教学，但是，在这样的教学模式下，教师很容易忽视学生情感上的引导，对学生审美意识的培养极其不利。而混合教学法的应用则体现了诸多的优势，混合教学法涉及的教学理论较多，其中包括教育传播以及建构主义等内容，将

其中的构建主义理论作为例子进行分析,建构主义提出教师在教学过程中必须发挥学生的主观能动性,体现学生的主体地位,要求学生自主学习并掌握相关的知识,并整合、重组知识内容,最终形成完整的知识结构,在这一过程中,教师不必将相关知识阐述给学生,而是要着重调动学生的学习热情,通过让他们进行自我研究、分析,明确其中的问题,实在不理解再向他人求助,这样有利于培养学生的独立思维,还能增强学生自主解决问题的能力,提高学习能力,与此同时,也可保证教师的教学质量,最终实现教学目标。

(三)综合利用教学资源

以往的美育教学法提供的教学资源相对有限,大部分教师仅仅参照教材中的内容,完成教学任务,使得教学方案局限在教材之内,未能利用网络技术,发挥信息技术的应用优势,使得教学内容过于单调,同时也无法满足学生的学习需求。

运用混合教学法有助于高效完成美育教学任务,教师可以引导学生自行登录校园网进入美育教学模块中自行学习,学生在学习过程中遇到难题,可以搜寻相关的教育信息,弥补认知上的不足,还能提高问题的解决效率,加强对知识的理解以及掌握,值得一提的是,学生在这一过程中容易盲目搜寻信息,致使最终的学习效果不佳。基于此,教师有必要加强美育教育的引导,进一步开发自媒体教育平台,为学生的美育知识学习提供辅助,或可通过与学生在线交流的方式,解决学生的疑难问题,提高学生的学习效果,潜移默化地增强学生审美能力。

第七章

新时代高校美育课程的教学策略创新

第一节 构建美育课程体系

一、高校美育课程内容的框架设计

（一）理论与实践两部分的内容

高校美育课程是针对所有专业的大学生开设的公共基础性课程，因而选择的课程内容不应太过专业、晦涩，理论知识部分只选择基础的理论知识就好。高校美育课程应包括基础理论和审美实践两部分内容。只有学习了理论知识才能指导审美实践，因此，理论知识的学习是审美实践的前提条件。反之，只有通过审美实践才能更好地理解理论知识，美育应更加注重实践在课堂教学中的作用。高校美育课程要树立学生正确的审美观，培养学生的审美能力，丰富学生的感性世界，从而实现人格的完善。这些目标的达成都需要通过审美实践活动来实现，学生只有在审美活动中才能得到发展。通过欣赏多种美的事物，提高审美判断力和鉴赏美的能力，进而使学生能够辨别美丑，树立正确的审美观。因此，在课程内容的选择与组织上，要遵循理论与实践相结合的原则。基础理论部分应包括美学与美育的基本理论知识，以及各种类型的美的基本知识。实践部分包括各种美的鉴赏和创造活动，这两部分的内容不是相互割裂的，而是相辅相成融合在一起的。

（二）美学理论知识的内容

美学是哲学的一个分支，主要的研究对象是美和艺术。高校美育课程是面向全体高校学生的课程，因而应选择最基本的美学知识。美学知识的学习是为审美鉴赏与树立正确的审美观奠定基础，在选择美学知识时应选择有指导意义的入门知识。学生通过学习美的基本知识，认识什么是美、美的特征、形态和范畴是什么，才能做出审美判断，才能树立正确的审美观。因此，美学基础知识应有美的本质、美的形态、美的特征和美的范畴等内容。美学的其他部分知识，如审美经验、审美情感、审美趣味、审美创造等，大多是从审美心理的角度分析人的审美活动，探析人的审美活动的产生与发展。这些知识太过专业化，对正确审美观的确立、审美能力培养和人格的完善作用不大，而且这些理论知识多集合了各家之言，在学术中还没有形成定论，作为美育内容也太过晦涩艰深。

（三）美育理论知识的内容

美育基础知识的学习在高校美育课程内容中虽不是主要地位，但也是有必要的。之所以说美育基础知识不是课程内容的主要部分，是由于高校美育课程并不只是针对师范专业的学生开设的专业课程，没必要系统学习。可选择学习美育基础性知识，加强学生对美育的认识和了解。之所以说美育基础知识的学习是有必要的，是因为人们现今对美育还存在很多误解，大多将美育视为德育的手段，或者简单地认为美育就是学校开设的艺术课程，无法正确且全面地认识和了解美育。在美育基础知识的选择上，应遵循基础性的原则，目的是使学生认识和了解何为美育。因此，美育基础知识应包含美育的含义、美育的途径和美育的功能等知识。

（四）各种类型美的理论与审美实践的内容

高校美育课程主要是通过审美活动实现，因而各种美的鉴赏与创造是其课程内容的主要部分。要想鉴赏各种形态的美，前提条件是要认识和了解各种美的基本知识。通过学习各种美的含义、特征、形态、要素等知识，积累一定的理论知识，为审美实践奠定基础。美的形态可以分为自然美、科技美、社会美和艺术美，高校美育课程内容的审美实践部分也将从这四个部分选择。由于自然美和科技美的审美创造很难在课堂教学中实现，因而在审美实践部分主要是对自然美和科技美的鉴赏。社会美可以通过对自身形象的塑造以实现审美创造，艺术美可以通过艺术创作以实现审美创造。

由此可以得出高校美育课程内容的基本框架，如图7-1所示。

首先，高校美育课程内容的基本理论和审美实践内容是相互融合的关系，在课程内容的组织时要避免出现两部分相互割裂的状态。其次，图7-1只是展现了高校美育课程应当具备的内容，在具体课程实施中，可以有所侧重，也可以有所添加。如在审美实践部分对自然美、科技美、艺术美和社会美的鉴赏与创造，可以全都涉及，也可以有所侧重地选择一种美的形式作为课程的主导,其他部分为辅。最后,对基本理论部分中理论的学习也可以根据课程时间、学生审美素质和课程内容安排等情况,适当增加或减少。

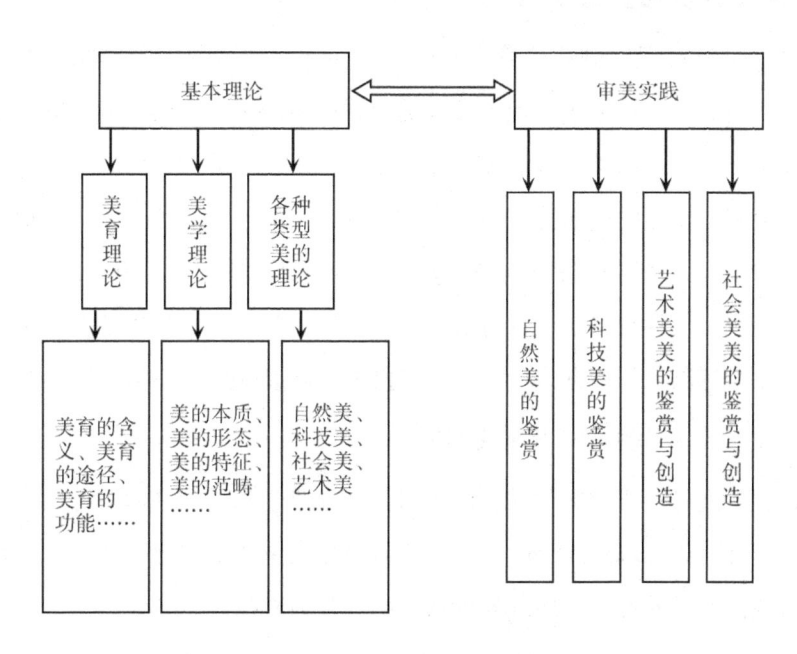

图 7-1　高校美育课程内容基本框架

基本理论
- 美育理论：美育的含义、美育的途径、美育的功能……
- 美学理论：美的本质、美的形态、美的特征、美的范畴……
- 各种类型美的理论：自然美、科技美、社会美、艺术美……

审美实践
- 自然美的鉴赏
- 科技美的鉴赏
- 艺术美的鉴赏与创造
- 社会美的鉴赏与创造

二、注重审美实践内容的设置

高校美育课程的审美实践内容主要包含审美体验和审美创造两部分内容。

（一）审美体验内容的设置

审美体验是指审美中主体心理、情感投入、体悟、拥抱对象的心理活动和审美经验。其过程是通过直觉、认知、想象、理解、移情,发现对象与自我的精神需要、观念、价值、情感、情绪同一性、相似性,其结果是在对象的情感交流中产生感同身受、同情、愉悦、欢乐等情感情绪,乃至产生高度兴奋、物我两忘的高峰体验和美感极致。审美体验的获得需要主体观察、触碰或聆听审美对象,以直观形象的方式呈现给学生。因此,审美体验主要通过对美的事物的欣赏以实现。

要增强学生的审美体验有两种方式：一是在课堂教学中适当增加审美实践活动所占的比例,将基本理论的讲授与审美实践活动相融合,在基本理论的讲授中也有审美实践活动。通过数量的积累,达到质的飞跃。二是通过精心筛选和安排审美对象的内容,从而带给学生最好的审美体验。为了能使学生在有限的课堂教学中有更好的审美体验,就要选择符合大众审美标准的具有代表性的美的事物。同时,选择贴近学生生活的事物,容易引发学生情感共鸣，从而增强学生的审美体验。

（二）审美创造内容的设置

审美创造是人有意识地创造美好事物的心理活动、实践行为和创新成果。审美创造可以是心理的，也可以是行为的。现今高校美育课程中的审美实践活动多数只是停留在审美体验这一环节。教师在课堂上通过多媒体播放图片、视频或音乐的方式，让学生欣赏作品。教师通常会阐述作品的创作背景、作者的背景、作品的意蕴和手法等，很少从审美的视角引导学生欣赏。学生对作品也多是认知方面的学习，较少怀着审美的心态体味作品。即使学生对作品有自己的观点也很少有机会表达出来，学生的主体地位在课堂教学中很难显现。教师可以通过以下几种方式多给学生提供审美创造的机会。

1. 在作品欣赏中引导学生进行审美创造

在审美过程中通过对事物的欣赏，产生自己对作品的感受、理解与评判，同样是审美创造的表现。教师可以在呈现作品时适当地引导学生进一步的思考，如询问学生对作品的理解，作品给他们带来的感受，或认为事物之所以美的原因。

2. 可以通过布置课后作业的形式弥补课堂教学审美创造的不足

教师可以针对本节课内容，给学生安排适当的作业。需要注意的是：作业的内容要是学生感兴趣的，能够引起学生创作的欲望；同时要考虑到学生拥有的资源，用到的工具要是每个学生都有的；作业的形式要更加大众化，考虑到全体学生的能力。

三、注重内容的综合性

美育本身具备综合性的学科性质，是由美学、教育学、文学、艺术、心理学等多个学科交叉形成。同时，美育内容需要在美的事物中选择，而美的事物范围较为广泛，囊括所有领域的各个方面。因此，美育内容的选择和设置必然要突出其综合性的本质。

（一）课程内容的空间综合

高校美育课程内容的综合性从空间的角度说，可以理解为选择多个民族、多个地区的文化成果作为美育内容。现今世界各国文化、经济和政治之间交流频繁，网络的发达也使人们不断地接触来自世界各地的文化思想与内容。人们处于多元文化的背景下，已经是一个不争的事实。

在选择中国传统文化和其他民族文化时，需要注意三个问题：

1. 在选择外国文化时，要选择与中国传统文化有较大差异的主流文化

选择差异较大的可以跟我国传统文化形成明显的对比，使学生拥有完全不同的视野。选择主流文化的原因是：

（1）各民族文化在形成和发展中，多是在一种或几种文明的影响下形成，因而有些民族之间的文化有相似之处，选择有代表性的民族文化即可。

（2）主流文化在世界上占据着主导地位，作为社会生活中的一分子，有必要加强对主流文化的认识和了解。亚洲地区的文化大多受中国传统文化的影响，且并不是主流文化，结合前两点考虑，可以选择欧美文化作为大学美育的内容。

2. 在选择中国传统文化内容时，应注重文化内容的时代性与新颖性

传统并不是指"旧"和"古老"，中国传统文化并不是只存在于几百前的作品中。现今文化是由"传统"发展而来，在当代文化产物中都可以看到"传统"的影子。一个民族的文化通过不断的发展变化才能保证生命和活力，中国传统文化也是如此。美育在让学生了解中国传统文化的同时，也要让学生认识到现今中国在多元文化背景下自身的文化形态，以及人们在传统与现代的碰撞中做出的尝试。同时选择具有时代性的文化产物贴近学生的生活，能够引起学生的学习兴趣。

3. 在比较中外文化思想时，要注意客观阐述

（1）教师要做到不能把自己主观的想法强加给学生，学生要通过自身的判断形成自己的观点，这样有助于学生自我意识和判断力的提高。

（2）指出双方文化在相互碰撞交融中，受到来自彼此的影响产生的变化。往往本土文化吸收和借鉴外来文化时并不是照抄照搬，而是将其同化形成具有本土色彩的文化产物，使学生在了解中国传统文化的同时，学会尊重不同民族的文化，看到各民族文化之间的相互融合，从而形成正确的多元文化理念。

（二）课程内容的学科综合

高校美育课程内容的学科综合就是指美育内容由不同学科领域的知识组合而成，可以是不同形态美的综合。美育内容是在美的事物中选择，美的形态包括自然美、社会美、艺术美和科技美。美育课程的内容设置可以是四种美的内容的组合，也可以是只选择一种或几种的组合。在设置美育内容时不必面面俱到，都有所涉及可能会使各部分内容都不深入，因而选择一到两种为主，其他为辅最为合适。

选择一种美的形态的内容作为主导性内容，将另外几种美的内容融入其中，这样的课程逻辑性强，课程结构清晰。根据教师自身的专业情况和学校情况有所侧重地选择美育课程内容，从一个角度入手，其他各种形态美为辅。如以社会美为中心设置课程内容，将艺术美、自然美和科技美的内容融入其中。社会美中涉及自身形象美和生活美，形象美包括服饰设计和搭配，生活美包括室内装潢和家具用品的设计，这些内容都与艺术相关，可以将艺术美的内容渗透到社会美中。社会美中有关生活环境和休闲娱乐的部分，生活环境也包括自然环境，如林中木屋、海滨别墅、草原的蒙古包等，人生活在大自然之中，社会美也涉及自然美的内容。现今科学技术发展迅猛，科技产品在生活中无处不在，给我们带来了诸多便利，已经成为日常生活必不可少的一部分，因而社会美中也可以融入科技美的内容。这些内容都与现代生活息息相关，更能引起学生共鸣，加深学生对各种美的感受。

有些高校是非综合性院校，如工程类、政法类、医学、师范等高校。高校中的教师大多从事一个领域的教学和研究，此时则可以根据教师的自身情况选择教师擅长的专业作为美育内容，使美育课程成为专业课程体系中的一部分，既可以提高专业课程的趣味性，增加学生对本专业的学习兴趣，又可以使学生从美学角度加深对本专业的了解。这种模式的不足在于会降低课程内容的丰富性。美育与各专业相结合的模式，可能会不好把握课程中心，过分注重专业教学会阻碍美育目标的实现，这就需要教师对美育目标有准确的认识，使专业知识与美学知识能够相互协调。

高校美育课程在现实情况下受到师资和教学资源的影响，可能无法实现多个领域的内容综合。当今高校开设的美育课程，多是特定艺术形式的鉴赏类课程，这些课程的趣味性强，受到广大学生的喜爱，如影视鉴赏、绘画鉴赏、音乐鉴赏等，可能在课程内容类型上略显单调，但可以从风格、年代和流派等方面增加其多样性，使学生获得较为全面的审美感受。

（三）课程内容的时间综合

高校美育课程内容的选择从时间的综合性看，是指美育内容的选择要兼顾时代性与经典性。大学生是大众文化的主要受众群体，也是走在时代前沿的一代，他们追赶时尚、创造时尚。高校美育的课程内容要想能够引起大学生的兴趣，必然要选择具有时代特性的美的事物。选择具有时代特性的审美对象，一是可以从社会生活中选择。如现今流行的服装款式、家居用品的设计、学习用品的设计等，生活中的方方面面都有艺术的痕迹。这些事物与学生的生活密切相关，能够引起学生的兴趣。流行的事物并不都是美的事物，通过教学可以正确地引导学生理性对待潮流。二是可以从艺术领域中选择。艺术源于生活，是现实生活的升华。选择现今艺术作品，不仅使学生了解现今艺术发展的情况，还能够透过作品体会背后反映的社会现实。除了选择具有时代特征的内容外，还可以选择经典性的美育内容。首先，与那些瞬息万变的时代潮流产物不同，经典是经受了时间考验，是被各个时代、各个阶层的人认可的美的事物。这些美的事物经久不衰，给人带来最震撼的审美体验。其次，教育需要在有限的时间内，传授学生最有价值的知识，美育同样如此。人类自存在起就开始了探寻美的道路，留下了众多作品，高校美育需要在其中选择精华，才能最大限度地实现教育目的。

四、将美学理论与审美实践的内容相结合

美学是专门研究美的科学，随着多年的研究和探索产生了一系列关于美和审美的理论。不同学者也试图从各个角度揭示美的本质，探索审美活动中的各个方面，指出审美与各个领域之间存在的关系。美育与美学有着紧密的关系，美育是审美的教育，是学生通过审美活动了解什么是美和如何审美。美学作为研究美与审美活动的科学，是审美活动的理论基础，审美实践活动需要在美学理论的指导下才能更有效，审美实践活动才有所依托。

（一）课堂教学中的理论与实践相结合

在现今的高校美育教材和教学中，美学理论大多与审美实践相分离。教材中涉及美学理论的知识大多在前两章，审美实践内容则分布在课程的后半部分。学生学习时由于间隔的时间较久，在审美实践活动时已经无法将美学理论知识与审美实践活动相结合，不利于将美学理论应用于审美实践之中。

1. 在审美实践活动之前先初步认识何为美

通过对美的本质、形态、特征和范畴的学习，学生对"美"有了基本的认识才能真正开始审美实践。在学习这些理论的同时要结合审美实践，使枯燥乏味的理论知识更容易被理解和记忆，且能通过审美验证理论的真实性。需要指出的是，基本的美的理论并不只出现在课程的开始，它还要出现在课程的全过程，教师要有意识地将其与之后的审美实践活动相融合，加深学生对理论的理解与运用。

2. 在审美实践活动中讲解美学理论

如欣赏自然界中的一棵松树，引出一个美学中有关审美对象的理论：面对同一个审美对象，所持有的态度不同就会有不一样的结果。朱光潜曾指出，假如一位木商、一位植物学家和一位画家同时看这棵松树，三人产生的想法会完全不同。木商会从使用的角度考虑如何使用它，植物学家会想到松树的植物特性与类属，而画家会以审美的角度欣赏它。通过这种方式在欣赏松树的同时，讲授相应的美学理论知识，使学生进一步了解何为审美。除此之外，松树可以给人带来苍劲有力、坚强不屈的感受。如何解释这种对审美对象拟人

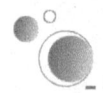

化的感受，可以借助立普斯的"移情作用"说明这一现象。

（二）课堂教学外的理论与实践相结合

除了要加强课堂教学中的美学理论与审美实践相结合外，还要通过课外教学的方式进一步实现理论与实践的结合。课堂教学中的审美实践虽然与文字论述相比较为直观，但也不是跟审美对象的直接接触，大多是通过多媒体呈现。为了能给学生带来更加直观的感受，可以通过实地参观画展、观看话剧、去电影院欣赏电影、参加音乐会等方式丰富高校美育的课程内容。教师的课堂教学环境本身不利于审美活动的展开，置身于画展、音乐厅、剧院等环境中，感受其中特有的艺术氛围，人自然会用审美角度去体会，这能给学生带来更好的审美体验。带领学生走出校园去参观是一种方式，另一种方式是将高校美育课程与高校现有的艺术资源相结合。开设了艺术专业或设立艺术团的高校，应充分利用现有的艺术资源，将高校美育课程与艺术团或艺术学院举办的活动相结合，让高校美育课程的学生也有直接接触艺术作品的机会。

美育必须通过审美实践活动带给学生不同的审美体验，才能实现其提高学生审美能力，促进学生感性世界发展的目的。因此，美育课程应以审美实践为主，辅以必要的美学理论知识的讲授，将审美实践与美学理论知识融合在一起。这种方式对教师的要求较高，需要教师不仅具有审美的敏感性，还要具备较好的美学基础，能够将理论与实践很好地融合在一起，用通俗易懂的方式表述。需要强调的是，在审美实践中虽然要与美学理论相结合，但也不能过分注重对理论的讲授，使课堂变得晦涩艰深，削弱了学生的审美体验。这对教师来说无疑是一种挑战，但这种方式的教学能够收到最佳的教学效果，因而值得做出尝试。

五、在学科渗透中落实"大美育"理念

美育不仅是美育课与思政课的任务，也需要在其他学科中加强美育。

（一）言传身教，让教师成为传播美的使者

敬爱师长，是中华民族的传统美德，"学高为师，身正为范"，三尺讲台上的优秀教师就是学生的榜样。在日常的教学活动中要重视发挥教师的示范作用，除具备本专业的教学能力之外，还要不断提升高校教师的综合素质。大学生与中学生不同，学习与生活的大部分时间都在校园中，所以教师不仅要在上课时做好榜样，还要在行为举止、着装谈吐、精神状态等各方面言传身教，引导大学生树立健康、正确的审美观。教师的一举一动、一言一行都尽收学生眼底，教师应该从点滴细节做起，衣着得体、举止文明、语气温和。同

时，还要用渊博的学识、无私奉献的精神、高尚的道德情操帮助学生树立正确的思想观念，起到榜样作用。

（二）将"大美育"的思想落实到位

将美育功能巧妙地融入各个学科之中，让美育更加立体，从而养成学生们崇尚美、向往美的习惯。首先，在日常的教学活动中融入美育思想，从一点一滴做起，从养成良好的行为习惯做起，如按时上交作业、认真学习、不迟到早退、举止优雅、言行得当。其次，可以将审美教育与德育有机结合，教师言传身教在潜移默化中使学生树立远大志向，让他们对人生有目标，做一个有理想、有追求的当代大学生。

（三）在教学内容上引导人们向往真善美

以文学、数学、外语专业为例，文学相关专业可以将经典诵读作为突破口，推进建设书香校园，逐步将读书融入自己的生活之中，潜移默化地养成阅读的习惯，起到陶冶情操、美化人格的作用；数学学院的学生可以将数学问题生活化，让学生体会到数学对生活的作用，感受数学的魅力；外语学院可通过欣赏国外原声电影、阅读原著欣赏世界文化之美。与此同时还可以引导学生做中华文化的传播者，让更多留学生喜欢中国文化。生活中的美无处不在、无时不在，需要教师与学生都有一双善于发现美的眼睛。美育需要环境与氛围，它不仅只是艺术专业的事，构筑良好的美育环境全方位促进学生审美水平及能力的提升更需要各个学科专业的老师与同学一起努力。

第二节 完善体制机制

一、加强主体的认知引导

（一）自觉加强文化修养，提高审美认知

审美认知在审美活动中形成，且在审美个体的审美活动中起支配作用。当代大学生只有提高自身的审美认知，才能够形成正确的审美心理，进而抵御外界的冲击，避免出现审美偏差。"美育者，应用美学之理论于教育，以陶冶感情为目的者也"，这要求美育的开展

要以一定的美学理论为指导。

大学生要自觉加强文化修养，主动接受美学理论知识的熏陶以提高自身审美修养，且能够有计划、有目的地根据自身成长和发展进行自我教育，形成符合自身个性的审美特质。大学生在发现美、认识美、创造美的过程中如果缺乏美学理论作为审美指导，对美的理解往往就会停留于事物表面的认知，形成盲目、空洞、肤浅的审美，缺乏更深层次的感受与理性思考的升华，因而当代大学生应自觉加强文化修养，努力提升自身美学素养，树立正确的审美认知和审美心理。

（二）正确认识践行美育，发挥"综合中介"的作用

现代教育改革的中心课题是以克服所谓的智商测试为标志的唯智主义，走向人的全面发展。当代，以素质教育代替应试教育已经成为人全面发展的必然选择，美育作为素质教育的重要组成部分，其"价值和功能突出体现为对德智体其他各育的渗透协调作用是德智体各育的'综合中介'"。

在素质教育中，美育与德智体劳既相互区别又相互联系，既相互渗透又相互促进。在德育中运用美的方式，将理性的道德灌输转化为生动的形象，使道德说教转变为道德情感；在智育中通过美的启发，激发大学生学习的热情，在追求美的过程中发现科学真理；在体育、劳育中通过美的建设，使大学生达到健美的体魄和身心的健康。面对中华民族伟大复兴的历史重任，大学生需要的不仅仅是科学知识和专业技能，也需要其他各育的有力支撑。因此，要充分发挥美育"综合中介"的作用，使大学生在思想品德、知识技能、生理心理都得到自由和谐的发展，从而培养出全面发展的当代大学生，为实现伟大的中国梦持续发力。

二、美育教育的当代转向

（一）加快美育理论与美育实践的融合

美育对高等教育而言有着不可替代的作用，但在当下的教育过程中，美育存在着理论与实践相脱节的情况，想要系统有效地实施大学生美育，应加快美育理论与美育实践的结合，通过理论与实践的结合增强当代大学生美育的实效性。在开展美育教学的过程中不仅要高度重视第一课堂的建设，通过丰富与创新美育课程，为大学生提供充分的美育资源，还要注重与第二课堂的衔接，通过结合大学生的自身特长与优势，精心策划并开展各种形式的美育活动，将美育理论植入美育实践中，引导学生到文化馆、博物馆、戏剧院等场

所，积极参与书画、文学、艺术等实践活动，在实践过程中欣赏美、感受美、体验美。同时也要积极开发地方美育课程资源，因地制宜地将地方文化、非物质文化遗产等美育资源引流到当地高校的课堂与实践中，形成课堂教学与课外实践相结合、普及教育与专业教育相促进的融合教育，从而达到知行合一的学习效果，使大学生自身的特长和优势得到充分的施展发挥，丰富大学生的人文精神生活，提高大学生的审美能力，使他们在融情于景的活动过程中潜移默化地接受美的熏陶与感染。

（二）推进美育课程向课程美育转变

凡是学校的课程，都没有与美育无关的。美育不应仅仅局限于美育课程，而要在教学活动过程中开展以美育为主题的学科教育，充分挖掘各学科中的美育元素，将学科中的美育元素进行有机整合，实现由美育课程到课程美育的转变，形成富有成效的美育协同育人课程体系。在教学设计上，教学目标要以塑造德智体美劳全面发展的当代大学生为立足点，教学内容要以充分挖掘并发挥学科美育素材效用为重点，教学评价上要以学生精神面貌的改善和人文素养的提升为标准。在教学过程和方法上，教师作为传道授业解惑的引路人，要熟知教材同时了解受教育对象，做到教学过程中的"真"，时刻以立德树人、培养大学生全面发展为目标，践行教学过程中的"善"，只有达到"真"与"善"的统一，才能展现出为人师表的风度美、人格美，且促进大学生课堂中的视听效果，增强教学实践"美"的意蕴。为此，要改变各个学科的教学思路，丰富和完善课程美育的实现形式，释放课程美育的活力，将各个学科按照美的规律进行塑造，使课程美育更好地适应当代的发展需要。

三、审美精神超越本性

（一）技术附庸回归人文价值引领

科学主义思潮给人类生存、经济发展带来了巨大的推动力，当下社会的运作机制也日趋社会化、精确化、自动化，这深刻改变了大学生的思想观念、交往实践和生存方式。"'文明'和'规训'使现代社会的日常生活越发地趋向于工具理性化，人的情感、价值等非理性因素被压抑和忽视"，而美育则从"人的自由解放和生存质量提升"的高度有力回应了技术理性片面发展造成的人性失衡。通过丰富美育的活动载体，构建家庭、学校、社会三位一体的美育合力，从而全方位、多层次地提高大学生的审美能力和审美情趣。

一方面，要积极引导大学生追求高雅的艺术生活，通过家庭美育为大学生系好人生第一粒扣子，通过开展学校课程美育的涵化、高雅艺术进校园等活动感染、陶冶大学生的情操；通过音乐厅、剧院、博物馆等固定的文化设施开展社会美育，形成高尚的社会风貌，使大学生得到艺术化的人生，减少技术理性的冲击。

另一方面，要引导大学生追求感性的艺术境界，使大学生自觉向道德境界和天地境界的"实然"方向发展，努力摆脱技术理性产生的物质、世俗、功利的干扰，在现实生活中获得精神的愉悦和诗意的人生。

（二）美育融入学生职业生涯规划

职业生涯规划是大学生步入社会前的必修课，是大学生综合研判与权衡自身条件后，根据个人职业倾向确定的规划奋斗目标。当下大学生的自身培养目标过于功利化易造成单面人状况，因而要实现审美能力的培育，必须从敬业奉献、契约意识、工匠精神等方面引导开展职业生涯规划，使大学生全面认识自我，充分考虑自身实际情况，明确自身的兴趣与优势，发挥专业技能特长，引导大学生在就业中实现物质财富与精神财富、个人价值与社会价值的统一。此外，大学生也要在社会实践中体悟美的崇高价值，通过参观革命圣地、参加志愿服务等，提升大学生对爱国、敬业、社会责任感等价值观的理解，领悟劳动的价值，通过社会实践使大学生体会到幸福是奋斗出来的，让劳动最光荣、劳动最崇高、劳动最伟大、劳动最美丽的理念蔚然成风。

四、坚定文化自觉自信

（一）以中国特色社会主义先进文化筑牢文化自信根基

随着全球化的不断深入，世界各国文化相互交融，要结合大学生的精神文化需求，紧扣学生发展目标，充分发挥中国特色社会主义先进文化的美育作用，筑牢中华民族文化的自信根基。五千多年文明发展中孕育的中华优秀传统文化，在党和人民伟大斗争中孕育的革命文化和社会主义先进文化，积淀着中华民族最深沉的精神追求，代表着中华民族独特的精神标识，这一文化体系中包含了中华民族深而精炼的审美认知和审美观念，如"修身、齐家、治国、平天下"的优秀传统文化；"红军不怕远征难"的革命文化；"鞠躬尽瘁为人民"的社会主义先进文化，这些都彰显了中华美德和民族精神。

中华民族美育思想博大精深，源远流长，当代大学生的美育要从中国特色社会主义先进文化中汲取养分，结合基本国情、社会发展和时代需求赋予美育新的时代内涵与践行方式，同时运用喜闻乐见的方式感染大学生，综合利用网络、新媒体、慕课等多种途径开发美育的形式和载体，积极引导广大学生正确认识历史的发展规律，准确把握我国的基本国情，高扬民族精神旗帜，弘扬民族风骨个性，传承民族文化基因，不断展示中国特色社会主义的道路、制度、理论、文化之美，不断强化当代大学生的文化基因认同、民族认同，不断增强当代大学生的民族自信心和自豪感。

（二）讲好中国故事，引领文化新风尚

当代要讲好中国故事，通过扎根时代生活，以中国故事为抓手，充分挖掘、提炼中国故事背后的中国基因和中国精神，让中国故事感染学生、影响学生、感动学生，让当代大学生在中国故事的鲜活事例中感受中国发展建设之美，使中国故事的精神凝聚当代大学生的爱国情怀和民族情感，激发大学生的民族认同，提高国家软实力。"我们要坚守中华文化立场，传承中华文化基因，展现中华审美风范"，表达中国内涵，引导大学生运用当代中国的视角回顾中国的历史、世界的历史，用当代中国的眼光展望中国的未来、世界的未来，通过美育这一现实的手段融入国人的血液之中，慰藉着现代中国人的心灵，支撑着国人的信仰世界，实现对文明冲突论以及西方中心主义的超越，引导当代大学生真信、真学、真懂，知行合一，以中国思想、中国思维、中国理论总结中国经验，彰显中国话语。

五、实现高校美育协同进化

高校美育资源的分布不平衡，直接影响着不同区域内的美育发展不平衡。要解决高校美育资源分布不平衡的问题，一方面需要政府和教育主管部门调整美育资源的分布，合理分配；另一方面，不同地域、不同类型的高校之间应当建立协同共生机制，促进不同地域、不同类型的高校之间美育资源的优势互补，提升各高校间美育资源的共享程度。

（一）合理分配高校美育资源

高等教育的不同生态区域由于思想观念、经济发展水平不同，其高等教育资源的分布也不同，美育资源的分布也同样受限。在我国，一些比较发达的城市，由于发展比较迅速，公众思想观念普遍超前，一些优秀的艺术院校、知名的艺术人才汇集于此。而且，这些城市高校的美育资源相对充足。无论是美育师资还是美育教学设施设备，相对而言都更加完善。虽然没有差异会导致高校美育的重复建设和资源浪费，但是差异过大则造成了高校美育发展的失衡，这在一定程度上影响和制约着教育系统的良性发展，不利于高校美育整体的持续发展，影响我国高校美育的整体水平。出于保证整个美育生态系统的平衡考量，必须合理地调整美育资源的分布格局。这就需要用宏观调控的手段，必要时采取行政干预的方式，使不同生态区域的高校美育优势互补、协调发展。各级政府应当提高对美育育人功能的认识，积极调整高校美育资源在地区内和高校间的合理分配，促进资源在薄弱

地区和弱势高校之间合理流动。

（二）促进高校间协同进化、实现优势互补

由于一个地区、一所高校拥有的美育资源毕竟有限，但是不同生态区域、不同高校的资源却具有很强的互补性。因此，要使高校美育取得良好的效果，不同地区、不同高校之间必须不断动态交流，实现优质美育资源共享。积极消除因各地区经济发展不平衡等原因而导致的美育资源供应上的差异，在教育生态学上具有重要意义，它有助于各地区的教育生态系统平衡发展，使不同地区的个体都能有平等的机会接受同样良好的教育。例如，针对目前高校美育师资短缺、美育教师专业素养偏低的状况，江苏省各高校之间就成立了高校公共艺术教育师资培训基地，针对目前高校开设的公共艺术课程，陆续举办了音乐与舞蹈教师培训班、戏剧与影视教师培训班、美术与书法教师培训班、美育与艺术理论教师培训班等，服务于公共艺术教育教师培训。

（三）优化美育生态环境，促进高校美育持续健康发展

高校美育生态环境的优化需要上下联动、内外协同。

1. 政府层面

应当为高校美育资源的建设提供一个相对良好的制度环境。高等教育的发展方向受制于国家政策的引导，所以美育能够在高校实施也需要国家教育制度的引导，为其创建一个相对公平、宽松的环境。只有这样，才能为高校美育的发展争取更多有利的资源，帮助美育找到合适的生态位，从而保证高校对美育系统的物质、能量、信息等稳定与持续的输入。另外，针对目前已颁布的《公共艺术课程指导方案》中存在的对美育课程的结构不明确、方法不明确、评价无标准等问题，国家应当细化现有美育政策方案，为美育在大学校园的顺利开展提供更多、更细致、更有操作性的准则，支持高校美育的发展。

2. 各高校层面

（1）高校应当不断加强对美育育人功能的认识，充分了解美育在人才培养中的重要地位，成立实体性的美育教研机构，拨付专项经费，并按照要求配齐配足美育师资。

（2）各个学校应当根据自己的实际状况，明确美育在学校不同阶段的发展状态。一方面充分利用本校优势力量，结合美育需求开设独具本校特色的美育课程；另一方面，积极加强与不同类型的高校之间的联系，充分结合彼此优势，取长补短，互助互益，打破花盆效应，促进美育资源的共享力度，为美育在高校的开展争取更多的资源，促进高校美育持续健康发展。

3. 教师层面

作为高校美育资源中的关键资源，其对高校美育资源的建设也存在着巨大的影响。美育教师是美育思想的传播者，也是美育思想的建设者，学生通过美育课程接受美育教师的教育，提升自己感受美、欣赏美、创造美的能力。因此，美育课程内容的好坏、方法的适当与否直接受美育教师专业素养的高低、认识程度的高低的影响。针对当前我国高校美育开展的实际状况，首先，美育教师应当不断加强对美育教育教学规律的认识，不断加强美育知识的学习，拓展学习视野，提升自身专业素养与个人专业水平。其次，美育教师应当认真调查、了解当前学生对审美教育的需求，明确美育的对象，合理设置美育课程，正确掌握科学的美育教育教学方法。

"上下同欲者胜"，只要各级政府、各高校和美育教师都重视美育、关心美育、支持美育资源的生态化建设，不断扩大美育资源的有效供给，同时注重美育资源的平衡分布和有效利用，经过常年不懈的努力，我国高校美育生态一定会有大的改观。

第三节　提高教师的美育素养

注重大学美育的品质发展，既是大学文化发展的必然逻辑，也是"大学人"自身发展的共同愿景。在现代中国社会的发展中，美育正担负并扮演着较之以往更有意义的任务与角色，它使人的情感具有文明的内容，使人的理性与人的感性生命沟通，从而使人的感性和理性协调发展，塑造一种健全的人格。美育"不仅是为着简单的政教目的服务，而是具有了人类学意义上的个性解放、人格开放、完善现代生活质量的意义"。

因此，高校美育教师能否以一种世界性的眼光审视高校美育的发展现状，在深入探究、挖掘美育所具有的人文内涵和价值基础上，充分借鉴中国美育思想与国外美育教育的成功经验，实现美育方法论与美育实践的有机结合，对学生群体能否有效增进人与人之间的相互理解，能否真正融入、有效地服务现代社会起到关键作用。

一、教师自身的美学素养和实施美育的能力

作为教学活动的主要实施者，教师自身美育意识的淡薄，审美能力的低下，势必造成发现美、传递美的能力的缺失，自然会阻碍美育的开展，不利于学生综合素质的提升及

完美人格的塑造。因此，高校美育师资队伍建设在强化个体自身综合素养的同时，更应强调教育资源的优化整合、资源配置最优化，强调团队成员间的优势互补、合作共享与互融作用。应针对目前存在的诸如运行机制缺乏前瞻性、系统性与周密性的特点，解决课程体系、育人理念、师资结构不足等问题。

公共艺术教育是学校美育工作的核心组成部分，它的教学水平和开展状况直接影响着美育工作的成效。高校应加强学科统筹，争取做到"走出去，请进来"：在推进学校艺术学科与其他相关学科的有机融合层面，强化真正的美育是将美学原则渗透到各科教学后形成的，兼顾知识和发展，旨在提高学生整体素质的教育理念。中国艺术研究院的李岩先生，曾对时任中华民国南京临时政府教育总长的蔡元培所提及的属于"美育"教育课程的，诸如图画、游戏、唱歌等内容分析后有定论，认为"他所言称之'美育'，是一种'大美育'。"因此，高校美育课程体系应在整合各个学科的特长和优势的基础上，整合多地高校、地方艺术院团、艺术家、民间艺人等多方力量，多渠道充实美育资源配给，形成育人的合力，更好地发挥美育对"立德树人"的特殊功能。联合和依托各级文化部门，充分利用当地各种文化艺术场地资源，开展艺术教学和实践活动。依托国家实施的"宽带中国"战略，加强美育信息化建设，扩大优质教育资源的覆盖面，建立开放灵活的艺术教育资源共享平台，让全校师生都能感受到优质美育资源的当下美育改革的燎原之势。

二、完善美育的评价体系

当代高校美育评价体系是全面加强和改进当代高校美育工作的应有之义。当代高校美育评价体系建设要从思想引领、体系健全、方式创新及技术支撑四个方面着力推进，努力培养具有心灵美、形象美、语言美、行为美的当代青少年。

（一）立德树人理念引领高校美育的评价观念

高校是培养具有崇高审美追求与人格修养的高素质人才的主阵地，提高高校美育工作质量刻不容缓，这就离不开系统全面的美育评价体系。我们要把立德树人的成效作为检验学校一切工作的根本标准，真正做到以文化人、以德育人。美育评价体系作为高校美育工作的组成部分，"立德树人"既是检验其科学性、全面性、客观性的根本标准，又是明确其改进方向的指导理念。当代高校美育评价应将"立德树人"理念贯彻到评价过程的始终，以立德树人理念为指引，确保高校美育将"立德树人"作为自身工作的根本任务。因此，必须将"立德树人"作为美育评价体系的根本标准，这是培养具有崇高审美追求与人格修养的社会主义建设者和接班人的根本遵循。

"立德树人"是当代高校美育工作的根本任务。"树人"是指教育要以人为本，促进个人的全面发展。当代高校美育评价体系要以全方位育人的理念为指导，更加注重对大学生的美育实践及人格修养的评价。全方位的高校美育评价体系既包括对学生参加艺术审美实践和练习艺术专项特长的评价，又包括对大学生道德品质与人格修养的评价。应该鼓励学校与社会公共文化艺术场馆、文艺院团合作开设美育课程。整合校内、校外资源开展美育实践活动。校内外美育资源是大学生参与美育实践的必要条件，全方位评价体系是高校美育质量的重要保障。高校要组织大学生每年定期参加艺术审美体验的实践，可以由老师带队，组成大学生艺术审美体验团队，参观博物馆等场所，让大学生实际参与到这些场所的工作中。大学生在参加美育实践后，要完成美育实践体验报告。带队老师根据学生在美育实践体验过程中的行为表现与体验报告的水平评价学生的美育实践。此外，高校要充分挖掘本地的特色美育资源，将特色美育资源融入高校美育工作，培养学生掌握当地的特色艺术，提升学生的审美素养。

（二）校内自评与校外他评相结合

评价并不是外在于人的纯客观过程，而是参与评价的所有人，特别是评价者与被评价者共同作出的，是不同主体交互作用的"产物"。当代高校美育评价体系的构建包含从学校领导到学生的校内自评体系与从政府到社会的校外他评体系两大方面，力求美育评价主体的多元化与美育评价内容的多样性。校内外评价体系相结合有助于丰富高校美育评价的内容与评价主体，为构建当代高校美育评价体系提供有力支撑。

在校内，学校领导要走进美育教学、管理和校园美育文化建设等各项美育工作中。只有实际参与学校的美育过程，学校领导才能对本校的美育质量给予比较全面的评价。学校领导在发现本校美育的工作漏洞时，要尽快形成美育评价报告，及时召开美育工作改进会议，出台本校下一阶段美育工作的改革方案。评价报告及拟定的美育改革方案都要在学校官网公示，达到评价工作的公开化、透明化。教师要根据自身职责从不同角度评价学生的审美与人文素养。美育教师既要评价学生课上的艺术知识与技能，又要评价学生课下的审美实践表现。另外，美育教师是落实美育工作的主力军，还需要评价美育教学资源。教师通过在教学过程中掌握和使用美育教学资源，评价本校美育资源是否充足。辅导员通过大学生在日常生活中的行为素养与人格品质评判他们的审美追求与提升人格修养，每次评价都要将大学生入学初的审美与人文素养水平作为参考，着眼于对大学生美育素养提升的长期性评价。学生评价以同学互评为主，学生根据对同学的接触与了解互评。同时，要求学生参加对老师、学校美育工作质量的评价。

在校外，国家教育部门要制订规范高校美育评价的相关法规，制订全国统一的高校美育评价标准，从全局上把控我国高校的美育评价建设。地方教育部门应要求高校在学年结束时上报本校校内美育的评价年报，以检验成效。同时，各地教育部门应组织聘请美育领域的专家学者，组成专家团队，深入高校内部考察调研，改变以往单纯地审阅美育工作材料的传统方式。通过专家团队实地考察，结合政府教育部门大数据平台中的数据，对本地高校的美育工作作出综合评价。高校应与社会第三方评价机构开展深入合作，签订合作协议。第三方评价机构根据行业要求与自身评价标准，建立独立于政府与高校之外的评价体系。第三方评价机构通过更加专业化的评价体系，以政府和学校评价的薄弱之处为发力点，给予高校美育工作的客观评价。此外，第三方评价机构经由高校许可，可派出评价小组入驻高校内部，这些小组可以不定期评价高校美育教学、管理和文化建设。通过长期入驻，这些小组才能对高校美育工作进行客观合理的持续性评价。

（三）打造注重大学生长期发展的过程性评价

传统的高校美育评价更关注大学生美育评价的量化结果，不能深度把握大学生的审美素养与人格修养的持续性发展情况。当代高校美育评价体系需构建尊重大学生美育发展目标、契合美育长期性特点、注重大学生审美素养与人格修养动态提升的过程性评价。

高校要构建基于大学生美育发展目标的过程性评价，尊重其审美素养的个体差异。我国高校美育的最终目标是培养具有崇高审美追求与高尚人格修养的高素质人才，在这一总体目标的要求下，高校应尊重大学生的个体性差异，有针对性地制订大学生美育的目标。在大学生入学时，辅导员需与学生及时沟通，制订大学生个人的美育培养方案，商讨大学生期望达到的审美素养与人格修养目标，使高校美育评价的标准和大学生美育的现实诉求同频共振。在校期间，高校根据双方商定的方案与目标进行长期培养。辅导员可随时与大学生沟通，调整学生某一阶段的短期美育目标，使其更加合理，有助于实现大学生的自我预期。在大学生毕业时，评价大学生是否达到入学时制订的美育目标，既保证了大学生成为国家所需的高素质人才，又尊重了大学生审美水平的个体差异。同时，高校要构建大学生从入学到毕业的过程性评价，发挥美育评价的长效作用。辅导员在大学生入学之初要建立学生的审美素质和人文水平档案。一学年的美育培养对提升大学生的审美素养的作用很有限，因此，要把学生每一学年的美育评价存档作为长期评价大学生审美素养提升的依据。高校应建立大学生从入学到毕业长期性的美育评价档案，对大学生的审美素养进行持续性的评价及指导，并将大学生入学时水平与毕业时水平相比较，准确地把握大学生审美素养发展与人格修养提升的长期过程。此外，高校还需建立本校毕业生审美素质和人文水平信息库，长期追踪记录本校毕业的大学生，定期对往届毕业生进行抽样线上回访，巩固高校美育成果。

美育是心灵教育，其效果很难用外化的艺术知识与技能完全呈现。因此，高校要构建注重大学生审美素养与人格修养动态提升的过程性评价。要进行过程评价和多元评价，关键在于突破单一的数量评价体系，引入其他成长性指标因素，评价学生的成长过程。美育教师在教学过程中对大学生的课堂表现及时给予评价，实现教师和学生间的互动协商，这一评价不是比较学生课上的积极性，而是比较每个被评价的学生个体本身"过去与现在"的成长变化，有针对性地提升大学生的审美素养。辅导员要评价大学生从入学到毕业、从周末到寒暑假、从课上到课下的审美表现与人格品质。过程性评价不是只从过程出发而不关注对结果的评价，相反，辅导员关注大学生接受美育后审美素养与人格修养动态提升的过程性与成长性结果，如大学生在现实生活中对是非善恶的判断能力、学生的想象力与创造力及大学生的历史观、文化观等方面。大学生审美素养与人格修养动态提升的幅度才是衡量大学生审美素养与人格修养成长发展的主要标准。

（四）构建科学精准的美育评价大数据平台

高校美育评价体系涉及的评价内容丰富、数据繁多，传统的评价方式难以全面覆盖，"美育评价+大数据"将成为必然趋势。应构建全国性的美育评价大数据平台，发挥大数据评价科学精准的优势，为构建当代高校美育评价体系提供技术支撑。

国家教育部门通过构建全国性的美育评价大数据平台，收录国内各地高校美育工作的数据，继而分析评价高校美育工作。在美育教学方面，平台要收录高校美育教师课题组编写的本学年教学计划、教师个人教案及学生对教师的评价以保证对美育教学评价的真实性与客观性。另外，要抽样调查大学生参加审美实践体验以后形成的审美体验报告，检验高校安排给大学生的美育实践体验活动是否落实到位。在学年结束时，还要检查高校美育试题、大学生日常美育作业，防止高校美育工作出现僵化现象，避免高校美育工作流于形式。在美育管理方面，各高校应上传本校的美育评价报告，并同时上传制定的本校美育评价改革方案。结合专家对高校美育工作的调研结果，检验高校领导对本校美育评价的报告是否符合本校情况，其制定的本校美育评价改革方案是否有效推进，尤其需要检查其报告和方案中有关美育教师队伍建设标准、学生组织中学生干部的审美与人文素养的相关规定，保证学校美育从上到下组织管理的先进性。同时，更加注重辅导员队伍对大学生审美素养与人格修养的评价。各高校要将本校辅导员队伍撰写的大学生美育过程性评价报告上传到政府教育部门的美育评价大数据平台，加强对辅导员队伍美育评价工作的监督与检验。在校园美育文化建设方面，审核高校评选的美育之星等学生榜样的个人信息和个人事迹，力求树立先进的美育典型，发挥大学生美育榜样在大学生群体中的带头示范作用。同时，开展大学生对校园美育宣传、美育氛围建设的满意度调查，通过调查全面评价校园美

育文化建设。

三、优化美育教研团队

高校应以公共艺术课程教师为主导,非艺术类公选课、学校专业课程教师为支撑,地方艺术院团、民间艺人、各地名师为补充,构建专、兼职美育教学团队。高校美育事关立德树人大局,高校美育教师应充分利用公共通识课程、公选课程平台,以美育高度惠及最大化受众群体,辅之以个性化的专业性相关课程、校园艺术活动,形成全科课程合力培养的美育改革之态势。在此基础上,积极调动学校优质美育资源的辐射作用,促进地方优秀传统在学校的传承,建构能胜任具有中国特色的美育课程体系的高校美育师资队伍。

(一)提高教师的政治思想素质,坚持育人为本

百年大计,教育为本。美育不但陶冶情感、培养鉴赏力、提高修养,而且有益于脑部智力开发,是学生全面发展不可或缺的一部分,具有不可替代的重要作用。

当代大学生的审美判断标准比较模糊,甚至发生偏差,受多元文化和价值观念的影响,对审美观念的思考和定位也充满了不确定性。因此,美育成为高校教育讨论的中心论题之一,我们要推进素质教育的关键,在于要把美育真正地与知识等各项教育相融,贯彻于整个教育体系过程。积极地适应与推进,让学生的文化艺术涵养不断丰富,激发创造与创新的潜能,促进学生综合素质的全方位发展。首先,高校美育教师队伍要提高教师思想政治素质和职业道德水平,端正思想政治工作是前提;其次,正确引导学生树立社会主义核心价值观,并贯彻落实于教育全过程,建设全方位的立体式的良好师德师风,推动教师成为正确价值观的传播者,拥护党的支持者,学生健康成长的指引者。"德高为师,身正为范",教书育人,全方位营造人文素质的教育环境,教以德为先,高校美育教师不仅要具备扎实的专业基础知识,更应该做到育人先育己,真正做到为人师表,要不断提高自身美育修养,正身律己,在给学生传授知识的同时更好地传授做人的道理。

(二)提升教师的综合素质、专业化水平和创新能力

当代社会,经济快速发展,人民物质生活条件不断提高,在西方社会文化观念影响下,国民素质的提高显得尤为重要。目前,在实施科教兴国战略的当今社会中,高等学校艺术类教师队伍的建设正处在突出位置,高校美育教师队伍的综合素质建设也得到前所未有的重视。要构建社会主义核心价值观、增强大学生的社会主义核心价值观,就要改善创新大学生社会主义核心价值观的培育模式,这就要求美育教师不仅要具备较高的、全面良好的综合素养,且具备扎实的专业基础知识和精湛的教学水平,还鼓励专业教师加强实践

教学的学术梯队建设，建立健全实践教学管理机制。建立校内外实习、实践基地，充分发掘校内外资源，最大限度地开发教师的实践创新潜能，调动教师自主学习的积极性。

（三）实行线上线下相结合的混合式研修，深化教学改革，强化美育的育人功能

网络教育是发展公平教育的有力手段，优秀师资是发展质量教育的重要保障，充分利用信息化手段，搭建国内外高等学校交流访学平台，通过多种途径提高高校美育教师的整体素质。适当运用新兴网络媒体，实现美育与思想政治教育的良性互动，将美育研究融入社会主义核心价值观的培育中，提倡因材施教，科学传授，有效开发每一个人的潜质，培养教师创新设计实践研究能力。

近年来，高校投入大量人力物力以多种形式鼓励、支持中青年骨干教师出国研修培训，积极派遣优秀教师出国深造，定期研修进修，培养具有国际化视野的师资队伍，提高教师的专业素养，均取得了一定的成效。

（四）构建科学的美育课程体系，培养高素质创新型的教师队伍

中共中央、国务院在《关于深化教育改革全面推进素质教育的决定》中明确指出："实施素质教育，必须把德育、智育、体育、美育等有机地统一在教育活动的各个环节中。"由此可见，要想推进素质教育，美育是重要的组成部分，充分表明美育的地位和作用，也给未来开展推进素质教育指明了方向，具有重要指导意义。

高校美育是指利用自然美、社会美、艺术美等美的形态对大学生进行情感净化和性情陶冶，使大学生可以提高感受美、创造美、鉴赏美的能力，培养审美观念、审美情趣、审美理想的教育。通过派遣、合作、进修等培养模式，培养青年骨干优秀教师，发挥教师的创新能力，提高教师综合素质。开创多方面培养模式相结合的教师队伍建设理念，树立可持续发展的与专业人才培养目标相适应的校企合作运营模式，以科学的实验教学方法，进一步加强美育教育、专业实践能力和创新能力的培育，提高高校美育教育的水平。美育是高校素质教育的重要组成部分，也称审美教育或美感教育，是培养学生认识美、体验美、感受美，建立正确的审美观点，提高美的品格、素养、情操及创造力的一种教育。美育的特点在于以对事物的主观态度和外部情绪表现为媒介，通过多种方式潜移默化地教育人们。美育有着自身独特的教育特性，是实现学生通往完整健康人格的重要路径，是人的全面发展教育中不可或缺的一部分，在素质教育的工作中，美育有着重要的地位与影响，是培养全面型发展人才的重要途径。正因如此，美育的未来发展也更加受到各级政府的重视，这也让各个高校的美育工作拥有了繁荣发展的美好前景。

教育从思想的深处开始，美育教学是我国高等教育的重要组成部分。随着我国全面推行素质教育国策，美术教育的发展已经是衡量其全面素质的标准之一，高校美术教育在新的历史时期面临新的机遇、新的挑战。当今时代的现实背景下需要全面发展型人才，对人才的培养方向也越加注重提升综合素质，因而美育受到全社会空前未有的重视。陶行知先生说过："千学万学，学做真人；千教万教，教人求真。"高校教师平时就要注意自己的言谈举止，以德为本，遵循教师的师德教育和行为规范，只有不断提升自己的思想内涵和艺术修养，才能更好地为祖国培养现代化高素质的人才。

参考文献

[1] 鲁洁.一个值得反思的教育信条:塑造知识人[J].教育研究,2004(6):3-7.

[2] 朱立元.美学大辞典(修订本)[M].上海:上海辞书出版社,2014.

[3] 丁永祥,李新生.生态美育[M].郑州:河南美术出版社,2004.

[4] 刘笑菊."美丽中国"建设语境下当代大学生生态素养培育探析——基于中国传统生态文化传承的视角[J].学校党建与思想教育,2019(2):32-34.

[5] 丁永祥,李新生.生态美育[M].郑州:河南美术出版社,2004.

[6] 曾繁仁.生态美学导论[M].上海:商务印书馆,2010.

[7] 陈红,王放.当代大学生传统节日观调查及思考[J].宁波工程学院学报,2014(3):125.

[8] 王志清,梁飞.传统节日文化教育的课堂范式:专题与研讨[J].民族高等教育究,2020,8(1):81-86.

[9] 陈秋兰.大学生传统节日文化内化认同与外化践行途径探析[J].高校辅导员,2015(5):34-37.

[10] 蒋孔阳.美学研究中的理性和感性[J].文艺研究,1999(3):57-59.

[11] 陈明金,肖小宁,等.素质教育因素研究[M].武汉:武汉大学出版社,2006.

[12] 苏霍姆林斯基.给老师的建议(下)[M].北京:教育科学出版社,1981:208.

[13] 刘辉.红色经典音乐概论[M].重庆:西南大学出版社,2015.

[14] 王安潮.永远的红色旋律 经典的音乐史评——评《红色经典音乐概论》[J].乐府新声(沈阳音乐学院学报),2017,35(2):142-146.

[15] 梁威.论红色音乐资源的体裁类别[J].红色文化资源研究,2019,5(1):168-176.

[16] 卢金兰,林晓,杨静文,等.雪峰山红色文化产业发展研究[J].湖南包装,2019,34(6):97-99.

[17] 万长林.张一博博物馆公共艺术教育的制约因素与路径选择[J].湖南包装,2018,33

（2）:18-20.

[18] 约翰·S.布鲁贝克.高等教育哲学[M].3版.郑继伟,等,选译.杭州:浙江教育出版社,2001.

[19] 薛天祥.高等教育学[M].桂林:广西师范大学出版社,2001.

[20] 张楚廷.高等教育学导论[M].北京:人民教育出版社,2010.

[21] 钦文."普通知识"与"高深知识"[J].北京大学教育评论,2007（2）:80.

[22] 林杰,苏永建.高深知识是高等教育特殊性的来源[J].高等教育研究,2015,36（12）:24.

[23] 吴洪富.理性大学·学术资本大学·民主大学——大学转型的知识社会学阐释[J].高等教育研究,2012,33（12）:9-16.

[24] 陈琦,刘儒德.教育心理学[M].2版.北京:高等教育出版社,2011.

[25] 张楚廷.高等教育学导论[M].北京:人民教育出版社,2010.

[26] 石中英.教育哲学[M].北京:北京师范大学出版社,2007.

[27] 季苹.教什么知识[M].北京:教育科学出版社,2009.

[28] 赵伶俐,温忠义.互联网+大美育课程论[M].北京:北京师范大学出版社,2016.

[29] 子恺.艺术的鉴赏[A].丰陈宝,丰一吟,丰元草.丰子恺文集（艺术卷四）[M].浙江:浙江文艺出版社,1990.

[30] 赵伶俐,汪宏,等.百年中国美育[M].北京:高等教育出版社,2006.

[31] 赵伶俐.视点结构教学技术原理[M].上海:百家出版社,2002:164.

[32] 夏侯琳娜."立德树人"视域中的新时代高校美育理念建构[J].理论学刊,2020（2）:127-134.

[33] 李可.音乐美育融入高校文化育人体系的路径探析[J].黄河之声,2018（12）:118.

[34] 范妮.高校夏季学期戏剧混合课教学方法创新研究与实践初探[J].山西青年,2017（12）:36.

[35] 宋晓清,王永伟."象·形·境"理念下高校美育课程内容建设探究[J].现代商贸工业,2021,42（34）:158-159.

[36] 孙鸣晨."以美育人"思想下高校美育课程的改革路径——以美学原理课程为例[J].美术教育研究,2021（21）:113-115.

[37] 吴春薇.新时代美育改革背景下高校美育体系构建探析[J].现代交际,2021(18):14-16.

[38] 谢欣然.高校美育课程建设存在的问题及对策[J].西部学刊,2021（17）:92-94.

[39] 李鲜花.课程思政背景下新时代高校生态美育发展路径研究[J].大学,2021(32):80-82.

[40] 黄新霞.构建以学生兴趣为导向的地方高校美育课程体系——以深化新时代教育评价改革为背景[J].中国文艺家,2021(7):123-124.

[41] 张良,靳玉乐.论课程作为审美经验:美学取向的课程理解[J].课程·教材·教法,2017(12):4-9.

[42] 桑新民,陈建翔.教育哲学对话[M].石家庄:河北教育出版社,1996.

[43] 刘铁芳.审美教育与教育之美[J].教育发展研究,2017(8):3.

[44] 夏永庚,刘亚男.试论课程美学的内涵与意义[J].中国教育科学(中英文),2019(5):88-98.

[45] ELLIOT W. EISNER. The Educational Imagination:On the Design and Evaluation of School Programs[J].New York:Macmillan Publishing Co.Ine.1979:153.

[46] 宗白华.美学与意境[M].北京:人民出版社,1987.

[47] 叶朗.美学原理[M].北京:北京大学出版社,2009.

[48] 马斯洛.自我实现的人[M].许金声,刘锋,等译.上海:三联书店,1987.

[49] 殷世东.课堂育人的文化品性[M].北京:中国社会科学出版社,2018.

[50] 施良方.课程理论:课程的基础、原理与问题[M].北京:教育科学出版社,1996.

[51] 赫尔巴特.赫尔巴特文集3:教育学卷一[M].李其龙,郭官义,译.杭州:浙江教育出版社,2002.

[52] 席勒.美育书简[M].徐恒醇,译.北京:中国文联出版公司,1984.

[53] 勃兰兑斯.十九世纪文学主流:第一册[M].张道真,译.北京:人民文学出版社,2002.

[54] 鲍姆嘉滕.美学[M].简明,王旭晓,译.北京:文化艺术出版社,1987.

[55] 黑格尔.美学:第一卷[M].朱光潜,译.北京:商务印书馆,1996.

[56] 肖贵清,李洁.立德树人:中国特色社会主义教育发展道路的根本价值取向[J].东岳论丛,2020(11):49-56,190.

[57] 郝德永."课程思政"的问题指向、逻辑机理及建设机制[J].高等教育研究,2021(7):85-91.

[58] 阿普尔 M W.文化政治与教育[M].阎光才,等译.北京:教育科学出版社,2005.

[59] 陈晋.悲患与风流:中国传统人格的道德美学世界[M].北京:国际文化出版公司,1988.

[60] 韩丽颖.立德树人:生成逻辑·精神实质·实践进路[J].东北师大学报(哲学社会科学版),2016(6):201-208.

[61] 刘清田.略谈课程思政的内生性[J].中国大学教学,2020(11):90-92.

[62] 麦克·F.D.扬. 知识与控制：教育社会学新探[M]. 谢维和，朱旭东，译. 上海：华东师范大学出版社，2002.

[63] 蔡元培. 蔡元培教育论集[M]. 长沙：湖南教育出版社，1987.

[64] 曾繁仁. 走到社会与学科前沿的中国美育[J]. 文艺研究，2001（2）:11-18.

[65] 冉祥华. 美育的当代发展[J]. 北京：新华出版社，2008:256.

[66] 陈元贵. 娱乐精神指引下的大学美育漫议[J]. 淮南师范学院学报，2010，12（2）:76-78.

[67] 周慧虹. 别被"知识胶囊"惯坏了阅读胃口[N]. 安徽日报，2021-06-11（11）.

[68] 仲呈祥. 传承和弘扬中华美学精神[J]. 艺术百家，2014，30（6）:1-2.